基督教文化研究丛书

主编 何光沪 高师宁

八编 第 5 册

沙勿略：天主教东传与东西方文化交流

刘海玲 著

花木兰文化事业有限公司

国家图书馆出版品预行编目资料

沙勿略：天主教东传与东西方文化交流／刘海玲 著 -- 初版
-- 新北市：花木兰文化事业有限公司，2022〔民 111〕
目 2+210 面；19×26 公分
（基督教文化研究丛书 八编 第 5 册）
ISBN 978-986-518-694-4（精装）
1.CST：沙勿略（Xavier, St. Francis, 1506-1552）
2.CST：天主教 3.CST：传教史
240.8   110022050

ISBN-978-986-518-694-4

9 789865 186944

基督教文化研究丛书
八编　第五册　　　　　ISBN：978-986-518-694-4

沙勿略：天主教东传与东西方文化交流

作　　者 刘海玲
主　　编 何光沪 高师宁
执行主编 张　欣
企　　划 北京师范大学基督教文艺研究中心
总 编 辑 杜洁祥
副总编辑 杨嘉乐
编辑主任 许郁翎
编　　辑 张雅淋、潘玟静、刘子瑄　美术编辑 陈逸婷
出　　版 花木兰文化事业有限公司
发 行 人 高小娟
联络地址 台湾 235 新北市中和区中安街七二号十三楼
　　　　　电话：02-2923-1455／传真：02-2923-1452
网　　址 http://www.huamulan.tw 信箱 service@huamulans.com
印　　刷 普罗文化出版广告事业
初　　版 2022 年 3 月
定　　价 八编 16 册（精装）台币 45,000 元

沙勿略：天主教东传与东西方文化交流

刘海玲 著

作者简介

刘海玲，1982年8月生，黑龙江省哈尔滨市巴彦县人，浙江大学宗教学博士，现为浙江工业大学外国语学院日语系讲师，主要从事日本文化及文学研究。已在国内外期刊发表《耶稣会文化适应策略源头之考察——论沙勿略时期"同宿"身份的形成》等近十篇学术论文。

提　　要

　　在天主教东传史与东西方文化交流史上，16世纪来到亚洲传教的沙勿略可谓是一位具有里程碑意义的人物。沙勿略开拓冒险的传教精神以及他因地制宜灵活的传教方针，为此后数百年的天主教东传提供了传教经验与思路，并引起了东西方文化在社会、政治、经济、语言、宗教对话等多方面的碰撞与交流。

　　本研究以沙勿略的传教活动为时间线索，通过梳理沙勿略的传教活动、方法及传教构想等，对沙勿略在东西方语言早期接触、宗教对话、神职人员本土化等方面所作出的努力及贡献进行探讨，并对作为同时受葡王与教皇双重委托的传教士在传教中表现出一些特征及问题加以论述。旨在研究沙勿略在与自己文化完全不同的亚洲，如何从一名毫无经验的传教士成长为传教的"熟练工"，作为今天的我们应该如何正确客观的看待沙勿略的传教行为及方法，以及其在语言、宗教、文化以及耶稣会传教活动的影响与意义。本研究有利于加深对世界史中大航海时代复杂的历史与传教活动有更深刻地了解；在一定程度上可以填补国内关于沙勿略传教活动及其文化意义的空白；对国内16、17世纪天主教传播史与东西方文化交流研究有着重要意义。

项目编号：SKY-ZX-20200286

浙江工业大学校级后期资助项目

《16 世纪东西方文化之碰撞——

以沙勿略远东活动为中心》

"基督教文化研究丛书"总序

何光沪 高师宁

基督教产生两千年来，对西方文化以至世界文化产生了广泛深远的影响——包括政治、社会、家庭在内的人生所有方面，包括文学、史学、哲学在内的所有人文学科，包括人类学、社会学、经济学在内的所有社会科学，包括音乐、美术、建筑在内的所有艺术门类……最宽广意义上的"文化"的一切领域，概莫能外。

一般公认，从基督教成为国教或从加洛林文艺复兴开始，直到启蒙运动或工业革命为止，欧洲的文化是彻头彻尾、彻里彻外地基督教化的，所以它被称为"基督教文化"，正如中东、南亚和东亚的文化被分别称为"伊斯兰文化"、"印度教文化"和"儒教文化"一样——当然，这些说法细究之下也有问题，例如这些文化的兴衰期限、外来因素和内部多元性等等，或许需要重估。但是，现代学者更应注意到的是，欧洲之外所有人类的生活方式，即文化，都与基督教的传入和影响，发生了或多或少、或深或浅、或直接或间接，或片面或全面的关系或联系，甚至因它而或急或缓、或大或小、或表面或深刻地发生了转变或转型。

考虑到这些，现代学术的所谓"基督教文化"研究，就不会限于对"基督教化的"或"基督教性质的"文化的研究，而还要研究全世界各时期各种文化或文化形式与基督教的关系了。这当然是一个多姿多彩的、引人入胜的、万花筒似的研究领域。而且，它也必然需要多种多样的角度和多学科的方法。

在中国，远自唐初景教传入，便有了文辞古奥的"大秦景教流行中国碑颂并序"，以及值得研究的"敦煌景教文献"；元朝的"也里可温"问题，催生了民国初期陈垣等人的史学杰作；明末清初的耶稣会士与儒生的交往对话，带来了中西文化交流的丰硕成果；十九世纪初开始的新教传教和文化活动，更造成了中国社会、政治、文化、教育诸方面、全方位、至今不息的千古巨变……所有这些，为中国（和外国）学者进行上述意义的"基督教文化研究"提供了极其丰富、取之不竭的主题和材料。而这种研究，又必定会对中国在各方面的发展，提供重大的参考价值。

就中国大陆而言，这种研究自 1949 年基本中断，至 1980 年代开始复苏。也许因为积压愈久，爆发愈烈，封闭越久，兴致越高，所以到 1990 年代，以其学者在学术界所占比重之小，资源之匮乏、条件之艰难而言，这一研究的成长之快、成果之多、影响之大、领域之广，堪称奇迹。

然而，作为所谓条件艰难之一例，但却是关键的一例，即发表和出版不易的结果，大量的研究成果，经作者辛苦劳作完成之后，却被束之高阁，与读者不得相见。这是令作者抱恨终天、令读者扼腕叹息的事情，当然也是汉语学界以及中国和华语世界的巨大损失！再举一个意义不小的例子来说，由于出版限制而成果难见天日，一些博士研究生由于在答辩前无法满足学校要求出版的规定而毕业受阻，一些年轻教师由于同样原因而晋升无路，最后的结果是有关学术界因为这些新生力量的改行转业，后继乏人而蒙受损失！

因此，借着花木兰出版社甘为学术奉献的牺牲精神，我们现在推出这套采用多学科方法研究此一主题的"基督教文化研究丛书"，不但是要尽力把这个世界最大宗教对人类文化的巨大影响以及二者关联的方方面面呈现给读者，把中国学者在这些方面研究成果的参考价值贡献给读者，更是要尽力把世纪之交几十年中淹没无闻的学者著作，尤其是年轻世代的学者著作对汉语学术此一领域的贡献展现出来，让世人从这些被发掘出来的矿石之中，得以欣赏它们放射的多彩光辉！

2015 年 2 月 25 日
于香港道风山

目

次

绪　论

一、选题依据与问题研究

众所周知，"地理大发现"不仅促进了欧洲经济的发展，还使天文学、数学等自然科学得到了进步。最重要的是它改变了当时世界的格局，加速了中西方之间的交流，而在中西方的文化交流史中，天主教的东传起到了不可替代的作用。传教士在开展传教工作的同时，让西方人对东方的社会形态、文化、宗教等逐渐深入了解；而东方人也开始在与西方人的交流、摩擦以及对立中，对西方的文化、科技等开始有所接触。从某种意义上说，来到亚洲的欧洲各修会的传教士成为了东西方碰撞与交流的桥梁，而以传教士为主要媒介的宗教传播与文化交流，势必成为考察中国近代史及世界史研究中不可或缺的重要组成部分。

近数十年以来，国内学者对 16-17 世纪的文化交流史表现出很大的兴趣和热情，以耶稣会、方济各会等修会为中心点而展开的天主教东传史、中西方交流史的研究与专著层出不穷，并形成了一定的规模，也逐渐成为国内学术界关注的重要领域，特别是在贸易、科技、文化等方面。不可否认，以葡萄牙为首的欧洲人来到亚洲进行贸易活动的同时，也将西方的信仰及科技文化等带到了东方，并形成了一定规模的交流与碰撞。其中我们无法忽视的是传教士在这个舞台上所扮演的极为重要与不可或缺的角色。然而，在天主教东传研究史以及中西方文化交流史上，也许由于沙勿略并没有进入中国内陆展开传教活动，所以国内学者对沙勿略的关注与研究并不多。

　　沙勿略（西班牙语：Francisco de Xavier；英文：Francisco Xavier；1506年4月7日-1552年12月3日），耶稣会创始人之一，是首位将天主教传播到日本的传教士，亦是耶稣会最早到东方传教之人。站在整个天主教东传史的角度来看，沙勿略在耶稣会史及天主教历史上的开创性地位是无法替代的。首先，沙勿略不仅是耶稣会的创始人之一，也是耶稣会派遣至亚洲传教的第一人。尽管沙勿略从未进入中国内地，不过他在亚洲传教过程中获得的对中国文化与文字的体认、编写出的历史上的第一本汉语教理说明书，以及由他探索出的因地制宜灵活的传教策略为此后范礼安（Alexandre Valignani）的"文化适应政策"及利玛窦（Matteo Ricci）的"合儒、补儒"方针奠定了基础与方向。沙勿略具有开创性及灵活的方法成为了他们效仿的源头，也成为了耶稣会重要传教策略模式形成的起点。

　　如果跳出天主教东传史的范围，沙勿略作为首位进入日本传教的欧洲人，他给日本所带来的影响亦不可小觑。在宗教上，他与日本僧侣的辩论，实现了佛教与天主教的对话；在文字方面，他使用罗马字母标注日语，并用辅音和元音分解日语假名的发音，为日语语音学的发展开辟了一条全新的途径；在政治上，沙勿略拉开了日本天主教传播的帷幕，伴随着许多大名不断入教，对此产生危机感的德川家康为禁止天主教传播、巩固幕藩体制，于1633年在全国范围内实施禁教令及锁国令，导致日本对外锁国长达200多年之久。虽然沙勿略与此没有直接的联系，但不能不承认沙勿略当年在日本开启的传教活动及播撒的种子对日本两个多世纪的锁国有着一定的影响；在贸易方面，沙勿略建议在日本与中国设立商馆，积极推进葡萄牙与日本及中国的贸易活动。

　　对于如此重要的一位人物，国内学者关注的并不多，而是把更多的目光放在了利玛窦身上。诚然，我们不能抹杀利玛窦为中西文化交流所作出的贡献，然而也不应忽视沙勿略在耶稣会天主教东传以及中西方文化交流中所起的作用。沙勿略灵活的传教策略，例如传教地语言问题的处理、自上而下的传教方法等，都对此后利玛窦等人的传教行为及思想起到了指导及借鉴的重要作用。连利玛窦自己也承认"这就是他获得的成功的秘诀所在"。[1]正因如此，如果忽略沙勿略在亚洲活动的研究，不仅无法全面地了解利玛窦等耶稣会传教士的传教方法与思想，也不可能全面了解16世纪的中西方文化交流

---

1 利玛窦、金尼阁：《利玛窦中国札记》，何高济等译，中华书局，1983年，第23页。

史。沙勿略在亚洲的传教活动是整个耶稣会在亚洲传教事业的开始，范礼安与利玛窦等人的中西方文化交流活动与其不可分割，是完整的一体。因此我们需要追根溯源，探究沙勿略在耶稣会传教史中的奠定的基础与方向。故从某种意义上说，本研究在一定程度上丰富了国内关于沙勿略的研究，扩大并完善了国内关于耶稣会、天主教东传史及 16 世纪中西方文化交流史的研究范畴。

二、研究史料与研究现状

（一）研究史料与文献

耶稣会创建之初，规定在世界各地的耶稣会士必须向耶稣会本部及同事发送报告，汇报传教地的信息及传教活动的展开情况等。现今，罗马耶稣会档案馆中保留了大量的耶稣会传教士的书信，均为研究耶稣会及其传教活动的珍贵原始资料。沙勿略的书信及报告等最初在葡萄牙、罗马等地作成手抄本后，送至耶稣会的修道院及耶稣会的友人处。沙勿略书信原本散落在罗马耶稣会本部的文献库及里斯本等世界各地，其中包含了沙勿略在传教过程中与各地传教士以及罗耀拉、葡萄牙国王等人的信件与报告，是研究沙勿略不可或缺的重要资料。鉴于沙勿略在天主教传播史上的重要地位，教会方面关于沙勿略的书信的整理本及译注本相对较多，其中最为珍贵的是沙勿略书信集《圣弗朗西斯科·沙勿略全书简》（以下简称为《沙勿略全书简》）。1545 年，沙勿略的 3 封书信（第 15、19、20 号信件）在巴黎被印刷；1548 年，第 47 号书信在罗马印刷。1596 年，在沙勿略逝世 42 年后，耶稣会士罗马大学的拉丁语教授 Torsellino Orazio（1545-1599）首次将收录了沙勿略 52 封书信的《沙勿略书信集》整理出版。1667 年，Pocino 出版了 90 封沙勿略的书信。这两本拉丁语书信集在各语种出版之前，曾几度被翻印。1899 年网罗沙勿略书信及相关文献的集大成史料《沙勿略史料》（*Monumenta Xaveriana*）第一卷刊行，1912 年，第二卷出版。此后耶稣会士许汉默（Georg Schurhammer,S.J., 1882-1971）花费毕生精力致力于沙勿略相关文献的收集、整理与研究。对沙勿略书信的集大成史料两卷本实施了严谨的甄别与研究，并收集整理了保存在世界各地的相关资料以及逐渐发现的书信原本、抄写本、翻译本等。在 167 封书信中确定了 137 封真正的沙勿略本人的书信，并加以补充书信的日期、定本的出处、原本的历史等，于 1944-1945 年由罗马耶稣会历史研究所刊行出版（G.Schurhammer S.J.et J. Wicki S.J，*Epistolae S.Francisi Xaverii aliaque eius scripta. Tomus I，II，*Monumenta.Historica Soc.Jesu.Romae,1944-45），是迄今为止最权威、最完整的沙勿略书信集。在完成此工作后，许汉默把遍访欧洲各地收集来的资料整理后，完成了《沙勿略的一生及其时代》四卷（1955-1971）（Georg Schurhammer S.J.,*Francis Xavier his life,his times.*Trans by M.Joseph costelloe.S.J. Italy Rome:Via dei Penitenzieri.1982.），成为研究沙勿略最为全面与重要的第一手文献资料。[2]其中许汉默拉丁语版本的沙勿略书信集被译为不同语种并出版，本书中采用的是日语及英文译本的资料。较之英文版的沙勿略书信集，因日本学者河野纯德的日语译本更忠实于定本，并在每章的起首附有解说，各书信间附有历史背景，更利于了解沙勿略的传教足迹及当时的社会历史状况，此外，河野纯德将书信中的佛教用语、日本地名等还原为日语汉字，准确性更高。故本书多参考日语版沙勿略书信集，为确保准确性，同时与英文译本对照使用。

　　本书中使用的沙勿略同时代的耶稣会文献资料大都来自日本。原因有二：一是馆藏耶稣会传教史料但一直未对外公开的罗马耶稣会档案馆 1959 年破例允许日本历史学家松田毅一进入。在馆中，松田毅一发现了大量 400 多年前由日本发往欧洲的信件，在他 1967 年出版的《南蛮史料的发现》中系统地记述了耶稣会相关史料的发现过程，为天主教东传研究提供了大量的珍贵原始资料与线索；二是源于 20 世纪以来日本人对日欧关系史表现出极大的热情与兴趣，翻译了大量的相关史料，其领域涉及教会史、贸易史、交通史等各个方面，极其广泛。编译的范围也包括印度、印度尼西亚、菲律宾、日本、中国，甚至是美洲等广大地区。许多资料都来源于欧洲各地私人及公共图书馆，其中不乏耶稣会士的原始手稿或最准确的手抄本。日本学者花费数十年时间编译，以严谨的态度为资料进行注解，为国内外的研究者提供了丰富而完整的文献资料。其中，主要是《大航海时代丛书》（岩波书店，第 I、II 期，共 25 册），《新异国丛书》（雄松堂书店，第 1、2 辑，共 20 种），平凡社《东洋文库》【弗洛伊斯（Frois', Luis 的《日本史》，5 册】，范礼安《东方巡察记》、《东印度巡察记》等，《十六、十七世纪耶稣会日本报告集》（吉川弘文馆，3 期共 15 册）以及东京大学史料编纂所翻译、出版的多卷本《日本关系海外史料》等。本书使用较多的是河野纯德译注《圣弗朗西斯科·沙勿略全书简》

2　参见沙勿略：《沙勿略全书简》，河野纯德译注，平凡社，1985 年，第 I-VII 页。

《圣弗朗西斯科·沙勿略全生涯》（平凡社）；新井トシ译注《东方传道史》
（天理时报社）；土井忠生等译注《日本教会史》上、下（《大航海时代》9、
10，第一期，1979 年第三版）。国内在此方面的史料几乎处于空白状态，这也
是本书为何多参考日语版本的文献资料及研究成果的原因。除沙勿略传教活
动相关的研究外，还利用了一些当时的历史文献档案，以尽可能客观准确地
还原当时的历史情境。其中较为权威的有意大利耶稣会士巴尔托利（Daniello
Bartoli）对耶稣会亚洲传教史研究的《亚洲耶稣会史》《印度文献》、科尔特桑
（J. Cortesao）的《葡萄牙的发现》、阿诺德（David Arnold）的《地理大发现》、
博克塞（Charles Ralph Boxer）的《葡萄牙海洋帝国史》等数量庞大的文献，
对充分了解沙勿略的传教背景起着重要的支撑作用。因语言的局限，故此文
多利用日语与英语的史料与文献，主要为沙勿略本人的书信集、同时代耶稣
会士对沙勿略的生平及传教经历的记录、近现代以来关于耶稣会士在亚洲传
教的书信、国内外学者撰写的沙勿略传记及研究等。

（二）研究现状

在欧美等地，因沙勿略耶稣会创始者的地位与影响，自 16 世纪以来关于
他的著述可以说是擢发难数，仅 20 世纪百年间就多达近两千。在质量与数量
上最为突出的是前文提到的耶稣会士许汉默的研究。他通过实证研究的方法
将沙勿略研究推到了一定的学术高度。许汉默关于沙勿略研究的主要著作有
《许汉默著作集》五卷（1962-1965）、《沙勿略的一生及其时代》四卷（1955-
1971）。通过研读国外这些论著，不难发现尽管它们的内容取舍及详略各有不
同，但却有共同的特点，即把研究沙勿略的前提放在 1622 年被封圣的框架之
内，特别是许多教会学者的著作夸大沙勿略的传教经历，浓墨重彩地描写沙
勿略的神迹，对沙勿略在东方传教过程中在东西方文化碰撞中所带来的影响
缺乏实事求是的评价与研究。尽管许汉默的研究也是在这个框架内完成的，
不过在众多关于沙勿略传教活动的研究中，许汉默的研究是最为全面及客观
的。

由于日本学者对天主教东传史料的发掘及译注的数量多且质量高，沙勿
略又是首位到达日本传教的欧洲人，并在日本停留，进行了两年多的传教活
动，故比起在中国，日本关于沙勿略的研究要更为丰富多样。研究沙勿略生
平的有：吉田小五郎的《沙勿略》（吉川弘文馆）、尾原悟的《沙勿略》（清水
书院）、加藤知弘的《沙勿略所见之大分》（苇书房）、结城了悟的《沙勿略》

（圣母骑士社）、津山千惠的《沙勿略——围绕着神的文化冲突》（三一书房）等，不过这些论著中，深层次挖掘人物或事件中存在的问题及文化意义等方面的却不多见。其中颇有建树的是日本学者岸野久，对沙勿略的研究主要有三部著作（《日本人的西欧发现》《沙勿略与日本——天主教开教期的研究》《沙勿略的同伴弥次郎——战国时代的国际人》）及一些相关论文。岸野久抱有严谨的治学态度，掌握极其丰富的原始资料，对史料有极其深入细致的分析探究，从富有创新而又大胆客观的角度对沙勿略的传教活动进行探讨与归纳。著作中的每个论点均有丰富的第一手资料作为支撑，并谨慎地甄别使用，为本书提供了富有启迪且客观准确的观点与资料。岸野久的研究不仅把范围扩大到其身边的传教助手，如弥次郎、费尔南德斯（Juan Fernandez）等人，更多的是把沙勿略置于天主教东传的历史框架内，探讨其开创性的地位。除此之外，日本上智大学与鹿儿岛纯心女子大学分别召开过关于纪念沙勿略的专题研讨会，会议纪要中收录的日本与欧美学者的论文，也为本书的撰写提供了更为丰富的思路与史料。

令人感到遗憾的是，由于国别史的局限，以沙勿略为中心探讨 16 世纪东西方文化碰撞的视角，一直以来很少受到国内研究者的关注与青睐。在大多数关于中西方文化交流，特别是中西方文化交流的著作中，研究者将沙勿略一笔带过，把更多的目光聚集在了耶稣会另外一个会士利玛窦身上。即便涉及到沙勿略某些方面的介绍，也仅限于他那短暂的想要尝试进入中国传教的努力或为耶稣会中国传教拉开的序幕而已。迄今所掌握的资料有《圣方济各·沙勿略传》[3]《圣方济各·沙勿略的生平》[4]《圣方济各·沙勿略传——东亚使徒神秘的心路历程》[5]。然而这些均不属于中国人的研究论著，只是翻译国外传记，可以说并没有专题研究沙勿略生平及传教活动的著作。不过凡是涉及到耶稣会传教方面的论著中，几乎均可见对沙勿略的介绍，故此处不做一一列举。其中对本书具有参考价值的有国内学者戚印平的《日本早期耶稣会史研究》，该书对沙勿略在日本传教的经历及方法有详细的分析与论述；沈定平《明清之际中西文化交流史——明代：调适与会通》一书中简略地论述了沙

3　（清）蒋升辑：《圣方济各·沙勿略传》，上海慈母堂活板，1896 年，铅印本。

4　Fippo Maggi：《圣方济各·沙勿略的生平》，光启儿童丛书，绘图：Renzo Maggi，天主教上海教区光启社，2007 年 10 月。

5　沙勿略·莱昂·迪富尔：《圣方济各·沙勿略传——东亚使徒神秘的心路历程》，张译纳译，天主教上海教区光启社，2005 年 5 月。

勿略的生平及传教方法；陈辉《论早期东亚与欧洲的语言接触》主要针对沙勿略为传教地语言的发展做出的贡献进行了阐述。相关论文有 2006 年在澳门理工学院举行的"纪念圣方济各·沙勿略诞辰 500 周年"研讨会论文集中收录的卓新平《沙勿略：天主教亚洲传教和与东方文化对话的奠基者》、戚印平《沙勿略与中国》，杜光兴《沙勿略和越南传教的初期阶段》，汤开健、刘小珊《关于日本开教初期的几个问题》以及 2007 年澳门特别行政区政府文化局出版的《文化杂志》第 64 期中收录的刘小珊《沙勿略早期日本开教活动考述》，以及顾卫民《孤独与无畏的行者——沙勿略早年在印度的传教事业》等。总体来说，国内对于沙勿略的研究只涉及到某个领域或与中国相关的部分，并没有关于沙勿略传教策略的形成及其文化意义等的论著。

综上所述，国内外学者的研究大致分为两类：一类是以描述沙勿略的传教过程或神迹为主，另一类以沙勿略传教的某些具体方面，如沙勿略与葡萄牙商人的关系、沙勿略对东西方语言交流的贡献等为主。除此之外，国内外学界普遍认识到沙勿略因地制宜的适应方针在耶稣会亚洲传教策略中的开拓性作用，但针对沙勿略此策略的形成过程、沙勿略的灵活传教方针在哪些方面对范礼安及利玛窦等人产生的影响、在传教背后所隐藏的文化冲突等方面，特别是沙勿略在中西方文化碰撞中所处的位置涉及较少。如此一来，便为本书提供了撰写的空间与价值，同时也为本研究带来了诸多困难。

三、研究视角与方法

本书首先从唯物主义客观的、历史的角度对大量文献资料进行甄别与分类。鉴于欧美学者研究沙勿略的视角几乎未脱离他圣人的光环，以欧洲为中心，浓墨重彩地描述沙勿略的功绩，把他作为介于神与人之间的圣人、信徒的模范进行研究，因此不采用欧美学者的视角，而把沙勿略作为一个普通人来看待，他既是一个拥有狂热宗教情怀的传教士，又是具有理性思维的传教活动的指导者。基于国内沙勿略研究的现状，需要把沙勿略还原到他所处的历史社会情境中，以沙勿略在亚洲活动的时间经历为线索，探讨 16 世纪后半叶以传教士为桥梁而发生的中西方文化的碰撞。本书共分四章：

第一章为序章，是对沙勿略亚洲传教的时代历史背景、耶稣会的成立与特色以及沙勿略前往亚洲传教前的生活成长环境与经历的回顾。对背景资料的深入了解有助于客观、完整、全面地对本书的主旨进行探讨。

第二章以沙勿略在印度等地的传教经历及方法为线索，对沙勿略与婆罗门教僧侣的交流、耶稣会传教士对泰米尔语的学习及成果、传教当地人助手在沙勿略传教活动中所承担的角色等进行讨论。

第三章主要探究沙勿略日本传教构想的形成、沙勿略及费尔南德斯对日语的学习、沙勿略与日本佛教徒的交往与辩论以及沙勿略在日本的上层传教路线的实施。

第四章是对前三章所分析问题的深入讨论。探讨沙勿略与伊斯兰教、婆罗门教、日本佛教的接触的实质及其意义；沙勿略对传教地语言的学习带给耶稣会传教事业的影响以及其在东亚与欧洲语言接触中的意义；沙勿略对神职人员本土化问题的态度与处理；沙勿略在亚洲传教时灵活策略的形成与对亚洲耶稣会士后继者的影响及意义，以此来厘清16世纪东西方文化之间产生了怎样的碰撞。

就具体问题而言，本书需要探讨的是作为普通传教士的沙勿略，他的因地制宜、灵活多变的传教思想是如何形成与实施的；在他具体传教活动过程中，哪些行为及思想在什么方面对耶稣会的后继者产生了怎样的影响；这些活动给当时的传教活动或当地的文化带来了怎样的影响等。

通过对沙勿略传教历程的梳理，解析以沙勿略为代表的西方传教士在16世纪进入东方传教过程中，在语言、宗教等方面为耶稣会亚洲传教以及中西方文化交流所带来的影响。沙勿略在亚洲传教活动中遇到的挫折及他的反省，有助于我们重新审视沙勿略及其他耶稣会士的布教活动、策略、方法等。除此之外，沙勿略的传教策略也为此后来亚洲传教的耶稣会奠定了基本方向。范礼安为确立具体传教方针而著有《日本耶稣会士礼法指针》，强调传教士在传教时应适应日本本土状况并将中国教区从日本教区中独立出来。而在范礼安指导下的利玛窦沿袭了沙勿略的"适应政策"方针，在中国取得了传教的相对成功。同时，沙勿略在日本传教的实践与经验以及对中国的体认，在日本编写的汉语教理说明书、与封建社会统治者的交往经验、在日本感受到的中国文化与权威为利玛窦、罗明坚等人入华传教奠定了基础。总体而言，本书将沙勿略本人及其行为置于客观的历史情境中，结合耶稣会的亚洲活动及沙勿略在16世纪东西方文化碰撞中所起的作用进行探讨。

第一章 沙勿略与耶稣会的成立

一、大航海时代的世界

与从事农耕的亚洲文明不同，欧洲的文明起源于海洋，海洋文明造就了欧洲人冒险与开拓的精神以及对财富的渴望。中世纪后期，欧亚世界朝着不同的方向而前进着。由于经济发展的需要，资金、劳动力、原料、市场成为欧洲迫切需要的四大必备要素，为了寻找更多资本主义发展所需的资源，西欧国家发起了大规模的航海探险活动。除此之外，文艺复兴、商路危机、航海技术的进步、君主政体的发展、宗教好战精神等多方面因素也促成了西欧的向外扩张。首先是新航线的开辟与新大陆的"发现"，而新航线的开辟也标志着欧洲世界的崛起。15-17 世纪，欧洲航海者开辟新航路，"发现"新大陆，这是地理学发展史中的重大事件，史学家将这一时期称之为"大航海时代"。

哥伦布（Christopher Columbus）发现新大陆与达·伽马（Vasco da Gama）绕过好望角航行到印度则在欧洲引起了关于新发现地区的专属权问题。不过，早在 1454 年，罗马教皇尼古拉五世（Nicola V）曾经下过一道训令：葡萄牙人有权占有他们在沿非洲海岸向印度行进时所发现的一些地区。因此，当哥伦布从西印度群岛返航后，西班牙朝廷担心葡萄牙人会提出反对意见，遂敦促教皇亚历山大六世（Alexander VI）承认西班牙的专属权。为避免葡、西两国因利益瓜分引起冲突，1493 年 5 月 4 日，教皇亚历山大在亚速尔群岛（Arquipelago Dos Acores）和佛得角（Cape Verde）群岛以西 100 里格（约合 480 千米）处划一界线（称为教皇子午线），以东地区给予葡萄牙，以西地区则给予西班牙。由于葡萄牙人对此划分并不满意，于是，1494 年 6 月 7 日，在西班牙的托尔德西拉小镇重新划分，西班牙和葡萄牙签订了《托尔德西拉斯条约》(Treaty of Tordesillas)，将分界线再西移 300 里格 (约合 1770 千米或 1100 英里)，大约位于西经 46°37' 的南北经线。这一改变后的结果使葡萄牙获得了对美洲巴西的所有权，同时，葡萄牙也竭力取得了在印度洋海域的霸主地位。

不甘于此的西班牙不断派出海上探险队，1521 年，麦哲伦船队到达香料群岛，但遗憾的是葡萄牙的势力范围已经延伸至此处附近，导致此前的《托尔德西拉斯条约》出现了模糊地带，于是，1529 年，重新签订了《萨拉戈萨条约》(Treaty of Saragossa) 用以明确分割葡西两国在太平洋上的势力范围。当时西班牙恰逢同法国交战，急需军费，因此，在签订条约时西班牙放弃了对马鲁古群岛的全部要求，并接受在马鲁古群岛以东 17 度处划定分界线，葡萄牙支付西班牙 35 万达卡金币作为补偿。条约中还规定为了天主教的传播，葡、西两国有义务为传教士提供交通与传教经费等，不过教廷在任命主教或成立新教区时，需要经当事国的同意。[1]这一条约的签订标志着地理大发现史上一个重要章节的结束。葡萄牙人对香料群岛的控制一直持续到 1605 年荷兰人的到来。至此西班牙独占巴西以外的美洲全部，葡萄牙则将亚洲、非洲、巴西收于自己的势力范围之内。

自新航路开辟之后，葡萄牙人从沿非洲几内亚海岸的贸易中牟取了巨大的利润。达·伽马通航印度促进了亚欧之间贸易的发展，同时拉开了欧洲殖民者掠夺亚洲的序幕。在巨大的利益面前，葡萄牙国王担心有人与他分一杯羹，便对新航路的贸易实行垄断，不仅对欧洲各国封锁了绕过好望角可到达印度的这一消息，还对数百年来一直在印度洋上经商的阿拉伯人发动海战，将其以及其他东方民族排挤出去，成为印度洋海域的霸主。此时的印度四分

---

[1] 条约中规定了西、葡两国政府在传教事业中的权利和义务：(1) 在保教权涉及的地区范围之内建立大小教堂、修道院、传教站及其他宗教建筑设施；(2) 为殖民地的传教事业提供经费，包括维持、修建上述宗教建筑设施的经费，神职人员的薪俸及培养经费；(3) 从欧洲出发前往亚洲的传教士搭乘葡国船只，葡王为传教士们提供一定的旅费；(4) 葡、西两国王室有权决定殖民地大主教、主教及其他高级神职人员的任命，包括了解这些候选人的名单；(5) 参与掌管教会的税收；(6) 否决那些未经国王和议会批准的教书，包括教廷发布、由教宗签准的教书；(7) 由欧洲取道里斯本或马德里出发的传教士们，不仅要向天主和教宗宣誓效忠，还要向葡、西两国国王宣誓效忠。Frederick Charles Danvers.*The Portuguese in India,Being a History of the Rise and Decline of their Eastern Empire*,p.390. 转引自顾卫民：《"以天主和利益的名义"早期葡萄牙海洋扩张的历史》，社会科学文献出版社，2013 年，第 343 页。

五裂，北部被新来的莫卧儿侵略者所控制，南部则被婆罗门教的一些封建主所控制，而且印度统治者的心思并不在贸易，而是在相互征战上。葡萄牙人的目标恰恰相反，他们觊觎的是垄断香料贸易。在此已有数百年贸易史并建立了许多殖民地的阿拉伯人是其最大的"敌人"，当地的许多婆罗门教统治者也是其不可忽视的"敌对者"。尽管四面受敌，葡萄牙仍然在亚洲建立起自己的"帝国"。这一成功不得不"归功"于阿方索·德·阿尔伯奎克（Afonso de Albuquerque），1509-1519 年时任葡萄牙印度殖民地总督，他通过夺取对印度洋海上通道的控制，切断了阿拉伯人的贸易网。为防止穆斯林商人抵达印度进行贸易，他攻占了索科特拉岛（Socotra）和霍尔木兹岛（Hormuz），这两个岛分别是通往红海和波斯湾的关口。在印度，他攻取位于马拉巴尔海岸中部的东方贸易中心果阿城（Goa）。在东面，他攻克了马来半岛西海岸的马六甲（Malacca），控制了与亚洲通商的必经之地马六甲海峡以及香料群岛。1513 年，第一艘抵达中国口岸的葡萄牙船驶进广州港。虽然葡国的势力范围并不算大，但占据的却都是重要据点，可以保障航线的安全，控制东西贸易之路，压低香料的价格，从而快速地积累了巨大财富。大航海时代的葡萄牙不仅在亚欧贸易中获得巨大利润，甚至在纯粹的亚洲贸易中也获利颇丰。

二、耶稣会的成立与特色

（一）依纳爵·罗耀拉

耶稣会创始人依纳爵·罗耀拉（Ignacio de Loyola，1491-1556）出生于比利牛斯山脉附近的依纳爵城，在 1521 年法军进攻潘普洛纳时身负重伤，因腿部负伤无法继续军旅生涯。罗耀拉在养病期间，开始阅读与基督及圣人相关的书籍。伤好后的罗耀拉到处游历，1522 至 1523 年他在曼雷萨的山洞中祷告灵修及默想，在此他草拟了著名的《神操》（Spiritual Exercises）。1528 年他考入巴黎大学，在此遇到了一生的挚友沙勿略。罗耀拉不仅给予沙勿略许多经济上的援助，还帮他介绍听讲生。1533 年 3 月 13 日，罗耀拉通过了哲学学士的考试，这让一直让因年纪颇大而轻视他的沙勿略开始对他抱有尊敬之意。与此同时，沙勿略逐渐了解到罗耀拉是如何从一位贵族骑士转变为天主教徒的，也了解到罗耀拉为传教事业而正在招募同伴。恰逢此时，欧洲的教会充满了贪欲、不道德与野心，宗教改革的呼声不断高涨。在罗耀拉的劝说下，沙勿略逐渐放弃了对高位神职者的向往这种世俗愿望，对罗耀拉的敬重与亲近也由此开始。

此时，在罗耀拉的周围已经聚集了许多同学。除皮埃尔·法瓦[2]（Pierre Favre）与沙勿略，还有一位西蒙·罗德里格斯[3]（Simon Rodringues）。后来西蒙也成为了沙勿略的终身挚友，沙勿略在亚洲传教期间，与西蒙一直保持着密切的联系。1534 年 7 月，罗耀拉的寝室已经聚集了沙勿略、皮埃尔、西蒙以及其他三位西班牙人——迭戈·莱内斯（Diego Laynez）、阿尔方斯·萨尔梅隆（Alonso Salmeron）、尼古拉斯·博瓦迪利亚（Bobadilla del Camino）。他们在罗耀拉的指导下完成了神操的功课后，决定先到圣地耶路撒冷巡礼，像耶稣那样将自己的终身献给拯救灵魂的事业。1534 年 8 月 15 日，圣母升天日的早晨，罗耀拉与他的六位兄弟在巴黎蒙马特山上发愿：志愿清贫、贞洁、圣地巡礼。圣地巡礼后将献身于教皇。

1535 年 3 月 14 日，罗耀拉获得了哲学硕士学位。由于胃病的发作，医生建议他到温暖的地方疗养，加之圣地巡礼的费用也需要时间来筹集，因此，罗耀拉只能先回到西班牙的故乡静养。罗耀拉决定 1537 年初与其他六位同仁在威尼斯会合。1536 年 11 月 15 日，在巴黎的其他人出发前往威尼斯，1537 年 1 月 8 日到达目的地。在威尼斯，罗耀拉和他同伴们全力投入到看护病人的工作中。3 月 16 日，除罗耀拉外沙勿略等一行人出发前往罗马，为了实践清贫的誓愿，他们毫无分文地出发了。途中，他们一边乞讨，一边用蹩脚的意大利语教授使徒信经等。于 3 月 25 日到达罗马。在罗马，他们获得了教皇保禄三世（1534-1549）的许可，允许他们到耶路撒冷朝圣。从罗马，返回威尼斯的耶稣会士们开始准备晋升神父的工作[4]。6 月 15 日，他们晋升为副辅

---

2 皮埃尔·法瓦：1506 年 4 月 13 日出生于一个农家，父母均是虔诚的天主教徒，五六岁开始便边放羊边跟随母亲学习公教要理。10 岁开始学习拉丁语。12 岁受 Pierre Velliard 神父影响，开始亲近神学。19 岁求学于巴黎，在此结识了沙勿略。完成了与沙勿略相同的课程后取得学位。参见 Georg Schurhammer,S.J.《圣弗朗西斯科·沙勿略全生涯》，第 13 页。

3 西蒙·罗德里格斯：1510 年出生于葡萄牙的贵族，1527 年进入巴黎的圣巴鲁巴拉学院（College de Sainte Barbe）学习，后来曾任葡萄牙管区的管区长，1579 年 7 月 15 日在里斯本逝世。参见 Georg Schurhammer,S.J.《圣弗朗西斯科·沙勿略全生涯》，第 13 页。

4 在天主教教会的位阶制度中，共有上位的司教、神父、辅祭与下位的侍祭、驱魔师、诵读师、守门七个位阶。

祭，26 日，除未满 24 岁不符合叙阶条件的萨尔梅隆外，其余六人均得到晋升，27 日，受领了司教证明书。1537 年 7 月，土耳其军队开始进攻意大利，鉴于当时恶劣的政治及军事原因，他们不得不放弃了到圣地耶路撒冷朝圣的计划。之后他们分散于各地修行并主持了自己晋升后的首次弥撒。

（二）耶稣会的创立及特色

深知无法前往耶路撒冷朝圣的罗耀拉召集各地的伙伴到罗马集合，商讨今后事业发展的方针及前进方向。自巴黎蒙马特山起誓后已过了三年，同伴们也认为到了应该成立一个组织、定一个名称的阶段。罗耀拉认为组织的真正指导者是耶稣，且这也是为耶稣服务的组织，因此将其命名为"耶稣会"。1537 年 11 月中旬，回到罗马的耶稣会士在照顾病人的同时，开始在罗马传教，进行公开布道。1538 年 5 月 3 日，罗耀拉等人的传教活动得到了教皇的许可，5 月 5 日开始在罗马各圣堂布道，有人指出他们的教义违反了真正的教理。随着两大阵营的争论愈演愈烈，沙勿略等人的布道以及其他活动都被禁止了。随后罗耀拉拜见了 1538 年 7 月 24 日从尼斯（Nice）返回罗马的教皇保禄三世，祈望以教皇之名给予清白证明。为此，保禄三世谨慎地做了调查，对罗耀拉等人渊博的学识十分欣赏，在两周一次的午餐讨论会上宴请了罗耀拉一行人，席间罗耀拉表明了他与同伴们愿意听从教皇的命令到世界各地，乃至印度边远地区传教的决心。

1538 年 11 月，虽然罗耀拉拜见教皇时恳请派遣他们到各地传教，但教皇则希望他们能够留在罗马。当 1539 年 3 月 19 日两名同伴被命令派往西耶那（Siena）时，大家意识到以后在他们的请求下，他们就有可能会被派往各地传教，如此一来，彼此之间的羁绊会难以维系。如果会士们决定以后都在不同地方进行拯救灵魂的事业的话，那么必须创办修道会，加强彼此之间的牵绊，并很有必要在之前"清贫"、"贞洁"的基础上加上"顺从"这一誓愿。关于对未来构想的讨论于 3 月开始，4 月 15 日，第一阶段的审议结束，初步草拟了维持修道会所需进行的基本事项。5 月 4 日，对教皇的服从、对青少年的教理教育、在病院看护病、进入修炼院前必须要进行灵操或朝圣等十三项得以批准。6 月 11 日，又加上了总会长终身制等三项内容。随后，为了得到教皇的认可，罗耀拉等人将历时三个月讨论整理的《会宪纲要草案》，以耶稣会之名提交到枢机主教处。经过两个月的详细审查后，其修会的正统与虔诚得到确认。9 月 3 日，教皇给予了口头承认。1540 年 9 月 27 日，教皇下达了谕旨，正式批准耶稣会成立，在之后的两个多世纪中，耶稣会在葡萄牙都占有重要的地位，在 16 世纪葡萄牙海外传教事业中发挥了极为重要的作用。

耶稣会在建立之初，以抵抗当时欧洲的"宗教改革"为己任。此时在欧洲已有成立于 1215 年的多明我会（Ordo Dominicanorum）、成立于 1223 年的方济各会（Franciscan Order）、以及成立于 1256 年的奥斯定会（Augustinian Order）等大型修会，而耶稣会异于其他修会的特征有三：第一，耶稣会采取积极的海外拓展政策。这与耶稣会建立时的海外殖民历史特征不无关系，因此拓展海外传教事业成为耶稣会生存与壮大的必要手段。耶稣会传教士足迹几乎遍及整个欧洲；在葡萄牙保教权的庇护下，其传教活动延伸至南美、印度、马六甲、日本乃至中国。传教范围之大实属空前。第二，耶稣会对知识与教育的重视。高质量的教育水平成了耶稣会扩大影响与传教的重要手段。罗耀拉主张通过严格的训练培养具有高文化素养和知识的会士。例如来华传教的利玛窦、南怀仁（Ferdinand Verbiest）等均是著名的科学家，他们知识渊博，具有良好的文化素养。此外，耶稣会所创办的学校也几乎覆盖了整个欧洲，而且按照罗耀拉的原则实行义务教学，不收取学费。耶稣会的教育机构甚至延伸到了印度、日本、中国澳门等地。故其在文化、出版业、学术交流等方面的影响也优于其他修会。第三，不固守成规，相对比较灵活机动。"它是一个完全新型的修会。以往的修会均采取共同生活的方式，其基本特征是：统一服装的修院集体生活；共同参加日课；留住在某个固定的隐修院。耶稣会放弃了诸如此类的形式。罗耀拉对共同参加日课，统一修会服装和克苦功夫都未做出明文规定。"[5]耶稣会如此灵活的修会理念有利于耶稣会士参与现实社会生活以及政治生活；更有利于传教活动在亚洲、美洲等不同于欧洲文化的地区展开，成为耶稣会适应性策略形成的基本必要条件。

三、亚洲传教前的沙勿略

沙勿略，西班牙人，纳瓦拉国（Reino de Navarra）[6]出身。1506 年 4 月 7

---

5 彼得·克劳斯·哈特曼（Peter C.Hartmann）：《耶稣会简史》，谷裕译，宗教文化出版社，2003 年，第 12 页。

6 纳瓦拉王国位于西班牙北部比利牛斯山区，原名为潘普洛纳王国，是一个控制比利牛斯山脉及大西洋沿岸的欧洲王国。自古以来，纳瓦拉王国受着周围不同文化的影响，但仍坚守着自己独特的语言及极具个性的风格，在 16 世纪初，以潘普洛纳（Pamplona）为首都形成了独立的纳瓦拉王国。纳瓦拉王国成立时，当地的巴日，沙勿略出生于纳瓦拉王国中的沙勿略城。父母均是天主教徒，1500-1504年，他们在沙勿略城内改建了新的圣堂，在城池的附近建造了小教区教会，并配备了三名神父，专门负责沙勿略城内的教务工作。出生在家运隆盛时期的沙勿略，从幼年到少年时期在城内接受教育。读书写字由母亲亲自教授；由于身处特殊的地理环境，沙勿略对母语巴斯克语及西班牙语极其熟悉。因沙勿略城距城市较远，他的拉丁语和普通教育便由教堂的神父承担。在城内最主要的教育是宗教，可以说，沙勿略是在笃信天主教的环境中长大成人的。沙勿略在城内神职者的指导下完成了拉丁语的学习，1520 年，14 岁的沙勿略初领圣体礼。受母亲堂兄弟马尔奇·阿斯庇尔库塔（Martin de Azpilcueta）的影响，沙勿略决定成为圣职者。1525 年夏末，他告别了家人，来到名校林立的巴黎求学。

　　沙勿略就读于巴黎大学中最负盛名的圣巴拉拉学院（University of San Barrara）。10 月开始接触西塞罗（Marcus Tullius Cicero）的雄辩术，学习拉丁语读写、会话、语法以及使用拉丁语进行日常会话等。一年后通过了拉丁语考试，开始哲学课程的学习。在进行关于伦理学、认识论、存在论、宇宙论、自然神学、伦理学以及经院哲学等方面学习的同时，也涉猎新兴的自然科学，比如地球与大海的形态、太阳与日月星辰的运行、日食与月食、雨、雷电、地震、彗星等。1526 年 10 月 1 日，沙勿略开始在佩纳[7]（Juan de la Peña）教授指导下进行哲学的学习，与此同时也开始与他同室生活，室友还包括皮埃尔与罗耀拉。1528 年 10 月，已是哲学系三年级学生的沙勿略开始准备硕士考试。经过一年半的准备，沙勿略通过了 1530 年 2 月 3 日的第一次测试及 3 月 15 日的第二次测试，获得了哲学硕士的学位证书。1530 年秋天，沙勿略与圣巴拉拉学院附近的博韦学院（Colleges de Beauvais）院长签约，做三年半的哲学教师，教授亚里士多德哲学。

　　1530 年，与沙勿略同时取得硕士学位的皮埃尔对未来的神职工作产生了不安与怀疑的情绪。罗耀拉建议他每周忏悔一次，每日查明良心，礼拜日进

斯克地区领导人伊尼戈阿里斯塔加冕为潘普洛纳国王，并领导了反抗法兰克区域政权的斗争。王国的南部在 1513 年被卡斯蒂利亚征服，从而成为西班牙统一王国的一部分。北部部分保持独立的王国，但在 1589 年与法国亨利四世联盟，1620年，并入法国。参见 Georg Schurhammer,S.J.《圣弗朗西斯科·沙勿略全生涯》，河野纯德译注，平凡社，1988 年，第 3-10 页。

7　1522 年进入大学学习哲学，1525 年取得硕士学位。

行圣体拜领。最终，皮埃尔的心灵回归了平静，决心要为拯救灵魂的事业而努力。他决定从 1531 年春开始与罗耀拉一同去圣地巡礼，此后与罗耀拉等人共同创立了耶稣会。耶稣会成立后，由于沙勿略的健康状况，他不得不留在修道院内工作。1539 年 6 月 20 日，沙勿略被正式任命为耶稣会的秘书，同时接管了皮埃尔的工作，即保持会士间的相互联系。沙勿略是耶稣会成立以来的第一任秘书，在罗耀拉身边的他切实地感受到了罗耀拉是如何巩固及统率耶稣会的。1540 年，葡萄牙国王约翰三世为在印度传播天主教，向罗马教皇恳请派遣几位有才干的传教士到印度布道。罗马的葡国大使在与耶稣会士的交往中，逐渐产生了让耶稣会士实现葡王愿望的想法。葡国大使在说服教皇的同时，恳请罗耀拉派遣六名传教士，罗耀拉出于人手不足的考虑，只答应派遣两名，即葡萄牙人罗德里格斯（Rodrigues）与波旁迪里（Bobadilla）。出发前一天，波旁迪里病重不能成行，只能由无任何派遣任务的沙勿略替补。1540 年 3 月 15 日，接到任务的沙勿略毫不犹豫地启程离开罗马，经过长达三个半月的行程，6 月底，沙勿略到达了葡萄牙首都里斯本。在等待前往亚洲的船只的时间里，沙勿略暂居在里斯本。在里斯本的十个月里，沙勿略每日忙于教授公教教理、聆听忏悔等教务，一时声名大振。葡王有意挽留沙勿略为己所用，但沙勿略认为这有悖于初衷而婉言谢绝。罗德里格斯则留在宫廷继续为葡王服务，罗耀拉也有意让罗德里格斯留下来，为在科英布拉开设属于耶稣会自己的学院做准备，用以培养到印度各地及葡萄牙传教的神父。1541 年 4 月 7 日，沙勿略随同新任印度总督卡斯帕尔·索萨（Gaspar de Sousa）等一行人乘坐圣雅各伯号前往印度。

小　结

　　"大航海时代"引发了西方世界的殖民狂潮，在各国争相追逐利润与征服亚洲、美洲等地的同时，新成立的耶稣会的会士们也随之前往所能到达的任何地方传播天主教。其重视教育、灵活机动的特点使其在亚洲传教活动中发挥了其他修会无法比拟的优势。作为耶稣会创始人之一的沙勿略在前往亚洲传教前，浓厚的宗教环境与巴黎的求学经历使他具备了良好的哲学与神学知识以及极大的宗教热情。在这样的背景下，他势必会给他所到地区及所接触的东方带来宗教、哲学等方面的"撞击"。

第二章　沙勿略在印度·马六甲·马鲁古群岛

一、沙勿略在印度的活动

（一）果阿

　　果阿自 1510 年由葡萄牙占领后，主要由葡萄牙国王任命总督进行管理统治，是葡萄牙在印度最重要的殖民据点之一。1530 年，葡属印度的首都从柯钦（Cochin）搬至果阿，其中包括总督、法官、检察官等葡属中央政府。作为东方贸易中心的果阿，住着葡萄牙王国的副王、总督以及富裕的商人等，在 17 世纪初的繁盛期，人口与葡国首都里斯本不相上下，被誉为"东方的罗马"。[1]

　　1541 年 4 月 7 日从里斯本出发的沙勿略一行人，于 1542 年 5 月 6 日到达了目的地——印度果阿。到达果阿的沙勿略秉承了耶稣会"清贫"这一誓愿，婉言谢绝了总督为他这位教皇使节提供的住所，而直接去了王立医院，借住在一个与贫穷修道者相符的小房子内。为了之后传教活动的顺利展开，以及让人们对新创建的耶稣会有所了解，刚到果阿的沙勿略立即开始拜访司教等果阿教会运营的相关人员。此后的事实证明了沙勿略的做法非常正确，沙勿略与这些人建立了良好的关系，这些人也一直为耶稣会士们的传教活动提供帮助。沙勿略的行为恰恰体现了耶稣会的特色，即注重与上层社会保持良好的关系。

1　参见津山千惠：《弗朗西斯科·沙勿略——围绕神的文化冲突》，三一书房，1993
　　年，第 35-36 页。

　　抱着极大传教热情来到果阿的沙勿略不久便发现：果阿虽然林立着气派的修道院与教堂，但处处弥漫着对宗教的无知与道德颓废的气息。此时的沙勿略并没有什么更好的方式改变果阿的颓废状态，他在果阿开展的工作就如同当年在意大利一样，清晨默想；在病院圣堂做弥撒；去医院看望病人并聆听他们的忏悔，给他们发圣餐。有时午饭后，沙勿略则去探访未审判的拘留犯。裁判所审理案件缓慢，拘留犯多达三四十人，对此，拘留犯十分不满。沙勿略便恳请总督效仿罗马通行的做法，即总督亲自到拘留所，面对面地逐个审理犯人后，立即下判决。总督使用此方法后，拘留犯减少到了十几个人。[2]沙勿略懂得借鉴经验的灵活的处事方法在此初步显现。

　　除此之外，为解决果阿天主教徒道德荒废、连教理都不知晓的状况，沙勿略决定把传教的重点放在教理教育上。为此，沙勿略每天傍晚手持小铃在街头召集儿童及奴仆等学习教理，并边摇铃边说："忠实的耶稣·基督的天主教朋友们，为了天主的爱，你的男孩和女孩，你的男女奴隶来听天主教的教义问答吧。"[3]这个方法收到了很好的效果，每天都有许多大人、儿童、奴隶聚集过来。沙勿略将他们带到离医院不远的郊外圣母小圣堂，仰头祈祷后，按照他到果阿后编写的要理书[4]，教给大家使徒信经和其他祷文。在印度传教期间，沙勿略根据当地的实际情况和教义传播的轻重缓急，对巴洛斯的小册子作了若干修改，他删去了一些拉丁文祷文，增加了一些在他看来更为重要的教理条文，并将它作为在印度、马鲁古群岛以及马六甲等地宣讲教义的主要依据。为了让大家留下深刻的印象，沙勿略将这些教理配合旋律边诵边教。

2　参见 Georg Schurhammer,S.J.《圣弗朗西斯科·沙勿略全生涯》，第66-70页。

3　M T Kelly, Miss. *A Life Of Saint Francis Xavier: Based On Authentic Source.*,St. Louis, Mo., London, B. Herder Book Co.1918.p.95.

4　沙勿略的这部《小公教要理书》是巴洛斯（Joao de Barros, 1496-1570）的一本小册子的缩编本。这本小册子的原名为《葡萄牙语文法及神圣的、如同母亲的教会的教义》，全书共33条，其中包括基督徒必须背诵的祷文和十诫等其他内容，但没有对基督教教理作任何说明。事实上，此书最初是一部面向儿童的语法书的附录。正如作者序中所说的那样，这本小册子不仅是为葡萄牙本国人所作，而且亦面向居住在印度的葡萄牙儿童以及那里的印度信徒。由于此书对天主教基本教义所作的简要说明适应了大航海时代天主教东传的一般需要，所以受到了广泛的欢迎。1539-1540年，巴洛斯的这本小册子在里斯本被大量刊行。当沙勿略在1549年受葡萄牙国王约翰三世的委托前葡属印度传教时，他从国王那里接受了此书的大量刊本，并在1542年5月将它们带到东方，用于教义的宣讲与传播。参见戚印平：《日本早期耶稣会的若干教理书以及音译原则的提出与实践》，《宗教与文化——早期基督教与教父哲学研究》，北京：东方出版社，2001年，第326-327页。

此法简单明快，即使没有文化的人也很容易学会。"在大多数的场合，来听天主教教义的超过了 300 人。由于司教指示其他的教会也使用同样（的方法）传教，故此法一直沿用到现在。"[5]

面对信仰状态糟糕的果阿，沙勿略在没有寻找到更适合的针对性传教方法之前，依然延续在意大利与葡萄牙时的传教方式，[6]并且一到果阿便与当地的上层长官取得了联系。初来乍到、并不为人所知的沙勿略通过自己的努力改善当地的信仰状况，在延续传统传教方式的同时，修改教理书以适应当地状况，摸索适合当地的传教方法。

（二）渔夫海岸传教以及与婆罗门僧侣的接触

在果阿展开工作不久后，沙勿略来到了渔夫海岸（Costa de Pescaria）。沙勿略之所以被派往印度传教，是因为葡王听说印度渔夫海岸竟有 6 万人（实际是 2 万人）改信天主教，得知此消息的葡王向罗马教皇请求派遣传教士到印度传教，沙勿略正是在此背景下来到渔夫海岸的。不过关于渔夫海岸的居民由婆罗门教改信天主教的具体情况并没有人向沙勿略详细说明，刚到果阿不久的沙勿略曾向集团改宗的中心人物，即司教总代理米歇尔・瓦斯（Miguel Vaz Coutinho）询问了此事的详情。

当葡萄牙的势力延伸到亚洲时，渔夫海岸的南部由奎隆（Quilon）大王占有，中部及北部被毗奢耶那伽罗王朝（Vijayanagara）的家臣所占有，他们分享着珍珠所带来的丰厚利润。之后，在印度西海岸独占海外贸易的伊斯兰教徒有意将手伸向东海岸的珍珠贸易。葡萄人到来后，打破了伊斯兰教徒的海外贸易垄断，这其中自然也包括珍珠采集权。不肯就此罢休的伊斯兰教徒与葡萄牙人展开了长达 14 年的争夺战，而当地沦为伊斯兰教徒短工的渔夫们对伊斯兰教徒的仇恨也日益加深。某日，当地一位妇女被伊斯兰教徒所玷污，这一事件点燃了渔夫们对伊斯兰教徒的怒火，势单力薄的渔夫们大多被虐待残杀。在危急时刻，一位马拉巴尔（Malabar）商人[7]告诉他们，想要脱离苦境，

5　参见沙勿略：《沙勿略全书简》，河野纯德译注，平凡社，1985 年，第 86 页。

6　在意大利和葡萄牙时，耶稣会会士主要在病院、人群中进行弥撒和布道，时常到贫民和囚犯当中为他们提供帮助，并在广场上传教。我们可以看到，沙勿略到达每个地方后，首先是通过这种方法开始他的传教工作的。

7　这位商人出身于印度卡利卡特（Calicut）的名门望族，1513 年作为卡利卡特国王的代表被派往里斯本。在里斯本，他加入了天主教，并受洗。1515 年回到卡利卡特后，由于他热衷于天主教信仰、建立教堂等，他被罢免了王宫的职务，转行从

唯一的方法就是加入天主教，如此一来，葡萄牙人就会把他们从伊斯兰教徒的压迫中解救出来，渔民们听从了他的建议。1536 年 2 月，葡萄牙舰队带着司教总代理、柯钦司教代理及三名神父从柯钦出发，于 1536 年和 1537 年 3-4 月的珍珠采集期，在没有教授任何教义教理的情况下为男性渔夫施行了洗礼，然后是妇女、老人和儿童，于 1537 年末完成了受洗。这反映出大航海时代葡萄牙开拓海外"事业"的典型特征：用武力占领后，再进行宗教的"占领"。然而用此法获得的天主教徒不懂教理教义，也难说是真正的天主教信仰者，只是因为葡萄牙人可以保护他们，实为利益的交换而已。

1542 年 10 月，沙勿略等人到达渔业中心马拉巴尔地区。马拉巴尔的村子极度贫穷，也无葡萄牙人在此生活。村民们非常高兴地迎接神父的到来，虽然他们在六年前接受了洗礼，也被授予了教名，但村子里没有教堂，甚至连进行洗礼、教使徒信经及祷文的神职人员也没有，他们仍过着与周围其他宗教教徒毫无差别的生活。沙勿略通过同行的神学生的翻译，了解到他们只知道自己是天主教信徒，除此之外一无所知。尽管他们什么都不懂，但仍将 1536 年改宗后出生的孩子带来，让沙勿略等人为他们进行洗礼，于是"在每个地方，沙勿略站在阴凉下整日为他们洗礼，直到胳膊疼痛为止；而他的一个泰米尔人助手则用笔在棕榈叶上写受洗证明书"。[8] 与此同时，沙勿略教他们如何画十字架，教他们使徒信经与祷文等。沙勿略认为他们理解得很快，如果有人能教他们教义，他们就会成为忠诚的信徒。

随后，沙勿略一行人沿着海岸巡访了很多村庄，视察那里的风土人情及信徒状况。其中的一个村庄由于首领不愿成为天主教徒，在 1536 年大改宗时并未接受改宗，所以这个村庄没有天主教信徒。尽管如此，沙勿略仍极尽所能，"利用"一切机会让当地人感受到天主的全知全能。沙勿略在书信中记录了他为一名难产的妇女祷告，而使其顺利生产的事件。[9] 这件事情发生几天后，沙勿略拜访了当地土著首领的家，希望村民们成为天主教信徒。也许是因难产妇女顺利生产一事让当地人感受到了天主的"神力"，土著首领同意受洗入教。在土著首领成为天主教徒后，其他的村民也纷纷接受了洗礼。沙

商。当他听说渔夫海岸渔民的窘况后，提出了此建议，并被他们接受。参见 Georg Schurhammer, S.J.《圣弗朗西斯科·沙勿略全生涯》，第 78-79 页。

8　Theodore Maynard. *The Odyssey of Francis Xavier*. Green and Co, 1936. p.119.

9　沙勿略：《沙勿略全书简》，第 105-106 页。

勿略传教时除了不放弃任何可以宣扬天主教"神力"的机会外，还实行了更加行之有效的上层路线方法。这是沙勿略向土著传教时常用的一个方法，既简捷有效，又能够在短时间内快速地获得令人满意的成果。这个方法贯穿了沙勿略的传教生涯乃至耶稣会早期传教事业。

离开村庄的沙勿略等人来到了渔夫海岸的中心地，也是三名神学生的出生地——泰米尔纳德邦的杜蒂戈林（Tuticorin）。来到杜蒂戈林的沙勿略首次了解到婆罗门教信徒的信仰及习惯等。以下是1544年1月15日沙勿略于柯钦写给欧洲耶稣会士的信件，其中描述了自己与婆罗门僧侣的接触与辩论：

> 在走访信徒的村子时，发现很多宝塔。有一次，看到宝塔中竟然住了200多个婆罗门僧人，他们说想见见我。在交谈中我只问了一个问题，即他们所礼拜的神或偶像等，为有意上天堂的人定了什么戒律。他们经过讨论后，决定让一个年长者来回答，他是一位八十多岁的老人。首先他反问我天主教的神规定了什么样的戒律，我看穿了他的诡计，所以在他回答我的问题之前打算姑且保持沉默。于是他无奈地只能暴露自己的无知了。他们的神为了让人们来住他们的宝塔，规定了两件事：一是不能杀任何的牛，要祭祀用；二是要给住在寺院的婆罗门僧布施很多钱。听了这个回答我感到很伤心，因为恶魔统治了我们的邻居，且被他们崇拜着，而不是我们的天主。于是，我让他们坐着不要站起来，我用他们的语言大声地朗读教义和十诫，在每个戒条后面停顿，用他们的语言给一个训词，并解释了天堂和地狱以及什么样的人去天堂或地狱。在我完成布道后，所有的人都站起来拥抱我，并告诉我天主教的天主才是真正的神，因为他的戒条是那么地符合自然法则。

> 我在这个海岸的村子里找到了一个婆罗门僧，他懂得很多。因有人告诉我：他曾在一些知名的学校学习过。……他让我教他天主教徒的律法，并答应我不会透露给任何人。我说我不会教他，除非他先答应我他会宣传我们的教义，包括主要的天主教律法。他向我保证他会做到。于是我非常高兴地向他解释我们律法中的重要语句，也是我喜欢的一句："信而受洗的人会得救。"他把这句话用他们的语言解释并记录下来，我又向他诵了所有的使徒信经。

他对我说，有天梦见自己加入天主教并成了我的同伴，与我一起走路，感到非常的喜悦和高兴。他拜托我悄悄地让他成为天主教徒，而且他还加了几个条件。因这不合规矩，所以我拒绝让他受洗。我希望在天主面前他毫无条件地成为信徒。我跟他说要告诉单纯的人们应该礼拜唯一的神——天主，即天堂与地球的创世主，那个在天堂的人。不过由于他对（婆罗门的神）发过誓，他害怕恶魔会杀了他，故他放弃加入。[10]

在沙勿略这段与婆罗门僧接触的详细描述中，并没有表现出他对婆罗门教有更多高深的理解与认识。只是听了他们的介绍后，认为这些人仅仅是被恶魔统治而不知道天主的存在而已，况且沙勿略也没有主动想去了解婆罗门教及其教义的意愿，而是"自大而骄傲"地将天主教教义的内容读给他们听。事实上，在短时间内，这些婆罗门僧到底是否理解了这些内容，是否像沙勿略描述的那样从内心认为天主教是符合自然法则的，已无从考证。即使沙勿略与当地熟知婆罗门教的僧侣有单独的交流，也并没有成功地让他们改信天主教。失败的原因可能有很多，不过至少可以看到当时沙勿略与婆罗门僧的辩论只是停留在教义表面，并没有渗透到内容或核心问题，沙勿略也只是深信天主教的教义是真理，是任何人都应认同的，只要用他们的语言读给他们听，他们就会改变想法。不过，长时间在印度活动的沙勿略比起其他传教士还是更清醒地认识到："这些渔民处于一个相对较低的社会水平，相对而言比较容易改信天主教，而处于较高地位的种姓婆罗门司祭却不可亲近。作为结果，他们是新信仰的主要反对者。他们对住民有着广泛的影响。"[11]沙勿略的这个判断基本是准确的，因为婆罗门教信奉的是多神教，婆罗门教对其信徒宗教信仰及生活方式有着根深蒂固的影响，改变他们并不是容易的事。从沙勿略与这位婆罗门僧的接触中，可以看出这位婆罗门僧并没有放弃他的宗教及他所信仰的神，也并未承认天主是唯一的神。

沙勿略将婆罗门僧侣的败德、与他们讨论的内容以及与这名僧侣的秘密对话等向欧洲耶稣会士进行了详细的描述。在 16 世纪，沙勿略等传教士基本都具有很高的人文学素养以及优秀的观察与分析新事物的能力。了解当地宗

10 沙勿略：《沙勿略全书简》，第 117-120 页。
11 Georg Schurhammer S.J.,*Francis Xavier:His Life,His Times*（Ⅲ）. Trans by M.Joseph costelloe.S.J. Italy Rome:Via dei Penitenzieri.1980.p.354.

教的目的是推翻这些宗教，让所有人都承认天主是唯一的神，而对"异教"及"异教徒"并不持有平等对话的意识。不过，通过书信的方式把异国的情况汇报给欧洲的耶稣会士，无意中也将东方的文化（这里主要指宗教）以及婆罗门教的教义等内容介绍给了欧洲，让欧洲对印度及婆罗门教有了一定的了解。

二、耶稣会传教士与泰米尔语

（一）泰米尔语教理书的编写与学习

泰米尔语（Tamil）属达罗毗荼语系南部语族，通行于印度南部、斯里兰卡东北部。沙勿略所到的渔夫海岸隶属于印度南部，通用语言为泰米尔语。泰米尔语语音系统有齿音、齿龈音和卷舌音鼻音的对立，一般世界语言只有齿辅音（法语、俄语）或者齿龈辅音（英语），很少有两种之间的对立，印地语也只有齿音和卷舌音，因此具有复杂语音系统的泰米尔语不易掌握。

1542 年 10 月到 1543 年 2 月在杜蒂戈林的四个月中，沙勿略在巡访村庄，了解了信仰情况后，发现因语言不通，住民们对天主教义完全不知，沙勿略由此意识到泰米尔语公教要理书的编写以及泰米尔语的学习的必要性。从 1544 年他写给欧洲耶稣会士的信中可以看到，沙勿略曾完成了泰米尔语教理书的翻译。

> 刚到这个海岸时，我对信徒进行了很多的调查：这里的信徒对天主以及他们一直信仰的教义到底了解多少呢？当我问他们入教后与之前相比，对天主教的了解有加深吗？他们说除了知道自己是天主教徒外，其他的一无所知。他们听不懂我们的语言，也不知道应了解我们的教义。因为我的母语是巴斯克语，我也无法理解他们的语言——泰米尔语。于是我把他们中贤明的人召集起来，与其中比较了解他们语言的人一起，历经数十日的辛勤努力，终于把画十字的方法、向三位一体天主告白时的语言、使徒信经、天主的十诫、主祷文、天使祝词、圣母赞歌、告白的祷告等从拉丁语翻译成了泰米尔语，并编写了祷文。我把译为泰米尔语的祷文背诵下后，手持铃铛在杜蒂戈林的村子里召集了所有的儿童及尽可能多的大人们，一日两次教授教理。一个月中我按顺序教他们祷文，孩子们把学会的祷文再教给自己的父母、家里其他人和邻居们。[12]

---

12 沙勿略：《沙勿略全书简》，第 109-110 页。

在当地人的帮助下，沙勿略用葡文[13]写的祷文和戒条已译为当地语言并在传教中使用。沙勿略以之前提到的巴洛斯的《葡萄牙语文法及神圣的、如同母亲教会的教义》为蓝本，结合印度的实际状况，历时三个月，在三名神学生及当地人的帮助下，终于翻译并编写出了适合当地人使用的简要公教要理书的核心内容。其中将天主教用语用泰米尔语表示是一项非常困难的工作。例如"天主"的概念是不能用多神教的"神"这一词的。为避免造成误解，像"圣灵""天主教会""天国""恩惠""弥撒"等词汇，沙勿略决定用葡语的原词，并对重要的"天国"、"地狱"等作了注解。一年后，沙勿略还将使徒信经中的一部分附在信中寄往了欧洲。[14]沙勿略在亚洲遇到的"异教"文化及语言体系与欧洲的截然不同，因此，他在印度面临的问题与解决方法对于教会以及传教本身是具有参考价值的经验。

除把教理书翻译为泰米尔语外，沙勿略又将简要教理问答译成马来语。因为马来语在亚洲的一些岛上能够通用。他在前往马鲁古群岛（Kepulauan Maluku）时曾说过：

> 马鲁古群岛的每个小岛都有自己的语言，且这些语言各不相通。在马六甲说的马来语，在这些地方倒是都能通用。（我在马六甲时）花费了很多精力将使徒信经摘译为马来语，并对各条信经加以解释，一些主要的经文如告白的祷文、天主经、圣母经、又圣母经以及天主十诫等重要的经文尽量写得让当地人能够理解。这些岛上的居民有个很大的缺点，即他们几乎没有文字，且只有少数人懂得文字。书面语是马来语，但文字却是阿拉伯文字，是伊斯兰教的司祭教的，在那之前，他们完全不会写字。[15]

> 为了让当地人能够真正地学习并理解天主教及教义，沙勿略完成了泰米尔语与马来语教理书的翻译工作。为了取得良好的传教效果，沙勿略还努力学习了泰米尔语的发音，以便自己传教时使用，不过没有资料显示沙勿略在亚洲最终习得了这两种语言。

---

13 书信中提到的要理书为拉丁文版本，在果阿时沙勿略曾将此版本编译为葡萄牙语。泰米尔语版本应是以拉丁语版本为原本，并参看了沙勿略的葡文版。

14 参见 Georg Schurhammer,S.J.《圣弗朗西斯科·沙勿略全生涯》，第 87 页。

15 沙勿略：《沙勿略全书简》，第 238-239 页。

在杜蒂戈林，沙勿略开始学习泰米尔语。泰米尔语的发音、语法等与西欧的语言泾渭不分明，手头又无语法书、字典，因周围没人懂葡语，所以甚至连教沙勿略的人也没有。当地人所谓的书是狭长的、褐色的棕榈树叶，用绳子绑在一起，字体是葡萄牙人完全不懂的复杂的手写字，泰米尔语字符多达两百多个，[16]沙勿略在短时间内应该无法掌握这些由复杂繁多的字符构成的泰米尔语，他只是背下了这些外国文字。他发的 l-、r-、n-以及 d-与当地泰米尔语大不同，特别是将一个长音误读为短音时整个词的意义就会改变。他的发音常常给人一种陌生、莫名其妙又可笑的感觉。[17]早于沙勿略等人来到渔夫海岸的传教士已经绝望地放弃了泰米尔语的学习，[18]不过这并没有让这位对传教充满热情的传教士退缩。为了让人们更好地理解他所说的内容，他不断地重复他的话，同时还让神学院的学生在旁帮忙解释说明。很快沙勿略就记住了所有的内容，他拿着铃铛走过大街小巷召集所有的男人和儿童，一天两次教授他们祷告、信条以及戒条。整整一个月内，沙勿略持续地、不断地布道，他的听众也将学到的说给他们的父母和邻居等听。每逢礼拜日，全村的人会集合在一起，用泰米尔语祈祷、画十字、诵使徒圣经等。尽管有人嘲笑沙勿略这种方式只是鹦鹉学舌，但他的坚持努力，还是取得了一定的成绩。沙勿略在此地形成的布道方法，之后在马来半岛、马鲁古群岛，甚至日本都继续使用。

关于沙勿略本人学习泰米尔语的成果，从他的书信中可以看出并不怎么理想，因此他不得不借助当地人的力量，如果当地神学生不在，沙勿略就会感到困扰。

> 我身边没有翻译，独自一人在这里。（翻译）安东尼奥（Antonio）在马拉巴尔生病了，我的翻译是印度人罗德里格（Rodrigo）和（厨师）安东尼奥。人们对在此坚忍着生活的我以及我的劝告都无法理解，我也不懂他们的语言，对此请您给予理解。[19]

根据以上信件中的片段，不能断定沙勿略是否具有语言天赋，但至少可以看出沙勿略未能很好地掌握当地的语言，至少是不能灵活地使用泰米尔语，

---

16 恩里恩克斯在1548年首次习得了这234个字符的书写体铅字。Georg Schurhammer S.J.*Francis Xavier:His time,His Times*（Ⅲ）.p.308.

17 Georg Schurhammer S.J.*Francis Xavier:His Life,His Times*（Ⅲ）.p.307-308.

18 Georg Schurhammer S.J.*Francis Xavier:His Life,His Times*（Ⅲ）.p.307.

19 沙勿略：《沙勿略全书简》，第 154-155 页。

也无法听懂新入教信徒的告解。因此沙勿略进行传教工作时，十分依赖翻译。他曾在写给欧洲耶稣会士的信中感叹道："不懂语言是一件多么痛苦的事情啊。"[20]也许是因为沙勿略事务繁忙，没有足够的时间去认真地学习语言；抑或沙勿略不停地往返于各地传教，面临着不同语言，在短时间内无法驾驭。

　　或因沙勿略没有太多的精力学习如何发音或熟练掌握其语法规则等，沙勿略每到一个地方并不是学习当地的语言，而是先将教理问答书翻译为当地语言。沙勿略借助当地人的力量完成教理问答书的翻译工作，再将翻译完成的内容给当地人或传教士使用。尽管教理问答中存在一些错误，但仍然能表达出天主教的基本内容。[21]此方法对于传教工作繁忙的沙勿略来说无疑是明智的，这并不能证明他对传教当地语言的忽略。从他督促果阿方面派遣懂当地语言的人来传教这一点，可看出沙勿略对语言问题的重视，以及自身无法习得的无奈。他对已掌握当地语言的传教士是极其羡慕并不吝啬对其进行赞美的。沙勿略曾称赞精通泰米尔语的耶稣会士恩里克（Henriques Enrique）神父："因为他会读写马拉巴尔地区的语言（泰米尔语），所以完成了双倍的工作。因为他懂他们的语言，所以受到当地人极大的爱戴。"[22]恩里克在泰米尔语方面取得的成就促成了他在当地取得了良好的传教效果，让沙勿略更加清楚地认识到欧洲传教士学习当地语言的重要性。

（二）恩里克[23]与泰米尔语

　　1542 年 10 月，被派往印度的沙勿略到达渔夫海岸时，惊讶地发现：

　　　　当地只有一名司祭负责整个地区的宗教活动。他既没教任何教理，也未走访村子。[24]这里极其荒凉。因处于极度贫穷的状态，故

20　沙勿略：《沙勿略全书简》，第 220 页。

21　参见沙勿略・莱昂・迪富尔：《圣方济各・沙勿略传——东方使徒神秘的心路历程》，张依纳译，天主教上海教区光启社，2005 年。第 150 页。

22　沙勿略：《沙勿略全书简》，第 343 页。

23　关于恩里克的传记以及其传教活动，据笔者调查，了解到国内并无相关任何记录与研究，在日本也仅岸野久对其有相关深入研究。故此部分主要参考岸野久的研究成果。恩里克 1520 年出生于葡萄牙的一个新教教徒家庭。1546 年 4 月 8 日到达里斯本，同年 9 月来到印度果阿。1547 年 1 月，沙勿略的信件到达果阿，指示新来的所有传教士去渔夫海岸。在此背景下，恩里克来到渔夫海岸。详见岸野久：《日本人的西欧发现》，《恩里克・恩里克与泰米尔语》，吉川弘文馆，1989 年，第 44-56 页；Georg Schurhammer S.J.*Francis Xavier:His Life,His Times*（*II*）.p.367-371.

24　沙勿略：《沙勿略全书简》，第 108 页。

没有葡人居住。因为无人教他们教义，所以这里的信徒（此处指天主教徒）关于信仰一无所知，仅仅知道自己是天主教徒而已。没有做弥撒的人，也没有教使徒信经、祷文、天使祝词的人。我到这些村子后，给未受洗的所有孩子施行了洗礼。孩子们央求我教他们祷文，我连祷告、吃饭、睡觉的时间都没有……我知道他们都具有优秀的能力，如果有人能传授他们神圣的信仰，我深信他们一定会成为很好的信徒。[25]

之所以说渔夫海岸住民只是名义上的天主教徒，如前所述，是因为渔夫海岸的改宗事实上是政治交易的结果。由于传教士不懂当地人的泰米尔语，信徒在受洗前完全没有接受过教理教义的教育与学习，对天主教并不了解，受洗后的信徒又完全回到了婆罗门教信徒的生活模式。在渔夫海岸停留一年左右的沙勿略见此状态，在 1544 年 1 月 15 日发给罗马耶稣会士的报告中，诉说由于人手不足，遗失了大量的灵魂，请求派遣更多的人才。[26]恩里克便是在此请求下于 1546 年被派往果阿的。

到达渔夫海岸的恩里克走访了他负责的地区后，发现自己无法听懂当地的语言，以至时刻需要一名翻译陪同。尽管他试图学习这门晦涩的泰米尔语，但当 1548 年沙勿略再次来到渔夫海岸时，发现他只记住了两个单词。沙勿略离开渔夫海岸之后，恩里克的翻译因有事而离开，这迫使他不得不掌握这门难懂的外语。恩里克在 1548 年 10 月 31 日写给罗耀拉与西蒙的信中，曾这样描述："因为没有用于学习泰米尔语的词典，所以基于拉丁语的活用，我把动词的活用根据过去、将来、不定式、接续法等进行归纳，名词对应其属格、与格及其他的格，最初必须弄清楚所学的名词、动词或者代词等，如此一来要花费五六年时间才能掌握这门语言，不过五个月后我已能正确地使用语法、时态、人称进行交流了。"[27]

由此可见，恩里克习得泰米尔语的方法是利用拉丁语语法体系来学习泰米尔语。恩里克构建了一种语法，试图结合时态，就像在拉丁语中那样，确定过去时、将来时、不定式及虚拟语气，并使用拉丁语中的宾格、属格、与格等与名词对应；试图寻找出哪个词性是放在前面的，如动词、名词或代词等。

---

25 沙勿略：《沙勿略全书简》，第 104-106 页。

26 Lvis de Guzman：《东方传道史》，新井トシ译注，天理时报社，1944 年，第 49 页。

27 陆若汉：《日本教会史》下，土井忠生等译注，岩波书店，1978 年，第 307 页。

通过此方法，恩里克在很短的时间内掌握了这门外语，其效果让当地人都感到惊讶。人们因此深信天主奇迹般地赋予传教士以语言知识，仅仅五个月的时间，恩里克能够用他们的语言与天主教徒们交流或布道，但泰米尔语的发音很难，且不同于葡语，他所说的话时常不被当地人理解。因此有一名当地人助手重复他讲的泰米尔语，这样可以让人们听懂他所讲的教义，但据说他还是希望几个月后能够独立进行工作。[28]恩里克利用拉丁语语法理解与学习了与欧洲语言体系完全不同的亚洲语言，也是欧洲传教士中最先掌握泰米尔语的人，从而实现了与传教当地人进行直接对话的可能，并为耶稣会带来了在印度传教的一大转机。

关于恩里克学习泰米尔语的动机，从实际状况来看，无当地人帮忙翻译时的诸多不便是他学习泰米尔语的直接动机。但沙勿略认识到在传教活动中掌握当地语言的重要性与必要性，也是促使恩里克学习泰米尔语的重要原因之一。

到达印度两年后的沙勿略已经清楚地意识到了语言在传教中的重要性[29]，而到渔夫海岸巡察的沙勿略也会嘱咐传教士学习当地语言。当恩里克能够自如地使用泰米尔语时，沙勿略拜托他为其他耶稣会士编写泰米尔语学习的教材，1548年10月31日的信件中这样记述："为了让传教士们更容易地学习这门语言，应该编写泰米尔语的语法教材，即动词的活用、变位、使用方法等。因为通过翻译的复述与自己使用这个语言,效果是完全不同的。"[30]重视传教当地语言学习的沙勿略，为了减轻传教负担，减少当地人翻译所产生的不必要的错误，也为了达到更好的传教效果，萌生了让恩里克撰写泰米尔语语法教材的想法。当时恩里克的泰米尔语刚刚达到可以会话的阶段，便要解说语言的构造、编写用于学习的教材，委实极其困难，不过恩里克还是立刻投入了这项工作中。一年后的1549年11月21日，恩里克完成了泰米尔语语法书的草稿，他曾致信罗耀拉，想咨询他的意见，在等待回音的期间反复地对教材进行修订，该草稿对新来的传教士在学习泰米尔语方面有着很重要的作用。最终在1566年，恩里克完成了这本《泰米尔语语法》教材的编写，与普通的语法书不同，这部教材不仅兼顾学习语言的语法，还附有传教现场实用词语表达。

---

28 Georg Schurhammer S.J.*Francis Xavier:His Life,His Times*（Ⅱ）.p.308-309.

29 沙勿略：《沙勿略全书简》，第110页。

30 岸野久：《日本人的西欧发现》，吉川弘文馆，1989年，第45页。

恩里克在不断学习泰米尔语及传教的过程中，开始接触当地住民原本所信奉的婆罗门教。在掌握泰米尔语之前，欧洲人传教士对当地的婆罗门教并不太了解，甚至未曾作出过了解的努力；婆罗门教信徒对天主教也表现得漠不关心。恩里克在学会泰米尔语后，为了解婆罗门教而积极地与当地人交流，逐渐掌握了关于婆罗门教的知识，并据此进行护教活动。

恩里克重视泰米尔语的学习，致力于使用泰米尔语写作以及从事出版活动与沙勿略的传教方针与鼓励密不可分。沙勿略在 1548 年 9 月-11 月访问渔夫海岸期间说："恩里克会说、会写泰米尔语，他取得了超过两个人的成果。因会说当地的语言，被当地人所深深地爱戴着。因能用他们的语言布教或谈话等，被极其信赖。"[31]从范礼安冗长的报告中也可以看出其取得的成果："渔夫海岸是耶稣会士在印度传教中最成功的、最好的传教地；它的核心指导者是恩里克，他在渔夫海岸的传教士中功劳最大。"[32]这都应归功于恩里克在泰米尔语方面取得的成功。

恩里克作为欧洲人，第一次掌握了泰米尔语，并将其作为"武器"给耶稣会上的印度传教活动带来了转机。恩里克的各种尝试以及其成果的影响，应不止于印度，以沙勿略为首，包括后来的范礼安等曾到访渔夫海岸并大力称赞恩里克传教的成功。除此之外，来自葡萄牙暂时或长期居住在果阿的耶稣会士们，直接或间接地接触过恩里克的布教尝试及成果，极有可能对后来在日本与中国的传教活动产生了影响。

三、印度神学生

除在果阿外，沙勿略在其他地区传教时，身边总有三名印度神学生的身影，在他的书信中也不止一次提到过印度的三名神学生。渔夫海岸等地不像果阿有许多葡人居住，故当地人不会葡语，而沙勿略也不懂当地语言，因此有既会葡语又懂当地语言的助手相伴显得格外重要。这些传教当地人助手在沙勿略的亚洲传教活动中起到了不可或缺的作用。

在到达印度果阿 5 个月后的 1542 年 10 月，沙勿略来到此次亚洲传教的目的地——渔夫海岸。渔夫海岸的风土、习惯及语言与果阿迥异，在前往渔夫海岸的中心地——杜蒂戈林时，沙勿略便带着

---

31 沙勿略：《沙勿略全书简》，第 343 页。
32 岸野久：《日本人的西欧发现》，第 38-39 页。

> 三名印度人神学生。在杜蒂戈林，他发现此地的信徒除了知道自己
> 是天主教徒外一无所知。[33]

面对如此糟糕的状况，沙勿略计划使用当地的语言对他们进行天主教教理教义的普及。从今天来看，沙勿略的这一举措在天主教传播史上是具有划时代意义的行为。当初葡萄牙人占领印度后，传教士随即到来。沙勿略来到杜蒂戈林时，当地只有一名司祭在进行牧灵指导，不过这个人形同虚设，没有进行任何宗教相关的活动。从这点来看，沙勿略的这一行为不仅有着一定现实的意义，并且也成为一种惯例被延续下来，无形中对当地语言的发展做出了贡献。那么，不会当地语言的沙勿略是如何完成这项繁杂、艰难而伟大的工作的呢？

> 我把他们中贤明的人召集起来，与其中了解当地语言的人一起
> 历经数十日的辛勤工作，终于把画十字的方法、告白三位一体天主
> 时的语言、使徒信经、神的十诫、主祷文、天使祝词、圣母赞歌、
> 告白的祷告等从拉丁语翻译为了当地语言，并编写了祷文。[34]

在进行翻译天主教教义的工作时，沙勿略说："我把他们中贤明的人召集起来，与其中了解当地语言的人……"沙勿略的这一描述，值得仔细推敲。首先，沙勿略本身不会当地语言，即使他努力学习了这门外语，但效果未必理想，况且在短时间内也无法达到可以翻译教义书的程度；而当地人基本是不会读写、没有知识之人。沙勿略信中明确说是从拉丁语译为当地使用的泰米尔语，那么至少翻译要懂得拉丁语及泰米尔语。如果说泰米尔语的教义是参考了沙勿略到达印度后不久用葡语编写的简短公教要理的话，那么，翻译的人还必须懂得葡萄牙语。一言以蔽之，泰米尔语教义书的翻译者至少要懂得拉丁语、葡萄牙语和泰米尔语，而当时在印度果阿的神学生学习的课程中包括拉丁语。其次，翻译人员对天主教的教理必须要有一定的了解。当时能够胜任此项工作的只有沙勿略带去的三名印度神学生了。沙勿略曾在1542年9月20日出发之前写给罗马耶稣会士的信中提到："将有三名杜蒂戈林出身的人陪伴我前往。其中两人是副助祭、一人助祭，他们的葡萄牙语都非常好，而且也会本地的语言（泰米尔语）。"[35]这三名神学生不仅在语言方面具备相

---

33 沙勿略：《沙勿略全书简》，第105页。

34 沙勿略：《沙勿略全书简》，第110页。

35 沙勿略：《沙勿略全书简》，第87页。

应的条件，而且作为助祭和副助祭对于天主教的教义有着相当的了解和掌握。由此可推测，沙勿略在信件中提到的翻译工作，确切地说应该主要是以三名神学生为主，并在其他当地人的协助下共同完成的。

三名印度人神学生不仅在翻译工作方面为初到印度的沙勿略提供了必不可少的帮助，在传教过程中，他们也承担了重要的工作。1542 年 10 月 28 日，沙勿略在写给罗耀拉的信中描述他在渔夫海岸如何为即将临产的妇女洗礼及助产时说：

> 在这个村里有个因阵痛三日而痛苦万分、生命垂危的妇女。因为这些非天主教徒的神都是恶魔，所以那些祷告并不能让天主高兴，他们的祈祷也无法被我主听懂，无法被承认。我与另外一名圣职者来到这名妇女家中。进去后，并不去想自己是在恶魔的地盘上，而坚信"地上和那里的物品、世界和住在那里的人都属于天主"。满怀信心地开始呼唤天主之名。然后诵使徒信经，我带来的圣职者用他们的语言（泰米尔语）进行说明后，因天主的慈悲，她开始相信使徒信经。问她是否想成为天主教徒，她回答说她真心地希望入教。在朗读了他们从未听过的圣书后，我给她施行了洗礼。令人惊讶的是，受洗的妇女当天就生下了孩子，于是，她的家人都接受了洗礼。我主在那个家赐予的恩惠在村里被传为了美谈。[36]

这段记录中提到的圣职者应是沙勿略带去的三名神学生之一。他与沙勿略同行，不仅为他翻译，也协助沙勿略进行教理教义的解释说明。除了这三名神学生以外，沙勿略还得到了修道院年轻人的协助。在修道院时，他们与神父们共同生活，成为神父们学习当地语言的助手，协助神父们进行教理说明等。[37]在传教工作异常艰难的亚洲，如果缺少他们的帮助，那么沙勿略的工作将难以展开。这种依靠当地人开展传教工作的形式不仅在印度，在其他地方也被沙勿略采用。

1545 年，在马六甲的沙勿略又将简短公教要理译成马来语。为了教新信徒关于以神圣真理为基础的信仰理论和教义，沙勿略从教义、信仰中摘录了信仰条目和十诫等，翻译成他们的语言（马来语），并计划加入一些说明。沙

---

36 沙勿略：《沙勿略全书简》，第 105 页。
37 详见岸野久：《沙勿略与日本——天主教开教期的研究》，吉川弘文馆，1998 年。第 124-125 页。

勿略在马六甲停留期间完成了马来语的翻译，他利用所有空余的时间学习这门语言。尽管马来语比泰米尔语简单，但对于欧洲人来说它的发音也相当难，为此，沙勿略耗费了很多精力。没有手写的书籍或印刷品可以借助，于是，沙勿略的主要工作是在依靠懂这门语言的人们的帮助下，将教义摘译为马来语。[38]可见，沙勿略原本试图通过自身的努力习得当地语言，来完成教义的翻译等工作，但无法在短时间内掌握当地语言的现实让沙勿略不得不再次依靠当地人的帮助。巧妙地利用当地人协助传教工作，可以说是沙勿略的明智之举。

四、巧妙利用政治斗争的沙勿略

沙勿略的灵活还不仅体现在这些方面，对于情况复杂而多变的印度，沙勿略还懂得利用政治斗争进行传教。除了展开布教活动以及视察指导其他传教士的传教状况外，"与此同时，通过耐心的谈判，葡萄牙人的干扰，呼吁爱国及贸易；甚至是个人动机，沙勿略成功地为困苦的珍珠采集人确保了一些阴影的和平"[39]就是这样，沙勿略灵活地利用政治力量及带有其传教特色的方式，在渔夫海岸获得了大量的天主教徒。

1543 年 10 月中旬东北季风到来之时，总督的舰队将要返回果阿，沙勿略决定与总督同行。因为沙勿略有许多工作需要他回到果阿处理，比如寻找神职人员到渔夫海岸布道，收取欧洲来的信件，将几名少年送到圣保禄学院学习以便培养成未来的神父等。11 月中旬，沙勿略一行人回到了果阿。

1544 年 2 月中旬，再次回到渔夫海岸的沙勿略发现传教情形已与上一年不可同日而语了。诸势力之间的相互较量仍是为了争夺渔夫海岸珍珠采集的利润。尽管 1524 年葡萄牙人从伊斯兰教徒手中夺取了珍珠采集权，但诸王仍虎视眈眈地盯着这块肥肉。此时彻拉大王（Cera）的势力不断由南向北延伸，为了与之相抗衡，潘地亚王（Pandya）向葡萄牙的印度总督求助，得知此事的彻拉大王也向总督求助，于是双方拜托沙勿略向总督请求斡旋。由于葡萄牙以强大的军队控制着海上势力，能够供应霍尔木兹进口的阿拉伯马、武器、火药等，鉴于沙勿略与印度总督的良好关系及沙勿略在亚洲的教皇使节的地位，内陆的诸王纷纷通过沙勿略向总督求援。沙勿略从保护信徒的角度出发，

38 G Schurhammer S.J.*Francis Xavier:His Life,His Times* （Ⅲ）.p.30-31.

39 Rev.Dr.Faber.*The life of ST.Francis Xavier--Apostle of the Indies and Japan*, 1889. p.110.

不得不在考虑诸王的请求与条件后向总督汇报此事。与诸王交涉的同时，沙勿略也在考虑应对战乱的防备政策。沙勿略通过努力，顺利地解决了此次争端。为了感谢沙勿略的帮助，他们允许科摩罗海角西侧 14 个村子 1 万人的马夸族（Macua）渔夫接受洗礼。沙勿略"12 月 16 日，到达了柯钦。在到来之前为在科摩罗王国的马夸的渔夫施行了洗礼"[40]不过，在短时间内为 1 万人施行洗礼是不太可能的事情，极有可能沙勿略是让村子的首领受洗，随之整个村子的村民改信天主教。1544 年 11 月中旬，给村民施行洗礼的沙勿略，在一个月内完成了 13 个村庄村民的受洗。

这些政权之间的关系一直处于变化之中，他们需要葡萄牙的保护，因此沙勿略等人的传教活动总能在其中得到一些便宜。1537 年，特尔纳特王（Ternate）马努埃尔（Dom Manuel Tanarja）接受了洗礼，成为天主教徒。同年 10 月 8 日，为了感谢受洗及求得葡国的保护，马努埃尔将安汶岛（Ambon Island）和塞兰岛（Seran）赠送给了他天主教的保护人朱尔道·弗雷塔斯（Jurdao de Freitas），双方在果阿缔结此赠予条约，于 1543 年在里斯本得到了国王若昂三世的正式承认。

1544 年，弗雷塔斯作为特尔纳特长官赴任后，立即将自己的侄子派往安汶岛，取得了各岛的所有权，在附近修建了要塞。1546 年 2 月 14 日，沙勿略到达安汶岛，得到了当地土王的欢迎以及经济上的支持并在当地建立了一所教堂。这位土王还允许沙勿略在自己的领地内传教，并支持自己的子民加入天主教。

此后，1546 年 9 月中旬，沙勿略带着几人出发前往南亚的马鲁古群岛。沙勿略一行人受到了当地人的欢迎。当地住民对葡萄牙人抱有特别的亲切感，因此都将孩子带来接受洗礼，并希望能为病人祈福。9 月末，东北季风即将来临，向北的航路变得难行，于是沙勿略一行人让一位懂当地语言及风土人情的住民做向导，走访马鲁古群岛信者的村子。从 9 月 13 日自特尔纳特出发一直到 12 月 13 日 3 个月的时间里，沙勿略走访了所有信徒的村庄。此岛的国王虽然是葡王的臣子，但却是伊斯兰教徒，他之所以没成为天主教徒，是因为他有 100 个妻子，并有众多的女奴。沙勿略试图与国王做一个"交易"：如果沙勿略能让他成为所有摩尔人（欧洲人对穆斯林的另一种称呼）岛屿的王，他就会让他的一个儿子成为天主教徒，并继承他的王位。沙勿略想通过

---

40 沙勿略：《沙勿略全书简》，第 173 页。

沿用在渔夫海岸的方式，即通过向统治阶级的传教，来达到此地区全员改信天主教的目的。不过由于国王并没有履行他的承诺，沙勿略便立即撤回了承诺，这恰好反映了沙勿略能够认清形势，充分地利用政治力量，灵活机动地调整传教策略的方式。

小　结

印度等地因葡萄牙势力的影响，在沙勿略到来前，已经有了一定的信仰基础。不过由于耶稣会是一个刚刚成立的新修会，来到亚洲传教的沙勿略需要不断地摸索传教方法并扩大其修会影响。在对传教地信仰状况不了解的情况下，沙勿略沿用的是早前在意大利及葡萄牙等欧洲国家时使用的传教方法，即保持清贫的姿态以及在街头或医院等地传教，并且审时度势地利用葡萄牙的势力采取从上而下的传教路线。在不断深入的传教活动中，沙勿略也逐渐意识到学习当地语言、用当地语言编写教理书以及使用当地人传教助手的重要性。每到一个新的地域，沙勿略首先通过传教助手将教理书翻译成当地的语言，再进行传教，取得了一定的效果。同时，沙勿略不可避免的是与婆罗门教信徒的接触，从他们的谈话中可以看出沙勿略并没有主动有意识地去了解这一"异教"以及婆罗门僧侣，双方并没有形成真正的宗教对话。

第三章　沙勿略在日本

16 世纪的大航海时代，亚洲的葡萄牙商人以及他们对世俗利益的追逐似乎与神圣的传教事业毫不相关，然而事实证明在扩大传教范围方面他们无意中发挥了重要作用。

一、日本传教构想之形成

沙勿略在马六甲传教时期，从葡萄牙商人那里搜集了许多关于日本与中国的信息。这些商人大多是在中国的漳州、宁波等附近的岛屿进行秘密贸易的葡萄牙人。在去马鲁古群岛传教之前，沙勿略也曾看到从马六甲出港前往中国的葡萄牙船只。到了特尔纳特后，他听到了关于佩罗·迭斯（Pero Diez）航行日本的详细信息。[1]沙勿略把在马六甲从葡商那里获悉的日本信息概括后，写了一份简短的报告。内容如下：

> 我在马六甲时从值得信任的商人们那里获得了重大信息，是关于最近发现的一个被称为"日本"的大岛。据商人们观察，日本人具有比印度异教徒更加旺盛的求知欲，所以如果在那个岛弘扬我们的宗教，将会收获更好的成果。[2]

关于日本的信息，沙勿略最初是从往来于印度、日本及中国等地的葡商那里获得的，而带着沙勿略进入日本开教的重要人物——弥次郎也是由葡商引荐的。

1　迭斯 1544 年 5 月从马来半岛的帕塔内（Patane）出发到中国的漳州、宁波与南京。从宁波返回时，沿北纬 32 度向东行驶到了日本。Georg Schurhammer,S.J.《圣弗朗西斯科·沙勿略全生涯》，第 140 页。

2　沙勿略：《沙勿略全书简》，第 272 页。

1547 年 12 月 7 日，当沙勿略在圣母圣堂为新人主持婚礼时，他的一位友人葡商阿尔瓦雷斯（Jorge Alvares）带来了日本人弥次郎。会讲葡萄牙语又对天主教教理渴望的弥次郎，让沙勿略万分惊喜。此次沙勿略见到的除弥次郎之外，还有一位弥次郎从鹿儿岛带来的日本人助手以及一名葡商托付给沙勿略的日本人。此时距离沙勿略离开马六甲还有 8 天时间，沙勿略通过这段时间与他们的接触，加深了对日本的了解。沙勿略认为那个国度有着高度发达的教育水平及文化，国民求知欲旺盛，与南印度及马鲁古群岛的住民完全不同。当沙勿略问弥次郎如果他到日本传教，日本人是否会成为信徒时，弥次郎回答说家乡的父老乡亲不会立刻入教，他们会先询问许多问题，观察传教士学问之深浅、与他们的生活态度是否一致。大概半年后，领主、武士及百姓经过思考才会判断是否应该加入天主教，因为日本是个理性的民族。弥次郎的回答让沙勿略十分欣喜。[3]

与弥次郎相遇一个半月后，1548 年 1 月 20 日，沙勿略在从柯钦写给罗马耶稣会士的信中，描述了他去日本传教的构想。他计划在两年内前往或派耶稣会士去日本传教。沙勿略之所以计划两年内去日本，不仅是由于葡王对印度信徒保护及援助不够，使他无法确定能否前往日本，况且日本毕竟不是葡萄牙的殖民地，沙勿略对于私自去日本传教并没有太大的信心。沙勿略也试探着向罗耀拉提到："一年半后我带一两个耶稣会士去日本，或者是派两名会士先去日本；虽然最终还未决定，但无论怎样，会有人前往日本传教已成定论。不过从现在的状况看，更倾向于我（沙勿略）自己前往日本。"[4]此时的沙勿略对于前往未知的非天主教地区传教已是蠢蠢欲动，按捺不住心中的热情。

返回印度的沙勿略了解到渔夫海岸信仰荒废的情况，作为传教责任人，如果离开印度前往日本会有些不安，无法立即决定去日本传教的沙勿略计划让弥次郎在这两年的时间内，熟练地掌握葡萄牙语，熟悉西洋文化，学习公教要理，用日语写《信仰条目的说明书》，以为日后的传教做好充足的准备。从这种谨慎细致的做法可以看出沙勿略的深谋远虑。虽无法立即前往日本，但沙勿略在印度为去日本做了充分的准备。按照沙勿略在印度的经验，他认为弥次郎可以成为日本传教的得力助手，就如同那三名印度神学生一样。

---

3 参见沙勿略：《沙勿略全书简》，第 273-274 页。
4 沙勿略：《沙勿略全书简》，第 282 页。

1548 年 5 月 20 日，跟随兰西洛托（Nieolao Lancilotto）学习教理的弥次郎等三名日本人接受了洗礼。在果阿的五个月里，他们学习了葡萄牙语的读写与会话，受洗后继续学习教理教义，各方面都取得了一定的进步。沙勿略认为到日本传教的时机逐渐成熟了。6 月 6 日，印度总督病逝，沙勿略虽然可以自由行动，但印度已经进入雨季，沙勿略只能暂时留在果阿。在相对空闲的时间里，沙勿略根据这六年的传教经验，在特尔纳特编写的《使徒信经的说明书》的基础上，开始执笔《祈祷的方式与拯救灵魂的方法》，沙勿略还向弥次郎了解了日本宗教。弥次郎告诉沙勿略佛教从天竺传入中国后又传入日本，从日本到天竺往返要三年之久。来自天竺的佛教经典，像他这样没有受过很多教育的人是无法理解的。日本有很多僧侣，从统治阶层到平民百姓对他们都十分尊敬。由于僧侣们不吃肉，如果看到传教士吃肉的话，日本人会认为传教士不可信。[5]弥次郎的话让沙勿略认为到日本绝对不能吃肉。可见，在进入一个超出葡萄牙势力范围，并与印度等地有着完全不同文化的国度之前，沙勿略做了充分的准备：从日本人传教助手的培养，到对这个国家风土人情、宗教、禁忌等方面进行细致的了解。

同时，为了得到葡王以及耶稣会的支持，沙勿略曾在离开马六甲之前，拜托阿尔瓦雷斯把他的所见所闻整理成报告，与他的书信一同寄往罗马。葡萄牙人漂至种子岛四年后，用葡萄牙语写成的这份报告，虽原本已丢失，但德语译本、意大利语译本等在欧洲流传。以下是报告书的主要内容：

> 我在北纬 32 度九州南端突起的（山川）港。九州的西北及西部有博多、阿久根、川内、鹿儿岛，东部有根占、日向等港口。陆地临近大海，据说内陆平坦，山间的土地多用来耕作。河流众多，水源丰富，海鱼种类繁多，海滨有温泉涌出。火山很多的（樱岛）一年都在冒烟。台风频繁，特别是在九月。因此日本的房屋都是低矮的木质结构，茅草屋顶用石头压着。日本人短粗身材，体格强健，皮肤白皙，相貌端庄。日本人自尊心强，即使是很小的事情也会生气，重视武器。他们非常想了解西欧各国的国情。我们的船到来时，被盛情招待，期待他们给我们看想看的东西，希望受欢迎。极度讨厌偷盗。

5　参见 Georg Schurhammer, S.J.《圣弗朗西斯科·沙勿略全生涯》，第 156-157 页。

日本人一日三餐，且没有喝了酒就失去理性的人，一喝酒会睡着。有钱人或贵族也有奴隶，不结婚的人会被领主惩罚。领主受百姓尊敬、受世袭家臣们的支持而勤于治世。领主外出时有武士保护，百姓见到领主要脱下木屐下跪。他们讨厌赌博。精于马术，日本的马虽多但矮小。

领主的家在海边11公里的地方（伊集院）。他的城堡（一宇治城）建在离其他山丘很远的广阔地带。阶地上分别建有城郭（神明城、伊作城、阿多城等）。领主住在城的中心。我去过领主的城，城墙高三米、厚六米，内外被竹林围绕。外观非常美丽。入口狭窄，能容一匹马通过。城堡是用石头和灰泥筑造的，从未见过如此坚固的城。

妇女有着美丽的容貌，使用化妆品或香粉。她们非常地亲切而温柔。贵族妇人注重丈夫的名誉，极其地贤惠。妇人在家织布、纺线、做针线活儿。她们以发长为美，喜欢绾发髻。僧侣们有很多书，是中国文字。他们不被允许娶妻，被发现的话将被处死。不能吃肉，只吃芹菜和蔬菜，也不吃鱼。不过在日本不分贵贱都尊敬僧侣。日本有固有的神道。除了固定的祭祀外，不为主佛开龛。神社供奉在村头的森林中，被人们所尊崇。祈祷佛祖保佑死者或病人。[6]

此份以九州为背景的报告书包含从地理到人文以及宗教多个方面的内容，尽管有些内容并不准确，但它却是欧洲了解日本的一份珍贵资料。除这份报告书外，还有一份更加详细的。印度总督加西亚·萨（Garcia de Sa）为了掌握详细而确切的亚洲状况，常常让印度各地及邻近诸国的葡商或传教士写报告给他，以供参考。因此总督也向沙勿略寻求关于日本宗教的报告，于是沙勿略在弥次郎谈话的基础上，根据兰西洛托的手稿，提交了关于日本宗教的报告书。1548年8月，兰西洛托在果阿完成了第一稿，11月，在柯钦期间完成了第二稿，12月26日，第三稿整理完成。意大利语的原稿被沙勿略翻译为西班牙语，阿内斯（Anes Cosme）则将提交给总督的报告译为了葡语。[7]

自沙勿略1542年到达印度以来，关于传教的情况，他每年都会向罗马作详细的汇报。在与日本人相遇后，对比印度人的求知欲及对信仰的热情，沙

6　Georg Schurhammer, S.J.《圣弗朗西斯科·沙勿略全生涯》，第145-146页。
7　具体内容参加附录2。

勿略重新报告了印度的传教状况，以及他想将传教的范围扩大到日本的计划。沙勿略表达了自己再也不想在此浪费时间，想脱离葡王的势力范围飞往更自由的土地传播福音的想法。[8]当发现一块未开垦、似乎又非常适合传教的地方时，沙勿略毫不犹豫地"抛弃"了印度等地，从另一个角度来看，沙勿略将印度与日本强烈对比，也许是希望他的日本传教构想能够实现并得到葡王与罗耀拉的支持。

沙勿略在向罗耀拉陈述了印度传教的悲观情况后，开始写自己计划去日本传教的报告。沙勿略认为日本既没有伊斯兰教徒也没有犹太教徒，只有佛教徒，所以有可能更易传教。日本人求知欲旺盛，无论对神还是自然知识都很感兴趣。在果阿圣信学院的三个人才华横溢、擅长语言学，在神学方面也有所进步。如果在日本耶稣会士去世之前，求知欲旺盛的日本人燃起了对天主教的热情，那么日本人依靠自己的力量可以让耶稣会在日本得以延续。沙勿略对日本开教抱有如此乐观的态度，有可能源于弥次郎等人好学且对天主教抱有极大的兴趣带给沙勿略的错觉，而更大的原因则是沙勿略想要求得罗耀拉等人的支持。

4月15日，沙勿略带着司教和总督给日本天皇的亲笔信、圣母玛利亚膝上抱着年幼耶稣的圣画、祭衣、做弥撒的用具等与三名日本人、托雷斯[9]（Torres）神父、费尔南德斯修士及一名中国人曼努埃尔（Manuel）和一名马拉巴尔人阿曼德（Amador），一行八人从果阿出发来到马六甲，抵达马六甲后，沙勿略立即拜访了当地长官席尔瓦（Dom Pedro da Silva），将总督的文件交给他，请求他协助做航行日本的诸项准备。或许是考虑到沙勿略的日本航行也许能够成为扩大葡萄牙支配领域及增加贸易机会的契机这一点，席尔瓦立刻答应了此事，不仅为沙勿略寻找可以前往日本的船，还为沙勿略等人准备了在日本生活所需的各种费用、做弥撒用的圣堂建设费等充足的费用。除此之外，作为传教士的生活费，席尔瓦准备了马六甲市场上最好的胡椒30桶，以及给日本国王的价值 200 克鲁扎多[10]的高额礼物。这些胡椒和礼物的价值超

8　参见沙勿略：《沙勿略全书简》，第337-354页。

9　科姆·德·托雷斯（Cosme de Torres）：西班牙人。随西班牙舰队去墨西哥，到了马鲁古群岛，1546 年与沙勿略相遇，加入耶稣会。与沙勿略一同前往日本，是沙勿略在日本的传教同伴，成为驻守日本的第一个使徒。后来成为日本传教区上长，1570 年逝世。

10　克鲁扎多：葡萄牙人使用的货币单位。1 克鲁扎多大概相当于 10 文银，37.5 克。

过了 1000 克鲁扎多。在大航海时代，信仰的传播依赖着军舰与商业机会，而传教士也常常转换角色为商人谋求贸易机遇，《圣经》与商船从来都是并肩前进的。

二、日语教理书的翻译与编写及日语学习

1542 年 8 月 25 日，在葡萄牙人的船漂到日本种子岛并将火枪带入日本的六年后，沙勿略等一行人的到来，受到了当地奉行[11]的欢迎。当地人见到从遥远的葡萄牙而来的神父们，表示惊讶。当时的领主岛津久贵虽然住在离鹿儿岛 28 公里外的伊集院，但听说此事后立即召见了弥次郎，并以厚礼相待，询问了葡萄牙人的生活方式等。弥次郎对所有的问题进行了详尽回答，岛津久贵对此十分满意。岛津看到弥次郎带来的圣母画像万分激动，带着敬意跪在神像前叩拜后，命令在场的所有人叩拜神像。之后将神像拿给自己的母亲观赏，领主的母亲见后很高兴。几日后，领主的母亲派遣家臣去鹿儿岛，询问可否给她画一幅相同的神像，不过由于鹿儿岛没有绘画的材料而不得不放弃。领主的母亲认为既然没有神的画像，如有天主教的教理也好，于是弥次郎花了几日，将天主教的教义用日语写好后献给了领主的母亲。由此可知，在日本传教初期，教义书的翻译是由弥次郎完成的。

事实上，早在去日本前，沙勿略便有意借助弥次郎的力量完成日语教理书的翻译与编写工作。

> 在这两年间，弥次郎的葡萄牙语进步很大，既了解印度，也见过在印度生活的葡人，并逐渐理解了我们的生活方式，在这期间我还教了他公教要理。因为弥次郎能写日语，我打算编写日语的公教要理，并加入我主耶稣·基督降临历史的信仰条目说明书。[12]

到达日本不足两个月后，沙勿略在鹿儿岛写给果阿耶稣会士的信中满怀欣喜地说："40 天内已可用日语解释天主的十诫了"。[13]取得如此喜人成绩的沙勿略对未来传教事业充满了信心。"这个冬天把信仰条目的说明书译成日语，并计划大量印刷，我想应该会很忙。在日本几乎所有人都会读写，因为我们不可能走遍全国，所以为了把我们的信仰弘扬到各个地方（而印

---

11 奉行：日本武士时代的官名，这一地区的地方长官。
12 沙勿略：《沙勿略全书简》，第 274 页。
13 沙勿略：《沙勿略全书简》，第 475 页。

刷）"。[14]弥次郎也没有让沙勿略失望："我们亲爱的兄弟保禄（弥次郎），为了拯救日本人的灵魂忠实地把必要的所有教义都译成了日语。"[15]弥次郎的译本包括痛悔的七个诗篇、其他祷告文、洗礼的说明书、节日表等。虽然沙勿略生前并没有实现教理书印刷出版并在日本全国使用的愿望，但作为天主教第一本日语教理问答书，该书一直被使用，直到《二十五条》的出现。[16]

1552 年 1 月 29 日，沙勿略在柯钦写给欧洲耶稣会士的信中，较为详细地描写了教理问答书的内容：

> 我们在保禄的家乡（鹿儿岛）时，学习日语及教给信徒教理。从教理中摘出很多内容后，用日语书写（信仰条目说明书），非常之忙碌。对（说明书中）日本人必须知晓的天地创造等条目进行了简要的说明。比如日本人完全不知道万物创造主是唯一的。从他们必须要了解的事情（开始），到基督托身、基督生涯所有的奥义以及升天、基督生命最后的审判日的说明。花费了很多精力把这（说明）书译成了日语，（为了方便我朗读）将日语改写成了罗马字，把它读给即将入教的人听，尽可能让他们明白：为了拯救自己的灵魂，必须礼拜天主或耶稣·基督。[17]

沙勿略在日本使用的公教要理书是以印度的简短公教要理书及使徒信经的说明书为基础，[18]在传教过程中根据传教的实际情况逐步修改完善而成的。沙勿略在日本编写并由弥次郎翻译的要理书[19]是由两部分构成的综合性教理书：第一部分从创世记到基督的降临时期，第二部分是从基督的生命到最后的审判。

由此可知，沙勿略在亚洲翻译的当地语言的教理书，无一例外都是在当地人的帮助下完成的。在遇到泰米尔语中没有的天主教词汇时，沙勿略采取

---

14 沙勿略：《沙勿略全书简》，第 494-495 页。

15 沙勿略：《沙勿略全书简》，第 495 页。

16 这部新的教理书在沙勿略的教理书基础上修改扩编而成，共有 25 个章节，故称为《二十五条》。关于它的作者颇有争议。Georg Schurhammer S.J.,*Francis Xavier: His Life,His Times*（IV）.p.106.近年，我国学者戚印平在《日本早期耶稣会史研究》一书的第 221-222 页对于这一争议有所阐述，认为这部教理书的作者应为加戈，努内斯只是对教理书进行了审查与修改。

17 沙勿略：《沙勿略全书简》，第 526 页。

18 参见戚印平：《日本早期耶稣会史研究》，商务印书馆，2003 年，第 208-214 页。

19 从沙勿略书信的引文中可以看出沙勿略称其为"书"。

了音译原则，在没有合适的词汇时，采取这种跨语言文字而不跨文化的翻译方式，是为了力图避免产生误解，今天看来，沙勿略的出发点无疑是正确的。然而，在当时事与愿违的是，这反而成为当地人对某些天主教概念产生误解的源头。印度神学生在翻译泰米尔语教义时，曾将"我信神"误译为"我想要神……"。当沙勿略知道后立即指示进行修改。[20]在不断地使用的过程中，也许是发现了更多的错误，1549 年由恩里克重新翻译了泰米尔语的教理书。[21]而在日语版教理书翻译时，最困难的也是在日语中寻找适合表达天主教概念的词汇。由于弥次郎改信真言宗时，并没有学习很深的教义，当提到唯一的神、扬善惩恶、创造万物时，在弥次郎的脑海里浮现出的便是真言宗的"大日如来"，他把天主教的神理解成了"大日"，于是在这本说明书中"大日"成了天主教中的神，而死后人的灵魂享乐的地方是"净土"，惩罚前世罪孽的地方为"地狱"，在极乐世界拜佛的为"天人"。武断地使用适应日本风土的类似佛教用语，导致说明书翻译得不准确，其中"大日如来"一词日后便引起了很严重的问题。无论沙勿略的泰米尔语、马来语及日语的教义教理书的内容是否正确, 抑或引起什么误解[22]，它们在沙勿略传教期间及一直到 16世纪末的整个亚洲传教中都起到了积极的示范作用，促进了经验的积累。他这种尝试处于传教的最早阶段，带有临时性、急迫性、被动性的特质，产生问题不足为奇，反而很大程度上为后人提供了宝贵的经验，推动了罗明坚及利玛窦等传教士积极学习汉语，主动、自主地书写汉语教理书文本。此外，在使用教理教义书方面，沙勿略采取了因地制宜的方法，关于信仰的内容，沙勿略在特尔纳特是用押韵的方式编写教义，以歌唱的方式教授；而在日本，沙勿略则是用散文的方式大量地介绍了旧约中堕落后的历史。当沙勿略完成教理问答后，在弥次郎的帮助下将其翻译成了日语。[23]对于相对文化知识素养较低的东南亚地区，沙勿略采取的是简捷容易记忆的方式；而对于具有较高文化水平而又理性的日本民族，沙勿略则希望他们在理解教义的基础上真正

---

20 Antonio Lourenco Farinha,.*Vultos Missionaros da India Quinhentista*, Cucujaes. 1955. p.196.转引自岸野久：《沙勿略与日本——天主教开教期的研究》，第 181 页。

21 Georg Schurhammer S.J.*Francis Xavier:His Life,His Times*（IV）,p.369.

22 他的翻译中难免有些错误，教会当局的审查者对此曾予以谴责。参见沙勿略·莱昂·迪富尔：《圣方济各·沙勿略传——东方使徒神秘的心路历程》，第 150 页。除此之外，还有在日本发生的著名的大日如来事件，后文有详细阐述。

23 Jose Kalapura, SJ. *The Legacy of Francis Xavier: Jesuit Education in Indian*, 16th -18th Centuries. St. Xavier's College, Patna .p.95.

地相信天主教。在传教的最早期，能够采取如此有针对性的传教方式是沙勿略审时度势与深思远虑的表现之一。

在日传教初期，由于语言不通，沙勿略不得不依仗弥次郎等日本人，那么沙勿略自身对日语以及日语学习又有着怎样的体认？事实上，在沙勿略到达日本之前就通过弥次郎对日本书字有了一定地了解。

> 我会把日语的字母寄给你，日本人与其他国家的人不同，他们是从上向下书写。……据保禄说他不懂（日语）书籍中的（汉）字，也不明白里面记录的（内容）。所以从保禄那了解不到什么。就如同我们看拉丁语的书一样，日本人不用平时使用的语言来写（汉语的）书籍。[24]

沙勿略从弥次郎那里了解到：日语是与欧洲语言完全不同的，并且书籍里使用的书面语与口语不同。从这段记述中也可以看出弥次郎的文化水平并不是那么高，因为他不懂书籍里的汉字以及书面语，但这并不能抹杀他在沙勿略等人传教活动中的重要作用。刚到日本,处于孤单无援境况的传教士通过弥次郎认识了领主岛津久贵，岛津还帮助他们宣传天主教。而日本人的"善于思考，与人为善，求知好学"给在日本传教初期的沙勿略留下了非常美好的印象,他认为日本人很适合天主教，学习日语便成为传教士的当务之急。

沙勿略在到达日本两个月后的 1549 年 11 月 5 日给印度果阿的信中写道："如果我们会说日语，我确信会有更多的人成为信徒。如果我们在短时间内掌握（日语），那么天主一定会为我们高兴吧。我们已经开始喜欢了，40 天内已学会用日语解释天主的十诫了。"[25]对于学习日语的方法，沙勿略则建议要有幼儿般的单纯与纯洁。"如果天主给予嘉许，为了能跟他们谈论天主，请赐予我们语言吧。在天主的帮助、恩惠与好意下，会取得很多的成果。现在我们在日本人中只是一个站立的雕像而已。虽然他们对我们说了很多，但因语言不通，只能保持沉默。现在我们为了学习语言，必须像幼儿一样。如果天主给予嘉许，请让我们模仿幼儿的诚实与纯洁的心灵。为了掌握（日语），必须模仿天真的幼儿的单纯，为此也必须回归童心，准备尝试所有的方法。"[26]与泰米尔语学习时的情况相同，沙勿略在口语方面并没有取得什么进

---

24 沙勿略：《沙勿略全书简》，第 357 页。
25 沙勿略：《沙勿略全书简》，第 475 页。
26 沙勿略：《沙勿略全书简》，第 486 页。

步。在鹿儿岛传教时，每当看到弥次郎热情地向人们介绍新教义，沙勿略与托雷斯、费尔南德斯都如同沉默的雕塑一般，站在旁边，无法参与讨论。于是他像在渔夫海岸鼓励恩里克学习泰米尔语一样，也激励费尔南德斯努力学习日语。他们白天在街头传教，晚上则努力学习日语。费尔南德斯同样没有辜负沙勿略的期望，他潜心学习日语，成为第一位精通日语的传教士。沙勿略等人到达平户时，费尔南德斯已经会讲日语了，每天用日语朗读由弥次郎翻译的教理问答书，并进行说明，很多日本人加入了天主教。除此之外，为了方便欧洲人朗读，沙勿略还将日语转写成了罗马字。由此，"他不仅开启了日语罗马字转写的历史，而且，用辅音和元音分解日语假名的发音，也为日语语音学的发展开辟了一条全新的途径"。[27]

在弥次郎的协助下，沙勿略等人在鹿儿岛的传教取得了一定的成果，不过这里不能忽视的一个重要因素是领主岛津久贵的支持。刚到日本不久的 9 月 29 日，沙勿略拜访了伊集院。几日后，岛津传话说允许想成为天主教徒的臣子入教。得到传教许可的沙勿略万分喜悦地向果阿的耶稣会士描述了此事："我们全员于 1549 年 8 月 20 日身心健康地到达了日本，在与我们同行的日本人的家乡——鹿儿岛登陆。那个地方的人们，特别是日本人保禄的亲戚非常热情地迎接了我们。据天主的愿望，他们开始承认真理的教义，我们在鹿儿岛停留的时候，大约有 100 人成为了信徒。"[28]岛津之所以对沙勿略等传教士抱有好感，无疑是出于其自身利益的考虑。日本自"应仁之乱"以来，各地大名称霸一方，为夺取霸主地位不断地征战、扩大自己的势力。沙勿略在鹿儿岛时，领主岛津受到北部大友以及松浦诸氏的强大压力，急需扩展实力。沙勿略等葡萄牙传教士的到来，让他有意借助葡萄牙的势力来加强自身的力量。

停留在鹿儿岛的两个半月中，在岛津的支持下取得的布教成果更加坚定了沙勿略之前萌发的传教构想，即北上京城、得到天皇的传教许可后，在日本全国传播天主教，印刷《信仰条目的说明书》。具体第一步就是前往天皇所在之地，向他说明自己是耶稣·基督派来的使节，并计划与有学识之人公开探讨宗教。上层路线是沙勿略在印度及东南亚行之有效的策略，通过对日本的观察，沙勿略毫不犹豫地继续选择了这个方法，他认为这是在日本最为行

---

27 陈辉：《论早期东亚与欧洲的语言接触》，中国社会科学出版社，2007 年，第 60 页。
28 沙勿略：《沙勿略全书简》，第 521 页。

之有效的传教方法。加之与有学识的人公开讨论，在学识素养普遍较高的日本，更容易获得人们对天主教的认同。

三、沙勿略与日本僧侣

沙勿略在鹿儿岛拜见领主岛津久贵时，谈话间听说了岛津家的菩提寺、福昌寺等庙宇。沙勿略在印度曾与伊斯兰教的长者讨论过宗教问题，之后便有很多"异教徒"改信了天主教。[29]鉴于之前的经验，沙勿略在没有受到当地僧侣的邀请下，前去探访这些寺庙。在鹿儿岛的诸多寺庙中，玉龙山福昌寺是当时规格最高的，住持忍室知识渊博、生活态度严谨，极受当地人的敬重。沙勿略在与忍室的多次交谈中，逐渐知晓了忍室对于灵魂的看法，即灵魂在某些特定的场合是不朽的，但在其他情形下并非如此。这让沙勿略不由得担心其他日本人是否持有相同的看法。由此不难预见，未来的沙勿略在面对日本佛教及僧侣时将面临着怎样的挑战。

10 月 8 日，沙勿略提出想要看看僧侣们修行，忍室便带他来到禅宗的道场外，只见 20 个僧侣分坐在道场两侧，犹如石像一般。此时让沙勿略惊讶的是僧侣的坐禅与耶稣会总会长罗耀拉的灵操修行是如此地相似。然而，当他仔细观察其穿着及堂内的器具后，发现这并不是灵操的修行。沙勿略好奇地问忍室："那些僧侣坐着到底在思考些什么？"忍室笑眯眯地说："有人在想晚饭要为大家准备什么；有人在计算过去的几个月从信徒们那得到了多少收入；有人想怎么为自己获得更好的衣服与待遇，去哪个寺庙待遇是最好的；有人想怎么打发时间。总之，没人是在思考有价值的问题。"[30]听了忍室的回答后，沙勿略觉得很不解，其实这源于沙勿略对以打坐为主的曹洞宗的禅法完全不了解，[31]可见沙勿略即使与僧侣们频繁接触，但也没有真正地了解日本佛教。

经过一段时间的观察，1549 年 11 月 5 日，沙勿略在日本鹿儿岛写给果阿耶稣会士的信中首次提到了日本的"僧侣"。

　　世俗的人，犯罪的并不多，比起他们称为"bonzas"（日语中"坊主"的发音，是沙勿略第一次向欧洲介绍日本僧侣时使用的词

29　参见沙勿略·莱昂·迪富尔：《圣方济各·沙勿略传——东亚使徒神秘的心路历程》，第 206 页。

30　弗洛伊斯：《日本史》1，柳谷武夫译，日本：平凡社，1987 年，第 83 页。

31　曹洞宗是佛教中禅宗南宗的主流之一，曹洞宗最主要是默默地实修坐禅。

汇）的僧侣们，过着更有规律的生活。……我们再三提醒僧侣们不要犯下如此丑恶的罪行。然而僧侣们不但嘲笑、搪塞我们，当自己极其丑恶的罪行被谴责时，也毫无羞耻之感。……他们过着随心所欲的生活，与同一宗派（一向宗）的尼僧们共同生活。世俗的人们都觉得僧侣的生活极其污秽，认为与尼僧们亲密地交往是不正确的。据说，如果发现某个尼僧怀孕了，就马上吃药堕胎。……僧侣们还有很多其他的罪行。他们虽然有着比世俗常人丰富的知识，但却犯着比一般人更大的过错。[32]

这是到达日本不足三个月的沙勿略对日本僧侣的观察及印象。尽管与沙勿略交往密切的忍室值得尊敬，但其他僧侣在沙勿略眼中却是道德败坏、不堪之人。僧侣们之所以受到当地人的尊敬，是因为他们过着禁欲的生活。他们绝对不吃鱼和肉，只吃蔬菜、水果和大米，也不饮酒。然而在鹿儿岛，沙勿略发现了佛教僧侣的生活并非如此，沙勿略便毫不客气地指责他们，这也招致了沙勿略在鹿儿岛停留期间唯一的一场冲突。僧侣们对自己犯下罪行被公然谴责一事恼羞成怒，为了报复，他们在外假装若无其事，背地里却展开了对传教士的迫害。于是沙勿略对僧侣们的谴责煽起了僧侣迫害天主教之火。

那么，在"相遇"之初，僧侣们对这位来自西方的"和尚"又是如何看待的呢？由于对天主教的不熟知，且因沙勿略等人的外貌与释迦牟尼接近，很多日本人误以为他们是来自天竺的高僧，因此僧侣们起初对沙勿略及他的同伴十分亲切，随着在鹿儿岛改信天主教的人数达到了约百人，想要受洗的人越来越多，僧侣们开始觉察到了来自传教士的"威胁"，原来对传教士的热情逐渐演变成了嫉妒与愤怒。僧侣们担心如此继续下去的话，恐怕无人再来他们的寺庙，香火钱也将变少，佛像会被破坏，自己的罪行也会被揭发暴露。于是僧侣们便联合起来，想将传教士赶出日本，或是将他们置于死地。但由于领主想通过与葡商的贸易达到富国强兵之目的，故不想得罪传教士。僧侣们的目的并未达成。僧侣们并未就此罢休，想尽各种办法诋毁传教士。

僧侣们为了让人们认为传教士是恐怖之人，不仅诽谤传教士吃人肉，还说他们会悄悄地将死人挖出来吃。有时僧侣们把狗杀了，趁着夜黑人静的时候将血洒在传教士房屋门口，让其他人去看，然

---

32 沙勿略：《沙勿略全书简》，第473-474页。

而由于僧侣们的不谨慎，人们看到的是狗的尸体，便明白这只不过是僧侣的陷害罢了。[33]

领主之所以保护传教士是出于对利益的追逐，当在交易中没有得到其期待的利益时，原本信佛的领主反目了。"我们在萨摩待了近一年，把天主教的书籍读给他们听，有一部分人改信了天主教，但其他人因对领主的恐惧，放弃了天主教信仰。再加之僧侣恐吓他们说，如果领主允许我们自由传教，容忍人们成为天主教徒的话，佛祖会生气，会严惩领主，甚至会让其失去领地。僧侣们拼命地劝说领主。最后领主为了阻止人们成为天主教徒，以死刑来威胁。如此一来，我们无法在这片土地上取得更大的成果，决定去其他地方。"[34]不过在鹿儿岛上岸之时，上京的风向为逆风，无法前往京城，沙勿略决定等待五个月后的顺风上京。

1550 年 5 月，海面吹起了南风，终于到了可以航行京都的季节，只是领主以持续战乱为借口，迟迟不肯派遣船只。领主之所以不肯帮助沙勿略等人上京，无非是仍然幻想着依靠这些传教士与葡萄牙商人建立联系，以增强自身的实力。转眼到了 7 月初，沙勿略等一行人来到鹿儿岛已有十个月之久。沙勿略听说葡萄牙的船到了平户，便迫不及待地带着一名日本人翻译[35]从鹿儿岛出发前往平户。停泊在平户港的葡萄牙船的船长是米兰达（Francisco Pereira de Miranda），见到米兰达的沙勿略满心欢喜，但遗憾的是他并没有带来印度或欧洲的任何信件。倍感失望的沙勿略仅在平户停留了短短几日，便在 8 月初回到了鹿儿岛。

此时鹿儿岛的僧侣对传教士的报复越发厉害了。当时在萨摩的僧侣人数众多，拥有强大的势力，他们与鹿儿岛的统治阶级相勾结，对领主有着很大的影响力。虽然在上岸之初，沙勿略等人受到了领主的欢迎，也有约 100 人成为了天主教信徒，然而过了一年，信徒的人数只增加到了 150 人左右。其中主要原因如前所述，是沙勿略用天主教伦理观责难僧侣而受到他们的敌视。为此僧侣们威胁领主说，如果领地内的住民改信了天主教，那么神社寺庙会遭到破坏，在即将完成的三州统一大业之际，人心会背离，并建议领主，如果有人成为信徒就将其处以死罪。起初领主对僧侣的无理要求有些犹豫，因

---

33 弗洛伊斯：《日本史》1，第 155 页。
34 陆若汉：《日本教会史》下，第 395-396 页。
35 沙勿略的日本人助手祖安奴（Joane）后来跟随沙勿略回到了印度。

为如果沙勿略等人在鹿儿岛，那么轻易就能获得来自欧洲的珍奇、铁枪等。不过对利润敏感的葡萄牙商人比起九州南端，更倾向便利的北部平户港。眼见建立贸易关系希望渺茫的领主采纳了僧侣的提议，布告不准任何人改信天主教。沙勿略认为，虽然日本人能够理解天主教的真理，也认识到自己所信佛教的荒谬，但违抗领主的命令就是死罪，使其不愿成为天主教徒。沙勿略相信如果没有僧侣的阻扰，在鹿儿岛的所有人都会成为天主教徒，但事已至此，沙勿略没有继续留在鹿儿岛的任何理由了，他决定立刻前往京城，在获得天皇的许可后再进行全国布教，并计划前往日本有名的学校。从鹿儿岛出发，沙勿略决定先前往平户。在沙勿略向领主请求派遣去平户的船只时，领主很快就答应了。在领主看来，外国传教士在鹿儿岛与本地宗教对立，引起了很多摩擦，沙勿略的离去正好让他摆脱这个烦恼。领主反复无常的态度也预示着未来传教事业的命运，所有的变动都取决于利益的有无。领主为沙勿略一行人准备了小船，船上载满了马六甲长官为日本天皇准备的礼物。沙勿略等人在 8 月末离开了鹿儿岛，弥次郎则被留在此地继续传教。据说弥次郎在鹿儿岛艰辛地传教了 5 个月后，因受到僧侣们的严重侮辱而放弃前往中国。[36]

四、沙勿略与日本人的宗教辩论

1550 年 8 月末，从鹿儿岛出发的沙勿略一行顺利地到达了平户[37]，在平户港停泊的葡萄牙商船鸣礼炮欢迎他们，年轻的领主松浦隆信也对他们的到来表示了热烈的欢迎。松浦隆信十三岁时成为平户的领主，与中国倭寇王直率领的海盗勾结在一起，在平户修建了自己豪华的宅邸，并告诉王直引导葡国船船长米兰达来平户。在王直的暗示下，米兰达的船装满了日本人最喜欢的商品来到平户，日本商人则从博多、京都、堺等地聚集而来进行贸易活动，领主松浦隆信也因葡萄牙商船的停靠而获得了巨大利润。自然地，隆信也允许沙勿略等人在他的领地内传教。沙勿略让逐渐掌握了日语的费尔南德斯布道，短短几日内就有 100 人左右入教。如此迅速地取得了在鹿儿岛一年的成

---

36 关于弥次郎的生平研究参见岸野久：《沙勿略的同伴者弥次郎——战国时代的国际人》，吉川弘文馆，2001 年。

37 平户位于长崎的北部，由山多的平户岛、西北的生月岛、北部的度岛构成，原本是贫穷的渔村。自 14 世纪以来，领主通过走私贸易和倭寇改变了其贫穷状态，15 世纪开始了与中国的贸易活动。

果，这让沙勿略清醒地认识到称霸一方的大名因与葡萄牙商人交易的缘故，对他们的传教活动格外支持。然而沙勿略的日本传教构想是上京拜见天皇，以获得全国的传教权，并亲眼看看京都、堺以及日本的学校。10 月底，海面刮起了北风，迫不及待想要赶往京都的沙勿略无法从平户到达堺，因此他决定从陆路徒步前往本州的山口，然后从山口北上京都，通过徒步还能了解日本各地的风土人情及寻找适合传播福音的土地。

到达平户约两个月后的 10 月末，米兰达的船驶往了中国，沙勿略与费尔南德斯和在鹿儿岛受洗的日本人贝尔纳多（Bernardo）为前往山口做准备，余下的四人继续留在平户照看新信徒。沙勿略等三人没有带弥撒的工具及给天皇的礼物等，仅带了极少量的衣服及旧毛毯出发了。有些村民看到他们穷困的样子十分惊讶，还有人朝他们扔石子，当时的沙勿略还未意识到虽然在欧洲圣职者身着简朴的衣服会受尊敬，但在日本衣着华丽衣者才受人尊敬，简陋者则受人蔑视。不过后来的经历让沙勿略清醒地认识到了这一点，并及时纠正过来。

1550 年 11 月初，经过一路艰辛沙勿略一行人到达了山口，这里是拥有日本最强势力守护大名——大内氏的中心地。不仅是长门、安云等西日本，连九州的丰前、筑前等七国都在大内氏的守护范围内。到达山口后的沙勿略看到山口居民众多，便决定暂时先留在此地传教。不久，在山口就传开了，听说从释迦牟尼的国度来了"高僧"，武士与当地人都对这位"高僧"十分好奇，想要知道他传教的内容到底是怎样的。最初山口的僧侣们并未察觉到异质文化的进入，对沙勿略等人只是单纯地充满好奇，这种情况在鹿儿岛以及之后的中国也出现过。沙勿略带着费尔南德斯每日两次在住民聚集的街头等地传教，让费尔南德斯大声朗读在鹿儿岛编撰的教理书，并加以说明。每日变换传教的场所，几日便走遍了所有的街巷。费尔南德斯在朗读教理书的内容之后，指出日本人对创世主犯下的重大罪行：第一，日本人遗忘了创造并守护他们的全能神"大日"，而礼拜木制或石质的偶像，也就是天主的大敌——恶魔；第二，日本人违背自然之罪，犯下了通奸和男同性恋之罪，天地万物之主会降罪给予惩罚；第三，杀死婴儿及使用药物堕胎是最残酷的行为。很多来听传教的人们对其内容反应不一，有人认为他们精神不正常，被恶魔缠身了，对他们的说教报以嘲笑和蔑视，有的人嘲笑他们简陋的衣服以及蹩脚的日语。沙勿略对此毫不在意，继续他的传教活动。每天满怀激情传教的沙勿略等人被领主的重臣招待，没听过街头传教的他们对外国传教士十分好奇，他们说如果新的宗教比现有的好，那么可以考虑接受。大内义隆的重臣内藤兴盛对沙勿略及费尔南德斯的说教很感兴趣，但已 58 岁的他是净土宗的信徒，并布施建了寺庙，不想失去已积累的功德的他并没有成为信徒的意愿。此时，沙勿略等人在街头及有身份人的家里说教的事情传到了领主那里，沙勿略便拜托内藤为他斡旋，得以拜见领主。当时大内义隆 43 岁，他向沙勿略及费尔南德斯询问了很多问题，沙勿略一一作了回答。当领主命令他们解释天主教的教义时，费尔南德斯朗读了信仰说明书、天地万物创造者的戒律。在接近尾声时，费尔南德斯说崇拜偶像的日本人犯下的罪行比猪还肮脏，听到此话的领主面露愤怒，示意内藤让他们退下。[38]

尽管此次会面十分尴尬，不过领主仍旧默许他们在街头传教，这给沙勿略留下了深刻的印象。在后来京都之行无果时，沙勿略第一个想到的传教突破口就是山口。除了领主宽容的态度外，山口民众对天主教以及自然科学知识的好奇，也是沙勿略把山口作为传教目标的原因之一。

> 日本人对天地创造以及太阳、月、星、天、地、海等其他所有事物的创造完全不知。他们以为所有的物质从最初是没有的。他们听说有创造万物的创造主时，深受感动。[39]

日本人就如沙勿略所描述的那样，具有好奇心与学习欲望，似乎对这个新的宗教及自然科学表现出极大的兴趣。沙勿略在自己所住的大道寺每天传道两次，人们蜂拥而至，大多是来提问的，长时间的讨论持续不断，其中大部分是僧侣、尼僧、武士等有学问之人。沙勿略便利用自己熟知的哲学知识为日本人证明了天主的存在。而当时日本人所信奉的佛教中的世界没有开始，没有结束，只有众生的轮回。

> 日本人问："什么是天主，天主在哪儿？"
>
> 现在所存在的所有事物都是有开始的，从这个结论来看，这些事物是不能够自我创造。那么有一个原理给予所有事物存在的可能，并且无始无终永远存在，这个原理就是天主。[40]

---

38 参见 Georg Schurhammer S.J.《圣弗朗西斯科·沙勿略》，第 235-238 页。

39 沙勿略：《沙勿略全书简》，第 531 页。

40 参见 Georg Schurhammer S.J.*Francis Xavier: His Life,His Times*（IV）.p.264-266.

这个解释让日本人大吃一惊，因为其颠覆了日本人之前对世界、宇宙的观念。他们无法相信万物是有始源的。从材料上看，沙勿略等人已经面临是否存在天主这一质疑，这也是沙勿略在日本唯一一次遇到本体论相关问题。然而这并没有引起沙勿略等人的足够重视，事实上，他们并没有发现日本人是没有"天主"这一概念的。传教士与日本人争论的焦点集中在天主是否具有"全善"的属性问题上。

　　日本人认为世上的万物如果从一开始就存在，那么传播佛教的中国人应该会知道这一点。关于来世也好，国家政治也好，日本人一直认为中国人比他们要懂得更多。

　　关于创造天地万物的神，是善还是恶？世上美善的事物与邪恶的事物是否由同一神创造出来的？日本人向我们提出了很多相关的问题。我回答他们说只有一个神，他与恶毫无关系。

　　日本人相信恶魔的存在，认为他们是人类的敌人，他们质疑如果天主是善的，那应不会创造这么邪恶的事物，所以他们对我们所言持有怀疑。我们解释说：虽然天主创造了美善的事物，但他们为所欲为地变得邪恶了，于是天主给他们以无止境的惩罚。日本人又问：如果天主给他们如此残酷的惩罚，说明天主也是不仁慈的，而且如果真是天主创造了人类，天主既然知道邪恶的恶魔会将人类诱入邪途，为何还允许恶魔存在？如果天主创造人类是为天主效劳的，那不就与允许恶魔存在自相矛盾吗？并且，如果天主是善的，那就不应把人类创造得如此软弱，如此容易陷入罪恶，应该营造一个毫无罪恶的状态。天主创造了无情的地狱，下地狱的人永远都不得出来，这说明天主无慈悲心，所以我们日本人不能认同万物的起源——天主是善的。如果他真如你们传教士所言是善的，那么就不会让我们遵守如此难遵守的十诫了。[41]

关于日本人对天主的所有疑问，沙勿略是这样解释的："在天主的恩惠下，他们可以赎罪。"如此一说明，日本人似乎都认同了。因为对于当时的日本人来说，只要能够有法得到救赎就心安了。在日本人看来，这和他们捐钱给寺庙，让僧侣帮他们念经消灾祈福有着相同的功效。

---

41 沙勿略：《沙勿略全书简》，第 531-532 页。

通过以上的对话不难看出，16世纪的日本人对"外来"宗教还是抱有很大热情的，也善于思考相关问题。信奉佛教的日本人所提出的问题，可归纳为以下几点：第一，既然天主是全善的，为何要创造恶，还允许其存在？此问题一直以来都是困扰传教士的主要问题，沙勿略及当时的传教士大多以天主教教义传统中的自由意志学说来解答这个问题。众所周知，16世纪的天主教主要采取亚里士多德·阿奎那的哲学方法解释上帝创世及人类灵魂与肉体关系的问题。上帝是世界万物的创造者，一同创造了灵魂和肉体，并同时创造了由灵魂和肉体组成的人。人的灵魂包括记忆、知性和意志三种功能。而且，不同于动物的本能欲望性的欲求，是可死的。人类的意志因为有了知性的引导，在肉体死亡后仍然存在。上帝赋予人类灵魂中的意志以自由的特性，因为是自由的意志，所以人类在世间所犯的罪过便只能归结于灵魂自身的堕落，人类应为此承担相应的责任。但是，自愿选择堕落的意志并非上帝赋予意志以自由权利的初衷，意志的本性中有着追求至高之善的崇高目的，也就是说，服从天主的意志是善之根源，屈从自己肉体的意志就是犯罪的根源。天主教把后一种意志也归于魔鬼撒旦的诱惑，这就取消了人的一切行善、作恶的自由意志。人不能凭自己的意志在善与恶之间直接作出选择，而只能在信仰或不信之间作出选择。而佛教中并不强调自由意志论，世界的存在基于因缘和合，因果决定论才是佛教徒的中心教条。第二，为何下了地狱的人不能得到救赎？长期信仰因缘轮回关系的日本人无法认同这一点。因为佛教中宣扬的是即使作恶多端，但知悔改，还是有机会到达极乐世界的。所以日本人认为天主无慈悲之心。第三，为何天主在创世之初不将天主教明示给我们？让没有受到洗礼的祖先下地狱？因此这是不公平、不合理、不慈悲的宗教。这点对于崇拜祖先的日本人来说也很难接受。第四，为何中国人不知道天主的存在？

总之，这个阶段的争论还只是围绕着天主以及天主是否全善而展开。即使沙勿略等人已经接触到了对于天主存在的质疑，但似乎没有对此进行反思，没有进而得出日本人"没有天主概念"的认识，也没有对天主的存在进行理性的证明。不过，在辩论中，沙勿略逐渐认识到天主教与佛教之间的差异，也对佛教有了一定程度的了解。而日本人也发现沙勿略他们并不是什么天竺来的高僧。不过在不断的"摩擦"中，沙勿略的"成功"辩论也为他争取到了更多的天主教信徒。

> 我们在那个宗派教义的基础上，寻找能够证明那个宗教虚伪的根据。每天，关于他们的教义及论证我都会提出质疑，僧侣、尼僧们都无法回答。天主教信徒们见此状，很欢喜，对天主的信奉日复一日在增加。而听了我们与僧侣关于宗教的讨论，异教徒们也开始认识到：他们一直以来信仰的宗教竟是错误的，从而失去了对其的信仰之心。[42]

也正因如此，在辩论中失去有利形势的僧侣察觉到他们的宗教受到了威胁，而开始"攻击"传教士，从而出现了与在鹿儿岛时相同的情况。

> 由于揭露了僧侣的欺瞒行径，我们与他们的关系变得不和。人们无法恪守五戒，于是僧侣们为世俗的人们背负着遵守戒律的义务，人们再对他们施以尊重及财物。同时，僧侣们也承担解救将要下地狱之人的责任。关于这一点，我们曾举例向僧侣说明下地狱的人根本无法得到解救。人们对我们的解释表示信服，开始认识到至今为止僧侣欺骗了他们。……但是如果僧侣们无法拯救地狱中的人们，那么他们将失去经济来源。随着时间的推移，来自佛教信徒的布施开始减少，僧侣的生活变得困难起来，也失去了名誉。因关于地狱问题的讨论，我们与僧侣的关系变得不和睦了。[43]

这种情况一直没有好转，在山口入教的人并不多，这种不太乐观的现状，让沙勿略更加坚定了执行其上层路线的决心。他认为只要天皇允许他在日本布教，那么，在日本全国传播天主教就指日可待，故沙勿略决定继续北上。

1550 年 12 月 17 日，沙勿略等从山口出发，历尽艰难到达了岩国，完成了上京之路的第二段旅程，也是沙勿略整个旅行中最艰难的一段。到达岩国港的沙勿略等人在此地乘坐了前往堺的船。在中途寄港时，一位当地的名门望族听说他们来自远方，同情他们贫穷，特地给他在堺的一位朋友（富商日比屋了珪[44]）写信，嘱咐他如果有人北上京城，请让沙勿略等人与其同行。到达堺后，沙勿略等人并未作过长时间的逗留，在了珪的安排下与一位贵族一起前往京都。在这位贵族的照顾下，一行人于 1551 年 1 月 15 日顺利地到达

---

42 沙勿略：《沙勿略全书简》，第 530 页。

43 沙勿略：《沙勿略全书简》，第 534 页。

44 日比屋家自大内义兴以来一直受到重用。当时的堺有 6000 多人口，是最重要的对明贸易港，寺院有 100 多座。

了京都，而等待沙勿略的却是残酷的现实。经历了天文法华之乱的京城一片废墟，毫无繁华之景象。

为实现传教构想，此时沙勿略必须要做的事情是：第一，拜见天皇，取得传教许可。第二，从日本派遣使节到印度以便开通商路。第三，前往比叡山与学僧讨论宗教。到达京都的第三天，小西派人带着沙勿略等人，前往比叡山脚下的坂东。来到坂东的沙勿略打算立即上山会见住持僧，然而拜访学僧、会见住持僧需要带高价的礼物。沙勿略从马六甲带来的所有东西都留在了平户，他不得不放弃这个计划，返回京都准备拜见天皇。

来到京都御所前的沙勿略产生了巨大的幻灭感。十年前曾在葡萄牙宫廷工作过的沙勿略对日本天皇的权势和奢华生活有所了解，而弥次郎曾经描述的日本天皇让沙勿略以为日本的天皇与葡王一样拥有财富与权势。当沙勿略到达皇宫时，看到的景象却与里斯本的葡王皇宫相差甚远，沙勿略心中对日本天皇充满的期待也褪去了一半。当沙勿略一身穷酸相接近御门前，提出要拜见天皇时，却被质问是否带了贡品，因为在日本，觐见天皇者必须要献上礼物。沙勿略带给天皇的礼物被放在了平户，觐见无望的沙勿略遗憾地返回了小西家。小西家的户主见此情形，对沙勿略说明了如今天皇的处境，即从200年前由足利家掌握了政治的实权后，天皇几乎没有领地和经济来源。尽管沙勿略努力在京都寻找适合传教的地方，然而无政府状态的京都战争不断，实在无法布教。在京都停留的十几天内，不愿放弃的沙勿略为了判断京都是否具有传教的可能性，在街头尝试布道，而人们忙于新年的准备，荒废的街道上到处都是灾民，人们根本无心听外国人的教义，无奈的沙勿略放弃了请求天皇准许传教的构想。

沙勿略在传教的过程中虽然能够因地制宜，灵活地运用传教方法，不过从沙勿略的传教过程来看，他是一个对宗教有着狂热情绪而偏于固执的人。在当时日本的环境下，与耶稣会传教士在欧洲等传教地的情况不同，日本是一个有着严格等级制度的封建国家，要在这样的国家中传播新的外来宗教，能否获得地方实权派人物的保护，显然成为外国传教士能否立足或生存的关键所在，而获得他们的保护成为顺利传教的重要前提。对于这一点，此时的沙勿略并没有十分清醒而足够的认识。

五、"大日如来"事件

京都的荒废及残酷的现实让沙勿略认识到比起京都，也许山口更适合作为传教的中心地和据点。因此，沙勿略把期望转寄到比天皇还富有、比足利将军还有权势的山口之王——大内义隆身上。

3月中旬，沙勿略等人到达平户。沙勿略不在的四个月中，信徒增加了大约40人左右。得知葡萄牙商船已返航中国，沙勿略也没有在平户逗留的理由了。于是，4月末，沙勿略将从马六甲运来、原本打算送给天皇的礼物装上船，与费尔南德斯、贝尔纳多及一名翻译前往山口，将托雷斯和一名日本人翻译留在平户继续传教。到达山口的沙勿略立刻通过内藤兴盛斡旋，拜见领主。经过在日本多日的体验，沙勿略意识到穿着像僧侣们那样的衣服，会让人给以尊敬，有必要遵从他们的习惯，于是沙勿略打算此次并不是以贫穷使徒的身份出现，而是以印度总督使节的名义身着绢丝的衣服，同时，沙勿略奉上了总督和果阿司教的亲笔信，及印度总督和马六甲长官为国王准备的十三件高价的礼物和其他物品。[45]

通过之前在日本的经验教训，此时的沙勿略多少懂得了华丽的衣服及礼物对敲开传教之门的重要性。这一做法也被后来的范礼安及利玛窦等人在中国等地所使用。在沙勿略乘船前往印度，途经一些小岛首次遇到"异教徒"时，他还不清楚如何面对异教徒的提问，也不知道该如何使他们改宗；在印度时，沙勿略也只是初出茅庐的传教士，那时他在传教策略上的改变或是出于无奈，或是考虑不周全。但是，此时的沙勿略已经能够熟练地运用因地制宜的灵活策略了，他的做法已发展为有意识的行为。虽然还没有形成完整成熟的策略性方法，但这种有意识的改变仍具有重大意义，沙勿略在传教方法上的开创性实验为今后"文化适应政策"的形成奠定了基础。

虽然沙勿略迫于无奈，放弃了通过日本天皇实现自上而下的传教方针，但转向称霸一方的地方大名也是灵活传教的一种体现，他希望先在日本某一地区取得传教上的突破和成功，进而将范围扩大到整个日本；而且沙勿略也意识到葡日贸易才是打开传教局面、获得传教许可的主要策略。许多地方领主也向沙勿略等人伸出了欢迎之手。后来，沙勿略在平户港、山口、府内陆续取得了传教的成功。此时，沙勿略也真正表现出了他作为亚洲传

---

45 精巧的机械钟表、八音盒、枪、老花镜、望远镜以及葡萄牙的葡萄酒、书籍、绘画瓷器等。

教事业开创者的智慧，根据传教地的实际情况，适时地调整不符合当地的传教方法。

收到礼物和亲笔信的领主十分高兴，作为还礼，赐给沙勿略许多礼物和金银。而沙勿略在表达谢意后拒绝了所有礼物，他只恳请领主允许传教士在其领地内传教，并允许想成为天主教信徒的人入教。领主义隆很快应允了沙勿略的请求，除此之外，还禁止人们加害于神父，并将没有住持的大道寺给他们居住，希望沙勿略回印度时可以带着他的使节及礼物。

有了领主的许可后，人们对传教士的态度与前一年相比有了很大的变化。在大道寺，每日从早到晚都有武士、僧侣、尼僧、商人等来到这里。沙勿略每天布教两次，然后花很长的时间回答他们的问题，与他们进行讨论。由于沙勿略的这些教理教义与他们所熟知的佛教教义区别很大，他们觉得这些教义难以理解，关于天主及灵魂的讨论异常激烈。[46]对于他们的疑问，沙勿略一一作了解答。同时，山口寺庙的僧侣们听说从西方净土来了与他们相同宗派的僧侣，并受到了领主和家臣的惠顾，就满心欢喜地将他们请到寺庙，给以最大的尊敬。沙勿略不解为何僧侣们见到他们如此高兴："怀疑是使徒圣多默传播的天主教经中国传到了日本，佛教使用的念珠、祭祀服、烧香等与天主教的很类似，难道是天主教留下的影响，真言宗本尊大日如来头上有三佛宝冠，有可能是在表象三位一体。"然而当沙勿略询问僧侣们是否知道三位一体、基督等时，僧侣们都表示毫不知晓。在山口新入教的人当中有精通汉籍及诸宗派教义之人，从他们的话语中沙勿略意识到"大日"并非天主，立即将"大日"一词换成了拉丁语中的"Deus"的音译。这就是天主教东传史上非常著名的"大日事件"。

沙勿略等传教士们在与日本人关于天主的讨论中，逐渐认识到天主教与佛教的差异。然而这种程度的体认还远远不够，经历了"大日如来"事件之后，沙勿略及传教士们作出了一个意义深远的决定。

在印度等地传教时受语言困扰的沙勿略，在前往日本的航行中，便开始了日语的学习，不过在短时间内掌握与欧洲语言体系完全不同的语言是不太可能的。因此沙勿略等人到达日本后，与日本人的交流以及教理书的翻译等，只能依靠刚刚入教的弥次郎。当开始准备传教时，必须要面对的首要问题就是教会用语。比如，"天主"在日语中是什么、"灵魂"是什么等等，但当

---

46 关于讨论的内容将在第四章的"沙勿略与日本佛教徒"一部分中展开论述。

时的日本没有天主教，自然也就不存在与之相对应的宗教用语。如果直接使用已有的日语，势必会引起误解。那么，天主教中最核心的词汇"天主"又是如何被翻译的呢？

首先，沙勿略等人初到日本的地方是弥次郎的家乡鹿儿岛。萨摩地区主要信奉真言宗。"大日"原本指太阳的光照，在真言宗中指照耀宇宙的太阳、万物的慈母，体现宇宙实相的最高位的佛。因此，弥次郎在翻译"天主"时，以他对天主的理解，其实也只能采用"大日"这个词，并且从真言宗的角度来看是非常恰当、无可厚非的。沙勿略在鹿儿岛、山口、平户等地的两年中，使用弥次郎翻译的教理书收获了多名天主教徒。那么，又怎么会发生"大日"事件呢？

事实上早在1549年，沙勿略就发现弥次郎的家乡崇拜太阳与月亮，但在天主教中，太阳、月亮等都是天主的被造物，除了照亮昼夜之外什么也不是。[47]明知弥次郎家乡的人信奉的是天主的被造物，到达鹿儿岛的沙勿略为何还采用"大日"来表示天主教至高的神呢？况且在此之前并没有用当地宗教用语来表示"天主"的先例。在印度传教时，沙勿略使用的教会用语均为葡萄牙语。可以这样推测：初到日本时，沙勿略曾不止一次地感叹日本人好奇心强烈、善良、重视名誉、通情达理，是他迄今为止见过最优秀的国民。这与他在印度以及其他东南亚岛屿上见到的"野蛮"民族不同，他们拥有更高的文明与文化。沙勿略对日本人信奉的佛教还不熟知，与日本人的交流也处于摸索阶段，安全起见，沙勿略便采用了日本人非常熟悉的"大日"作为"天主"的代称，以此进行传教与交流也未尝不是一个明智的选择。

关于天主的表记方法从"大日"转换为"Deus"的过程，迄今并没有看到相关的第一手史料。许多学者在讨论这个问题时，会采用弗洛伊斯（luis Frois）在《日本史》中的记述：

> 其中一个僧侣问传教士：天主有颜色和形状吗？传教士这样答道：天主是无色无形的，也不具备任何偶有属性。因为天主是纯粹的实体，脱离了所有的原素。不仅如此，他是所有原素的创造者。
> 僧侣们追问：天主从何而来呢？传教士答：天主自己存在。天主是万物的第一原理，所以是全能、全知、全善，无始无终。
> 这些僧侣属于真言宗，崇拜以大日命名的本尊，大日就是伟大的太阳。他们将神性中特有而多样的尊称或属性等都赋予了这个大

47 沙勿略：《沙勿略全书简》，第446页。

日。根据对这个宗派的了解，他们所尊崇的大日就是我们哲学家所说的第一质料。然而，僧侣们把他命名为最高无限的神，最终陷入了各种谬误与矛盾之中。关于大日，没有任何有力的根据，只有十分可笑的论点。僧侣们在听我们的说教时，认为天主具有的特质与他们的大日非常相似。因此，僧侣们对我们说，尽管我们彼此的语言、说话方式、服装等不同，但传教士信奉的法的内容却与我们的教法内容相同。正因如此，此宗派的僧侣十分地高兴，邀请传教士到他们的僧房，用极高的敬意迎接传教士，并宴请了他们。不过，这并不意味着僧侣们真的是出于对传教士的敬意，而是拜这些外国人所赐，他们的宗派得到了更广泛的传播，并能够从信徒与领主那儿得到他们所期待的利益。

对于僧侣们的这种满足、喜悦以及大日，沙勿略进行了更为缜密的思考。两三日后，沙勿略在以他贫乏的语言知识与僧侣们交谈时，问他们真的相信或者会传播天主教的这些教义吗？比如至圣三位一体的玄义、位格的关系；至圣三位一体的第二位托身为人后，为拯救人类被钉在十字架上死亡的事情。僧侣们对此全然不知，也闻所未闻，将其当作寓言或是梦话，甚至还有嘲笑者。传教士看到在伪装的美名下，都是恶魔捣的鬼，在众多罪恶上炮制了这可恶的宗派。于是，便让费尔南德斯在街头说教，宣布不要礼拜大日，不要把大日当作神，那个宗派与日本所有的宗派相同，那虚伪的、骗人的宗旨都是恶魔想出来的。从那以后，僧侣们再也不想与传教士见面，也不允许传教士进入他们的僧房。[48]

这段史料出自 1562 年到日本传教的耶稣会士弗洛伊斯之手，弗洛伊斯在果阿学习时，因受沙勿略的影响，对日本产生极大的兴趣，后请求到日本传教。[49]弗洛伊斯本身是耶稣会士，与沙勿略有过交集，又因崇拜沙勿略而到日本传教，作为教会人士，为掩饰沙勿略所犯的错误难免会有偏颇，因此，弗洛伊斯对此事件的描述有待甄别。关于这段史料的可信度，本人更倾向于日本学者岸野久的观点。对这段史料的记述，岸野久持有一定的怀疑。"第一，这个论争的阶段应该是沙勿略还在使用'大日'这个词的时候，然而记述中

---

48 弗洛伊斯：《日本史》6，松田毅一等译注，中央公论社，1992 年，第 61-63 页。
49 详见弗洛伊斯：《日本史》，第 5-7 页。

用的却是 'Deus'。也许可以看出是弗洛伊斯为了不让后人看到沙勿略使用过 '大日' 而虚构的。第二，从辩论的第一阶段到第二阶段，'大日' 相当于经院哲学的第一质料。然而这个说法是源自沙勿略、还是弗洛伊斯自己的说明，事实上很模糊。根据每个引用者的不同解释而有着不同的观点。第三，第二段辩论的中心是三位一体以及耶稣托身与赎罪等，属于无法论证的启示性真理。因为这些主题不适合辩论，即使在后世的佛教与基督教的论争中也未被提及。因此，在布教初期讨论这些话题是令人怀疑的。"[50]

如果这段史料确实是弗洛伊斯的虚构，也并不难理解，关于沙勿略使用"大日"来代替"天主"，即使在沙勿略的那个时代，也会被当作传教手法上的失误。而且，在日本传教的罗德里格斯（Joao Rodriguez）所写的《日本教会史》中记录着沙勿略从到日本之初便使用"Deus"一词。由此可见，在公开的书信或史料中，传教士们极力想掩盖沙勿略此次失误的事实。

1618 年 12 月 25 日，耶稣会士 Camillo Constanzo 从澳门寄给总会长的私人的信件，记述了这次事件：

> 有关重要教会用语的问题，按照日本宗教惯例来翻译拉丁语的名称，后来发现了许多不妥之处。比如在日本的沙勿略曾有过这样的经历：即每晚在广场上大声地说："叩拜大日吧。"崇拜大大的太阳也就是太阳之神的意思。他相信这个神是天主教的，是正义的太阳。知情的人告诉了他关于这个名称所隐藏的其他含义。即"大日"也指男女两性，以及男女身体上中间的部位。于是，沙勿略前去同一个广场，喊着与之前相反的话："不要礼拜大日。"
>
> 沙勿略相信了大大的太阳就是正义的太阳，每晚在路边说要礼拜大日。
>
> 然而，后来发现这是个错误后，在广场上又说不要礼拜大日。正因为这类似的不妥，巡察师才让传教士在日传教中涉及"天主""天使""理性""灵魂"等重要的教会用语时，要使用我们的拉丁语或葡萄牙语。[51]

---

50 岸野久：《佛基论争——初期天主教传教士的佛教理解与论争》，《沙勿略与日本——天主教开教期的研究》，第 216-217 页。

51 罗德里格斯：《日本大文典》，土井忠生译，1974 年，第 39-40 页。转引自岸野久：《佛基论争——初期天主教传教士的佛教理解与论争》，《沙勿略与日本——天主教开教期的研究》，第 218 页。

从信件的内容能够推测出沙勿略停止使用"大日"一词的契机。可以说正是因为他知道了"大日"在俚语中有猥琐之意，且已经被日本人所指出，这才意识到了"大日"与"天主"的不同，从而促使传教士更多的去思索天主教与佛教的不同。

大日事件断送了沙勿略与真言宗的良好关系，僧侣们开始憎恨天主教，妨害传教活动，甚至想要杀掉传教士，但沙勿略受领主保护而使他们无法出手。在信徒中有武士阶级和有学识之人，他们告诉沙勿略，佛教的九个宗派都有地狱和极乐世界，每个宗派都强调五戒的重要，俗世中不能遵守五戒的人，佛祖将降罪于他们，僧侣则替世俗之人祈祷消灾，作为补偿，世俗之人要为寺院或僧堂及维持僧侣们的生活捐钱，并给予其极大的尊重。人们相信如果僧侣们为他们诵经，即使下了地狱的灵魂也能被救回，但是如果贫困的人不布施，就无法被救赎。而女性在世界里比男性的罪恶更加深重，像女性如此不洁之人想要被拯救更加困难，因此必须布施更多。如此一来，僧侣们获得了很多的钱财。

得到新信徒帮助的沙勿略知道了僧侣们被金钱驱使而犯下的罪行。每当沙勿略对他们的教义及论证质疑时，僧侣们不作任何回答。沙勿略证明了僧侣及尼僧并不能拯救下地狱的人。随着人们逐渐发现僧侣们对他们的欺骗后，对僧侣的布施开始减少，僧侣的生活开始变得困难，它们失去了人们的信任。不甘于此的僧侣们开始报复神父，到处散布谣言，诋毁他们。在山口，僧侣看到越来越多的人成为天主教信徒，非常愤恨，质问新信徒为何抛弃原先信奉的宗教，教徒们回答僧侣说：天主教的教义更合乎逻辑，而且僧侣们根本回答不出传教士的问题。听到此话的僧侣们越发地气愤与焦灼，不断地诋毁天主教。如此一来，信徒们更加信赖神父，每次听教义的人数都在增加，两个月内就有约500人受洗，其中有很多人是领主的家臣。一位有名的学者、在山口被称为最有学问的人接受洗礼时，引起了很大轰动。据说他以前是僧侣，认为日本的宗教并不是真理而还俗结婚。还有一位是盲人琵琶法师，听说有外国人在传播新的宗教，便前去会见沙勿略，当他对新宗教的疑问被沙勿略一一解开后，他得到了极大的满足，日复一日，在充分理解教义之后，他接受了受洗。他被沙勿略等人不远万里来日本传教的精神所感动，决意也要献身此事业。在山口，还有一位年轻人接受了洗礼，教名为马蒂欧，因钦佩沙勿略的人格而决心帮忙传教，后来随沙勿略回到印度，在果阿的圣信学院学习，在准备去葡萄牙前逝世了。

六、沙勿略在日本的最后阶段

在山口传教四个月后的 8 月末，沙勿略听说一艘葡萄牙船停靠在丰后港，便让在平户的托雷斯到山口暂替他传教，他打算前往平户。1551 年 9 月 10 日，托雷斯到达山口，正好此时丰后领主大友义镇听取了葡萄牙船船长的建议，送来邀请函："因为有葡萄牙商船驶来，想与沙勿略商量相关事宜，同时还有曾在奎隆做长官的旧友伽马的来信。"于是沙勿略决定让熟悉山口传教工作的费尔南德斯也留在山口。此时在山口教授要理的方法已经基本确定，是以鹿儿岛弥次郎翻译的公教要理书为基础，分为基督的生涯与其他两个部分，并附有费尔南德斯的说明。此外，制作了通过摘录佛教诸派别的教义导入圣教的课本，也将"大日"改为了拉丁语的"Deus"。沙勿略认为应该尽可能地适应不同于西欧的日本人日常生活的惯例等，并指示托雷斯尽量不要改变日本的习惯，衣服、食物及其他一切事情，应要遵守山口的规矩。简单地移交工作给托雷斯后，沙勿略匆忙地做出发的准备。9 月 15 日，沙勿略带着日本人翻译祖安奴（Juan）、鹿儿岛的贝尔纳多、山口的马蒂欧向丰后出发。此时的沙勿略想知道丰后领主是否要改宗，鉴于不久前盛装与大内义隆会面取得的良好效果，沙勿略此次"摆出"了使节的阵势，并且此次来到丰后的是沙勿略的旧友伽马。想在日本人的面前表示他们对神父是如何尊敬的伽马，装饰了船只、鸣礼炮欢迎沙勿略等人的到来。船长和船员们身着盛装，簇拥着沙勿略，有人捧着圣母像，有人高举华盖以显示沙勿略的高贵身份，葡萄牙人以及沙勿略的精心安排取得了预期的效果。以伽马为首的一行人受到了领主的最高礼遇。试图与葡萄牙国王缔结友好条约的大友义镇，允许沙勿略等人在领地内传教。在葡萄牙商人的资助下，沙勿略还在此建起了教堂。

与大友义镇对沙勿略等传教士热情的态度成正比的，是他对与葡萄牙进行贸易的渴望。为了拉近与葡萄牙人的关系，义镇甚至自己主动提出向印度总督派遣使者的要求。正好此时，这艘船为沙勿略带来一封来自欧洲和印度的来信。看了信件后沙勿略不由得担心起印度的情况，原本想返回山口的沙勿略不得不改变了计划，决定随伽马的船返回印度，见见在印度的耶稣会士，当面处理一些事情，调配一些日本传教的物资，选派几名传教士后再回到日本。如果顺利的话，来年的 1552 年 8 月应该能返回山口。此时的沙勿略还未下决心前往中国传教，计划再次返回日本。

10 月末，安东尼奥从山口来到丰后，他带来了托雷斯和费尔南德斯的四封信件，沙勿略得知了一个惊人的消息：大内氏的家老陶晴贤谋反，山口已经被乱军占据，领主大内义隆自杀了，传教士们奇迹般地逃过了此劫。在丰后得知山口领主大内义隆自杀的消息后，沙勿略备受打击。据说乱军攻击了传教士，不知托雷斯是否安全，沙勿略不由得担心起山口的传教状况来。在山口领主死后，山口的家老们派遣使者到丰后，希望丰后领主可以让他的弟弟大友晴英到山口做领主。义镇同意了家老们的请求并答应沙勿略，如果其弟成为山口领主，一定给传教士以便宜。沙勿略所担心的山口传教工作，终于在义镇的帮助下得以继续。沙勿略答应领主大友义镇来年 8 月会带着新的传教士回到丰后。为了让日本人了解印度及欧洲的生活与文化，沙勿略决定带上鹿儿岛的贝尔纳多和山口的马蒂欧，并让会说葡语的日本人祖安奴和安东尼奥相伴，以便为来年到日本传教的神父们做翻译及向导。11 月 15 日，伽马的船从日本出发了，沙勿略在日两年三个月的传教终于告一段落。

小　结

日本开教可以说是沙勿略传教生涯中的"意外收获"，原本被派往印度果阿以及渔夫海岸等地的沙勿略来到了不属于葡萄牙保教权下的日本。对日本知之甚少的沙勿略在日本人弥次郎的协助下完成了日语教理书的翻译，与鹿儿岛当地大名及高僧忍室建立了联系，并在鹿儿岛成功地改信了一百多名教徒。原本计划通过天皇完成传教事业的沙勿略虽然遭遇了挫折，不过这让他认识到各个地方的领主才是真正的掌权者，于是沙勿略便改头换面以印度总督使节的身份与山口等地的领主建立关系，取得了在其领地传教的许可。无论是在鹿儿岛还是在平户、山口等地，沙勿略无法避开的仍是当地的佛教徒，沙勿略与他们的接触、辩论以及"大日"事件的发生等让沙勿略等人对日本佛教与僧侣有了一定的体认，这为后来来日的传教士积累了宝贵经验。不过沙勿略对佛教的认识仍处于一种"排他"的状态，对其内容与教义仍没能站在客观的角度上有更深一步的认识。

第四章　中西方文化碰撞中的沙勿略

一、沙勿略与"异教徒"的接触

东西方宗教的碰撞在历史长河中从未停止过，16世纪新航线的开辟，为各宗教间的对话掀开了新的篇章。以沙勿略为代表的欧洲传教士在将天主教传入亚洲之时，他们对待不同宗教采取的不同态度与方法，从某种程度上体现了他们对不同民族、不同文化的态度，其所引起的中西哲学、宗教等方面的交流结果也大相径庭。

（一）伊斯兰教徒

16世纪的亚欧大陆被三大文明体系所覆盖，即欧洲的天主教文明、亚洲的儒教文明以及渗透在两者之间的伊斯兰教文明。沙勿略时代有三个强大的伊斯兰教王国，分别是奥斯曼帝国、萨法维、莫卧儿帝国。其中奥斯曼帝国与欧洲国家之间的战争不断。无一例外，西班牙与伊斯兰教国家处于长年斗争的状态，而出生于西班牙势力范围内的沙勿略则从不缺少了解伊斯兰教的环境。

早在公元715年，沙勿略的出生地就被伊斯兰教徒中的摩尔人[1]占领过。711年，摩尔人入侵伊比利亚半岛，即今天的西班牙与葡萄牙，数十年间，摩尔人统治了北非以及西班牙除西北部及巴斯克地区。在沙勿略城北部的西多会修道院内埋葬着众多与伊斯兰教徒战死的士兵。毋庸置疑，沙勿略对伊斯

1　摩尔人（Moors）：中世纪时西班牙人和葡萄牙人对北非穆斯林的贬称。在沙勿略的书信中通常指伊斯兰教徒。

兰教徒的认知势必受到了其生长环境的影响，至少他认为伊斯兰教徒是他们的敌人。1526 年 8 月，即沙勿略来到巴黎求学的第二年，沙勿略听说了土耳其人战胜匈牙利这一消息。这些土耳其人属于奥斯曼土耳其人，多为逊尼派伊斯兰教徒。

沙勿略生活的 16 世纪是奥斯曼帝国的巅峰时期，其版图占据整个希腊和巴尔干半岛及地中海东部沿岸、阿拉伯、北非等地区，并牢牢地掌握了东地中海的制海权。因此，在巴黎学习的沙勿略无疑感受到整个欧洲都被奥斯曼帝国的强大势力所威胁着。1529 年，维也纳曾击退了土耳其人的进攻，法王弗朗索瓦一世（François I）为庆祝对土耳其军的胜利而举行了盛大的庆典，沙勿略也与喜悦的巴黎市民们一起拿着火把庆祝。[2]然而弗朗索瓦一世为了抵制德意志在全欧洲建立基督教统治的企图，于 1535 年和土耳其苏丹苏里曼大帝订立同盟，从苏丹那里得到了对法国极为有利的"治外法权"。于是法国人可以自由出入奥斯曼帝国，并能够在其境内进行贸易活动。在这种政治背景下的某日，沙勿略梦到自己劝导并为一名土耳其儿童进行了洗礼，这有可能是因为沙勿略对"异教徒"改宗抱有极大的热情。而当他看到一个犹太人少年在树上时，沙勿略还询问他的同伴："我们怎样才能帮助这些灵魂？"[3]关于沙勿略梦境的真实性无从考证，不过由此可以体会到此时的沙勿略所期待的是让伊斯兰教徒改宗，征服伊斯兰教徒已经成为沙勿略梦寐以求的愿望。

1541 年，从里斯本出发前往印度果阿，途经麦林德（Melinde）的沙勿略在此遇到了伊斯兰教徒。这名伊斯兰教徒向沙勿略询问："天主教教徒是否经常去教堂，是否热诚地向天主祷告？"他还主动告诉沙勿略，麦林德虽然有十七个伊斯兰教的寺院，但人们只去其中的三个。沙勿略则回答说："这一切都因真实的天主，在不信教的人（伊斯兰教徒）中间看不出任何的喜悦。向（真主安拉）祷告时，也是如此，因为他们没有真正地在侍奉神。"尽管沙勿略与这个伊斯兰教徒谈论了很长时间，但仍然没有说服他。[4]关于沙勿略与此伊斯兰教徒谈论的详细内容，沙勿略的信件中并没有过多的描述，不过能看出尽管沙勿略对伊斯兰教并不陌生，但在亚洲首次遇到伊斯兰教徒时，沙勿略并未做好说服他们的准备。

2　Georg Schurhammer S.J.Francis Xavier:His Life,His Times（I）.p49.

3　Georg Schurhammer S.J.*Francis Xavier:His Life,His Times（I）*.p.307,p.252-253.

4　参见沙勿略：《沙勿略全书简》，第 83 页。

沙勿略乘坐的船从麦德林一路向北，到达索科特拉岛（Socotra）时又遭遇了伊斯兰教徒拒绝受洗的窘状。在索科特拉岛上岸的沙勿略发现天主教徒与伊斯兰教徒混居在一起，此处的天主教徒对自己的宗教十分骄傲，还拥有教堂、十字架等，但他们几乎没有文化和书籍，也没有受洗过，因此当地的天主教徒都希望沙勿略能留在当地。沙勿略被他们的热情所打动，原本想留在那里传教，但与沙勿略同行的总督担心此地无葡萄牙人居住，如果土耳其人袭击索科特拉，沙勿略有被捕的危险。无法留下的沙勿略尽可能地为天主教徒们进行了洗礼，当沙勿略准备为两名儿童受洗时，他们却跑回了家。之后他们的母亲带着孩子来到沙勿略面前告诉他说，因为自己是伊斯兰教徒，所以她与孩子并没有接受洗礼的意愿。关于这件事情，此地的天主教徒对沙勿略说："无论在什么样的情况下司祭都不应该给他们（伊斯兰教徒）进行洗礼，即使他们的母亲请求也不行。这是因为天主教徒都十分憎恨默罕默德的信奉者。摩尔人也不配成为天主教徒，而且摩尔人也坚决不愿成为天主教徒。"[5]关于此事，沙勿略在信件中并没有表明态度，不过至少能体会到天主教徒的反伊斯兰教的态度以及当时天主教与伊斯兰教的对立关系。

1542 年 5 月 6 日，沙勿略等一行人到达了印度果阿。果阿在 15 世纪末由伊斯兰教徒修建后，遍布着清真寺。1510 年 11 月，新任印度总督阿尔亚伯奎（Affonso de Aibuquerque）占领果阿后，为了巩固殖民统治，他在驱逐伊斯兰势力的同时，对占人口绝大多数的婆罗门教信徒表示了友好，并通过跨种族通婚的政策繁衍葡萄牙人的后代以巩固殖民统治，不过这些伊斯兰教女子必须改信天主教后才能与葡萄牙人结婚。沙勿略等人到达果阿后看到很多与葡人结婚的伊斯兰教或婆罗门教妇女仍过着信仰原宗教的生活。沙勿略在写给葡萄牙国王的首封信件中便汇报了果阿的这一情况。

1542 年 10 月，沙勿略开始在印度南部的渔夫海岸展开传教工作。

> 伊斯兰教徒在迫害、虐待信徒时，（总督）经常给予他们帮助。
> 这里所有的信徒都是靠海生活的渔夫。伊斯兰教徒夺走了他们用
> 于维持生计的船只，总督得知此事后立即亲自率领舰队追赶他们，
> 并杀了许多伊斯兰教徒。总督将信徒的船只全部夺取回来，归还给
> 了他们，如果是因贫穷而无钱买船的渔民，总督还把从伊斯兰教徒
> 手中捕获的船只送给他们。这件事情应该还留在他们的记忆

---

5 Georg Schurhammer S.J.Francis Xavier:His Life,His Times（II）.p.129.

中。……现在没有人会想起伊斯兰教徒，伊斯兰教徒中没有想卷土
重来的人。我主已经将伊斯兰教徒的头领及想要挑起事端的人消
灭了。[6]

此地的渔民是在葡萄牙人的帮助下从伊斯兰教徒的压迫中解放出来的，
处于葡萄牙的控制之下。字里行间透露出沙勿略显然将伊斯兰教徒作为敌对
势力来看待，而这种态度既源自他少年时所处的社会环境，又出于葡萄牙等
与伊斯兰教徒之间的敌对关系。而葡萄牙政府对待伊斯兰教徒的态度也与对
待婆罗门教信徒的态度完全不同，会把他们作为敌人歼灭。

1545 年 8 月，沙勿略从圣多美来到马六甲，马六甲是阿尔伯奎克继攻占
果阿后占领的第二座城市，与果阿略有不同的是它曾是伊斯兰教的中心。沙
勿略来到这里时发现此处的葡萄牙人仅有 200 多人，而伊斯兰教徒及其他异
教徒却多达 2 万多人。在马六甲居住的葡萄牙人与当地女性结婚后，完全脱
离了天主教徒应有的生活，他们的子女亦是如此。见此状况十分痛心的沙勿
略每天忙于教务活动以期改变其糟糕的状况。

1546 年 1 月，沙勿略登上了安汶岛，此时安汶岛的西岸由伊斯兰教徒占
领，沙勿略走访了七个天主教徒的村子，并对附近岛屿的信仰状况做了调查。

马鲁古群岛异教徒的数量比伊斯兰教徒还要多，他们相互敌
视，伊斯兰教徒想要异教徒改信伊斯兰教，或者成为他们的奴隶；
不过异教徒既不想改信伊斯兰教，也不想成为他们的奴隶。比起改
信伊斯兰教，异教徒更愿意成为天主教徒，如果有人告诉他们真理，
所有人都会成为天主教信徒。这个地方的住民虽然在七十年前已成
为伊斯兰教徒，不过在那之前，他们都不是。据说从保存默罕默德
遗体神殿的麦加，来了两三个伊斯兰教的司祭，改宗了很多人。因
为这些伊斯兰教徒对伊斯兰教理一无所知，所以这正是个好时机。
不过因为传授我们真理之教义的人手不足，所以还不能将这些伊斯
兰教徒变成我们的信徒。[7]

从沙勿略的这段描述能够了解到天主教与伊斯兰教"争夺"教徒的事
实，而葡王派遣传教士到亚洲，也是希望通过让当地人改信天主教来巩固其
殖民统治，沙勿略等传教士的行为恰恰印证了这一点。沙勿略的使徒信经说

---

6 沙勿略：《沙勿略全书简》，第 106-107 页。
7 沙勿略：《沙勿略全书简》，第 236 页。

明书中也毫不掩饰地说："那些拒绝相信基督的摩尔人、犹太人以及异教徒都将下地狱，不会被基督的恩泽救赎。"[8]

1547年，再次返回到安汶岛的沙勿略为一部分伊斯兰教妇女进行了洗礼。某日当几个葡萄牙人想要强制一艘船上的伊斯兰教徒成为天主教徒时，沙勿略看到后建议他们停止努力，并说："这个伊斯兰教徒也许会作为一名天主教徒而死亡。"[9]这表明沙勿略对天主教拥有极强的信心，然而实际的情况却不容乐观，沙勿略曾希望能够借助国王的力量向总督施压，甚至希望通过葡萄牙人的武力来帮助他们的传教事业。

> 希望国王能命令总督让塞兰岛的人们成为信徒，增加科摩林的信徒数量。……如果总督不能完成国王的命令，最好给予严惩。如此一来，这些地方的所有人都可以成为天主教徒。除此之外别无他法。[10]

> 索科特拉岛的天主教徒在伊斯兰教徒的暴行支配下，成了俘虏。在悲痛与叹息中生活，为了天主的爱，请把他们解救出来吧。……印度总督可以告诉葡萄牙国王，统治索科特拉岛的伊斯兰教徒是多么残暴，能够不花任何费用，让前去那个海峡的舰队拆除像要塞样式的破旧房屋，打败伊斯兰教徒即可。[11]

沙勿略亚洲传教的活动除在日本与中国外，均遭受了伊斯兰教徒的"影响"，从当时的世界环境来看，在沙勿略生活的时代，葡萄牙与伊斯兰教徒的争夺从来就未停止过。围绕着政治、经济的争夺常常演变为军事的战争，宗教的世界也无法脱离而置身事外。况且，葡萄牙王国的亚洲扩张运动必定与基督教化紧密相连，与伊斯兰教徒为敌也是必然的。对于沙勿略来说，伊斯兰教徒自然就是他们莫大的敌人，不过没有迹象表明当时的沙勿略对《古兰经》等伊斯兰教的经典十分熟知，同时也可看到沙勿略缺乏应对伊斯兰教徒的相应准备。沙勿略对这些伊斯兰教徒的信仰采取近乎不屑的态度，他认为他们信仰的神都是魔鬼。在沙勿略的信件中看不见一丝关于伊斯兰教信仰或行动的报告，究其缘由，无非是伊斯兰教对于沙勿略来说毋庸置疑是异教，

8　Georg Schurhammer S.J.Francis Xavier:His Life,His Times（Ⅲ）.p.154.

9　Georg Schurhammer S.J.Francis Xavier:His Life,His Times（Ⅲ）.p.205.

10　沙勿略：《沙勿略全书简》，第303页。

11　沙勿略：《沙勿略全书简》，第361页。

沙勿略及欧洲的耶稣会士对伊斯兰教也十分熟悉，认为完全没有任何探讨的价值。

（二）婆罗门教信徒

与对伊斯兰教的态度相比，沙勿略对婆罗门教及佛教的报告篇幅则不可同日而语。相对而言，婆罗门教及佛教对于沙勿略本身及欧洲的耶稣会士来说是完全未知的宗教。为了说服婆罗门教信徒和佛教徒，非常有必要深入地了解婆罗门教及佛教。

1. 沙勿略未到亚洲前的婆罗门教信徒的改宗

如前文所述，阿尔伯奎克在占领果阿后，对婆罗门教信徒表示出了好感，不仅是因为这些婆罗门教信徒为阿尔伯奎克提供了有价值的帮助，而他本人也认为是自己将婆罗门教信徒从伊斯兰教徒的压迫中解救了出来，阿尔伯奎克还给予婆罗门教信徒自由进行一切宗教活动的权利。不过，葡萄牙国王希望在印度这片属于他的殖民地上能传播天主教，因此，尽管阿尔伯奎克对婆罗门教信徒表现出了宽容的态度，事实上他还是倾向于果阿和马六甲的当地人改信天主教。

1512 年，阿尔伯奎克写信向葡王汇报，说一些婆罗门僧已经成为天主教徒。当五年后方济各会士来到印度后，有 800 多名"异教徒"改信了天主教。1518 年，洛雷罗（Frey Antonio do Loureiro）建议将新入教的教徒与摩尔人及"异教徒"分开，禁止瑜伽派修行者进入岛上。四年后，岛上的主教弗雷·努涅斯（Frey Duarte Nunes）认为这个岛上到处是非天主教的寺庙和偶像，应该摧毁，然后用教堂取而代之，并且提出若有人不想成为天主教徒就将其驱逐出岛。如此一来，所有人都会归顺，至少他们的孩子会成为虔诚的天主教徒。1526 年，果阿附近的一个岛上的村民全部改信天主教。1534 年，传教士米歇尔·瓦兹（Miguel Vaz）建议葡萄牙国王任命一个"天主教徒之父"来教导新信徒，对于儿童则需要教给他们一项技能以便他们可以顺利找到工作，葡王则应该对他们严加看管，通过处罚的形式来约束这些人。1541 年，梅洛（Martim Affonso de Mello）致信葡王若昂三世，说很多"异教徒"和摩尔人已经成为了天主教徒，而且如果没有某些人阻止他们的话，将会有更多的人改信。这里的某些人是指克里希纳（Krishna）、阿努（Anu Sinai）等阻止所有"异教徒"成为天主教徒的人。他们在印度是经济富有且具有影响力的人。

信中还说：“如果他们离开，在这个岛上的所有人，或者至少大部分会成为天主教徒。如果这几个人回来后还未改宗，你应该命令他们在六个月内接受我们的信仰，如果他们不同意，就将他们驱逐出岛，这样他们应该就会受洗。按照这个方法则能收获许多灵魂，也可以为天主服务了。”[12]

在这些亚洲葡萄牙人的建议下，从 16 世纪 40 年代开始，果阿行政当局和教会开始认真地执行强迫性改信政策，一改以往的宽容态度。教区长瓦兹是推动这项政策的关键人物，这位神父无法容忍婆罗门教信徒行礼或婆罗门教的神庙，当他看到那些圣树、圣池、圣水，涂着颜色的婆罗门教神像等时，就感到不适和恼怒，他认为在天主教王国里不能允许有这些异教的东西存在。他制定计划以摧毁果阿及其周边所有的婆罗门教的神庙，1541 年 6 月 30 日，计划开始执行。除此之外，果阿当局甚至通过制定强制性法律来制止婆罗门教信仰及其偶像崇拜：宣布礼拜偶像以及私自保存这些偶像都将视为犯了严重的罪行；一旦怀疑印度人家庭拥有这些物品即可立即搜查；禁止公开庆祝婆罗门教节日；任何人不得留宿从果阿以外来的婆罗门教司祭等等。据1545 年到果阿的一位耶稣会士的记载，当时他在果阿已经看不到任何婆罗门教的神庙了。然而，在葡萄牙也有一些人对此持不同的看法，他们认为伊斯兰教徒和婆罗门教信徒的存在对于维持贸易以及增加税收是有益的。[13]

2. 沙勿略与婆罗门教信徒的接触

如果说伊斯兰教是沙勿略等传教士非常熟知的“异教”，那么当他们来到亚洲布教时遇到的婆罗门教，则是他们为了顺利传教而不得不直面而又知之甚少的“异教”。不过在沙勿略到来之前，已有葡萄牙占领者和其他传教士“尽其所能”地强迫当地人改宗了。事实上，情况并不那么乐观，就如到达印度后沙勿略所了解到的那样，他们只不过是名义上的天主教徒而已。而此时婆罗门教信徒的改宗仍然是在半强制的状态下实现的，并不是他们在接受天主教教义后自愿主动为之的。

---

12 Georg Schurhammer S.J.*Francis Xavier:His Life,His Times*（*II*）.p.232-233.

13 B.P.Portuguese Role in Goa,1510-1961.Asia Publishing House,Bombay,1964.p.42-45;D.de Mendoca,Conversions and Citiazenry:Goa under Portuguese, 1510-1610. Concept Publishing Company, New Delhi, 2002.p.150-170;K.N.Daniel, Rome and Malabar Church. 1933.p.272-273.转引自顾卫民：《果阿——葡萄牙文明东渐中的都市》，上海辞书出版社，2009 年，第 110 页。

在印度西海岸孟买（Mumbai）等一些村庄，是通过以下一些方式使婆罗门教信徒改宗的。神父和葡萄牙人与当地长老签订协议，送一些传教士到这个地区来，他们与天主教徒秘密会合后，伺机包围村庄，把婆罗门教信徒集中在一起并用近乎半强制的态度告知他们抵抗无用，之后让他们剪去象征婆罗门教信徒的发髻，与新入教者一起提供食物给他们，而另一方面，果阿总督又宣称对当地人不施行强制改宗，说服他们留在各自的土地上。因为从住民征收的地租及他们的服务对于政府来说是不可或缺的。据说果阿 Divar 岛的婆罗门教信徒因遭遇了同样的宗教迫害而集体迁移，致使无人修建河川的堤堰，周边地域被淹，如此一来，得不偿失。当遇到改宗的村民生活困难时，他们就以葡萄牙国王的名义，向当地的王赠送礼物，或者贿赂王身边的人，葡萄牙人则尽可能地看护这些领主的港口。于是在印度的天主教徒那里，他们也受到了良好的待遇。[14]可见葡萄牙的殖民地的改宗受各种错综复杂的利益关系所影响，并不是那么单纯的事，因此葡政府软硬兼施，什么手段能达到目的就使用什么样的方法。婆罗门教信徒其实是不愿改宗的，不仅因为改宗后得不到任何好处，而且他们也不愿放弃熟知的宗教，对于破坏他们的寺庙、使用他们的土地修建修道会的天主教徒们更是感到愤慨，而其中大部分的土地是被耶稣会所使用，再加上沙勿略等传教士对他们谎言的揭穿也致使婆罗门僧对他们心存不满。

16 世纪来到印度的大多数传教士尽管热情高涨，但对当地宗教却缺乏正确且深入的了解。当他们在印度看到与欧洲不同的习惯时，便认为这些都是婆罗门教的恶习，并无法区分婆罗门教信徒与印度地区普通人的生活习惯。例如在印度的某些地区会通过女性敲打胸部、男性戴穿孔耳环的方式祭典死者，传教士却把这些看视为偶像崇拜。[15]因此，沙勿略希望派遣能够真正与婆罗门僧侣对话、讨论，且有学识的传教士到印度来。

---

14 Josef Wicki（eds）,Documenta Indica,Rome,*Instituturn Historicum Societatis Iesu, vol4*, p.801-802.转引自 Charles J.Borges,SJ:*Portuguese Missionaries and Their Understanding and Dealings with Hinduism in India*.《"东洋使徒"沙勿略——大航海时代欧洲与亚洲的相遇》I，沙勿略来日 450 周年纪念活动委员会编，信山社，2000 年，第 76-77 页。

15 Josef Wicki（eds）,Documenta Indica,Rome,*Instituturn Historicum Societatis Iesu, vol4*, p.801-802.转引自 Charles J.Borges,SJ:*Portuguese Missionaries and Their Understanding and Dealings with Hinduism in India* .《"东洋使徒"沙勿略——大航海时代欧洲与亚洲的相遇》I，第 84-85 页。

事实上，沙勿略本身对婆罗门教信徒及当地人并没有好感。从沙勿略的信件中能够清楚地获悉印度本地出身的人几乎不可能加入耶稣会。沙勿略认为在充满恶行与享乐的环境中的他们无法忍耐苦行，不可能达到天主教的要求，所以沙勿略觉得也无法指望从印度人中培养出可用之人。关于宗教对话，沙勿略唯一一次提到与婆罗门僧的辩论是在他在亚洲首次与婆罗门教的对话中，遗憾的是，他只从欧洲天主教徒的视角观察印度诸文化及现象，并没有深入到婆罗门教的本质。也许沙勿略并没有过多的时间和精力，抑或是他认为根本不值得去深入了解婆罗门教及印度文化。从沙勿略与当地婆罗门教信徒的接触中也可以发现：传教士们与他们的真正的接触与交流是极少的，即使像沙勿略这样进行了辩论与交流，也只不过是以一种"俯视"的态度，双方并没有站在公平、平等的位置进行哲学与宗教方面深层次的交流。从本质上说，16 世纪时耶稣会与婆罗门教信徒处于相对对立、无实质性交流的状态。

（三）日本佛教徒

从本书第二章所分析的沙勿略与日本僧侣的接触中就会发现，与在印度等地布教时的环境不同，日本是沙勿略等传教士新"开辟"的地区，因不属于葡萄牙的殖民地，所以没有葡萄牙政府事先帮助其在此"扫清障碍"，一切传教工作都靠沙勿略等人的摸索，与僧侣们的关系也完全取决于"利益"及领地大名的态度。在宗教教义的交流方面也没能达到一定的深度。事实上，在沙勿略生活的欧洲，经院哲学盛行，沙勿略在巴黎受过良好的哲学知识与素养的训练，遗憾的是，在日本与僧侣的接触中，无论是沙勿略还是其他耶稣会士都没有意识到日本没有"天主"这一概念，一切只是停留在神性论上。即便著名的"山口辩论"亦是如此。

1551 年 9 月，沙勿略离开山口前往丰后。留在山口的费尔南德斯等人与佛教诸派的僧侣以及当地百姓发生了几次辩论，历史上被称为"山口辩论"。在 9 月下旬费尔南德斯写给沙勿略的信中，记录下了关于辩论所涉及到的各个问题。

以下是《日本史》中"山口辩论"的具体内容：

1. 天主用什么材料创造了灵魂？

因为他们知道肉身是由四种原素构成的。关于这一点我们是这样解答的：天主创造世界的时候，也创造了原素、天等其他物质，但他没有使用任何材料，只是依靠意志与语言，创造了新的存在，也是用同样的方法，即不依靠任何材料，单凭意志创造了我们的灵魂。

2. 灵魂是什么颜色？什么形状？

灵魂无色无形。因为色与形是属于物质特有的东西。顺势他们得出既然灵魂无色，那么也就是说灵魂不存在之结论。于是我们问：宇宙中存在空气吗？他们答。那么空气有颜色吗？他们答：没有。空气是物质性的东西都没有颜色的话，无形的灵魂为什么会有颜色呢？

3. 什么是天主？天主在哪儿？

我们知道现在存在着的所有事物都是有起始的，从中可以得出明确的结论，即这些事物是不能自我创造的。那么有一个原理给予所有事物存在的可能，并且无始无终永远存在，这个原理就是天主。

4. 天主有身体吗？肉眼能看到吗？

世上存在的所有物质都是由原素构成的。天主创造了那些原素。所以天主不可能拥有那些原素构成的身体。如果天主拥有由原素构成的身体，那么他就不可能是创造主了。

5. 当善人的灵魂离开肉体的时候能看见天主吗？

如果那个善人肉身临死时，在不需要净化的状态下，能立刻见到天主。

6. 当善人在人世被肉身包裹时为何看不到天主？

宝石无论怎么发光，埋在泥土当中时，毫无光泽。同理，我们的灵魂被肉身包裹时，是无法使用那清澈及视力的，所以在人世间时灵魂无法看见天主。

7. 如果人的灵魂中没有肉体的话，那会是神吗？如果是神，就会没有生死了吧？

我们反问他们：人当中有善人与恶人吧？他们答：有。因此，神是支配今世与美好的事物的，从未考虑过制造恶，是至圣至善的，因此恶人的灵魂不是神，很明显是天主的创造物。

8. 恶魔是什么？

　　撒旦或其他因傲慢而被剥夺荣光无法看到天主的众多天使。

9. 恶魔为何要诱惑人、加害人？

　　因为人是天主给予荣光而被创造出来的，恶魔因傲慢失去了荣光，所以嫉妒人类，想尽办法让人堕落。

10. 如果天主创造的万物都是善的，为何要创造有骄横灵魂的撒旦？

　　天主在创造撒旦和他的同伙时，给予了他们能够辨别善恶的智力及选择自己所需的自由意志。如果他们选择善就可以得到荣光，如果选择恶则是选择了地狱。然而，撒旦与其他恶魔滥用了他们的自由意志，变得恶毒傲慢起来。另一方面，善良的天使们并没有这样做，顺从了天主，从而获得了永远的荣光。

11. 如果天主慈悲，为了得到永远的生命而创造了人，但为何天主允许让恶魔嫁祸人呢？

　　恶魔对于人类他们不具有让人变恶的力量，但是人拥有辨别善恶的能力和行动的自由。因此人行恶的时候，知道自己如果做了违背道德的事情会受到惩罚。责任在于人。

12. 如果天主为了让人善良并给人以荣光，用慈悲的心创造了人的话，为何把人创造得还常常作恶，希求恶呢？

　　天主是很好地创造了万物，也将人作为善的物质创造而出，而且让人类拥有认识并排斥恶事物的智力。如果人类行恶，不遵守天主的真理的话，那是人让自己变恶的。

13. 如果天主如此慈悲，为让我们能够得到荣光而创造了人，为何让到达荣光的路如此艰难？我们常常因肉体和感觉违背道德。我们为了达到荣光不正违背着天主吩咐的道路吗？

　　我们回答说：如果人们能够善用肉体的弱点，天主的戒律是易遵守的。如果人们能遵守那戒律，就会过上更愉悦的生活。因为对于想吃、想睡、想休息的人，如果命其饿死的话，也会赋予奇迹。礼拜并服务于创造、拯救自己的天主并爱护邻人并不是什么艰难的事。又没让非禁欲者保持童贞，也不是让其担负童贞的义务，只是希望只娶一个妻子而已。

14. 如果天主是仁慈的，为何不赐予想要孩子的人孩子呢？

　　天主会尽量恩宠与赏赐。

15. 如果为惩罚恶魔，（在地球的中心）建了地狱的话，为什么恶魔为诱惑人还能来到今世呢？

　　天主建造了惩罚恶魔的地狱。为了诱惑人，恶魔来到了今世，他们不是来休息的，而是为了带来地狱中所受的相同苦难。

16. 恶魔引诱欺瞒人类，带来了很多灾难，如果天主慈悲的话，为何不阻止恶魔加害我们呢？

　　天主因慈悲，知道这样做对人类有益，才如此为之。因为人类如果知道恶魔追赶自己，今世有很多陷阱，并会入地狱的话，那么人们心里就会畏惧地狱，害怕各种危险。由此人会变得谦虚，知道靠自身的力量无法拯救自我，于是会谦逊地请求创造人类的天主来拯救。人类在今世就不会被恶魔所烦扰，从而得到天主的恩宠，后世也能得到永远的荣光。如果今世不存在诱惑人的恶魔，人就不会对今世的各种危险及地狱等感到恐惧，也不会信仰创造自己的神，变得没有感恩之心。人类如果不信仰天主，不祈求恩惠与帮助，就永远无法从天主那里得到荣光。天主这样做，是正确的。人类也好，天使也好，作为天主都会给予赞赏，不仅在来世，还有今世，根据人的行为给予赞赏。就像在火里炼的金，为了看到更精纯的、经过诱惑及困难的人才能获得更高的评价，更加能被人类或天使承认，也能从天主那获得更多的荣光。然而，如果人类没有被恶魔诱惑过，那么就不懂得美德，也无法辨识善恶。

17. 既然恶魔不在地狱，总要把苦难带到今世，那么在地球中心的地狱怎么会是为惩罚恶人建立的呢？

　　圣人的灵魂与天使在任何地方都能看到天主，分享富乐。为了在那里享乐，天主给予了特殊的场所——天堂。同样，恶魔把诅咒与惩罚带到所到之处。尽管如此，为了惩罚也给予一定的场所。

18. 如果恶魔在地下的地狱，那么又是通过什么道路来到今世的呢？

　　就如恶人的灵魂死后进入地狱那样，用相同的方法可以往来。不仅如此，就像水虽然是拥有身体，有从高山到达深谷的道路，也不缺乏渗透到大地的道路。对于连身体都没有的恶魔，来去地狱的道路也是存在的。

19. 被诅咒下地狱的人的灵魂，之后会变成恶魔放回今世吗？

　　日本人对此有很多的误解。在日本的盂兰盆节里，灵魂要回来拜访亲人，为了与他们交谈，15 号在日本人的家中及墓地里给灵魂供奉食物。为把日本人从这个谬误中解救出来，我们这样回答他们：恶人在听从了恶魔的劝说后，不仅是侮辱了天主，也使自己成为了恶魔的帮手。因此，恶魔把恶人变成了他们的手下，折磨他们，让他们的灵魂留在地狱。

20. 如果天主是救世主，是支配者，那么为何创造天地之初，并没有将教义明示给我们，直到今天？

　　天主的教义从创世之初至今，一直在所有地方对有悟性的人明示。因为人类即使是在无人的山中长大，如果他人与自己做了相同的事情，自己也不会为此而高兴，通过识别善恶会明白加害于人之事是犯罪。我们用这个方法，给他们解释十诫，并且告诉他们也没必要从说教者或教师那儿学习，因创造人类的天主会告诉人类。虽然贪婪但慎重思考的人，只要认真思考的话，第一诫，也就是承认创造自己灵魂的天主存在。如果父母仅凭自己的力量能够得到孩子的话，只要祈祷就能得到孩子。然而有许多人期盼孩子却一个都没，许多人不期待却有很多。正因如此，人类信仰创造自己的神，并且即使对待邻人也像他人期许的那样行动，即使不听天主的教义，天主也会将拯救的光明赐予他。

21. 世界上有些人理解力极其匮乏，也无法提高辨别力，也不知道是谁创造了自己，这样的人将会如何？

　　那些人可以用这极少的理解力去理解失误，然后善用它。知道邪恶的事物并避而远之。只要天主看到其行善、慈悲、善用被赐予的光明，就会让他领悟到为得到拯救应该做什么事情。他们不应该

有像崇拜木石这样违背理性的举动。人们因天主的慈悲遵守自然之
法生活的话，就能够得到被拯救的恩宠。被宣告了永劫惩罚的人，
应完全接受那个宣告。他们并不是因为天主的恩宠不够。[16]

《日本史》中关于这次辩论所记录的内容是日本人对传教士的提问及传
教士的回答，辩论的内容比沙勿略在山口时的问题更加详细具体，但其内容
也只涉及到了神性论，并没有本体论。同样没有触及到"天主是否存在"之问
题。根据天主教的信仰体系，天主的存在是整个信仰体系的基础与核心。与
罗明坚等中国传教士的体认相比较，沙勿略等人对日本人的宗教体认还略显
欠缺，结合沙勿略在日本的传教实践，沙勿略等人的认识还远未达到日本人没
有天主观念这一层次。

在与日本人的辩论中，也很少看到日本人的反论。只有在1551年10月
20日费尔南德斯写给沙勿略的书信中，记录了一段日本人利用佛教的知识对
传教士所言之理论进行的反驳。

我们问他们："怎么做才能成为圣人呢？"他们笑着答："根
本不存在圣人。因此，没有必要追求那条道路。因为从'无'产生
的事物最终也必须归为'无'。"[17]

关于世界万物始源的问题，僧人进行了这样的辩解：这是世上的万物，
也就是人类、动物、植物的一个始源，在被创造的各种事物中也包含了这个
始源，一旦人类或动物死亡了，就会回到以前的四大元素，那么始源也会回到
原来的状态。这个始源不是善也不是恶，不是福也不是悲，更无生无死，根本
不存在。[18]这是与真言宗不同的禅宗主张的"无"，这较之前沙勿略初到日本
时与僧侣们的交流有了进一步的认识。虽然沙勿略初到鹿儿岛时，与曹洞宗的
忍室有过交谈，也见过禅宗的修行，但由于是刚刚接触佛教，再加上翻译弥次
郎并不具备深奥而专业的禅宗知识，所以，尽管沙勿略有过接触，也未能引起
更为深刻且专业的讨论。但两年后，禅宗与天主教的对话终于得以实现。

从最初沙勿略等传教士通过辩证法等知识解答了日本民众及僧侣们对天
主教的疑问，到大日事件后沙勿略等人发现了佛教与天主教的差异，又知晓

---

16 弗洛伊斯：《日本史》1，第118-127页。

17 Die Disputationnen des p. Cosme de Torres S.I.mit den Buddhisten in Yamaguchi im
Jare 1551,Tokyo.1929.转引自岸野久：《沙勿略与日本》，第224页。

18 Die Disputationnen des p. Cosme de Torres S.I.mit den Buddhisten in Yamaguchi im
Jare 1551,Tokyo.1929.转引自岸野久：《沙勿略与日本》，第224-225页。

了禅宗中的"无"，传教士从到达日本开始便努力去了解佛教，通过使用其经院哲学辩论争得有利位置。这较之在印度与婆罗门僧的辩论已经有了质的飞跃。然而，日本的僧侣或学者们并没有主动研究过天主教教理，也未通过佛教哲学反击过天主教，直到德川幕府 1614 年的禁教令之后才零星出现。[19]

　　纵观沙勿略等传教士在亚洲所接触的非天主教实践，在不同的环境与人文背景下，形成的交流与"对话"也大相径庭。对于本身就是"敌人"的伊斯兰教，沙勿略等传教士只能与其抢夺更多的信徒；而对于他们认为文化知识素养相对不高的婆罗门教信徒，沙勿略包括后来的范礼安都没有真正地进行深入研究与接触，其"鄙视"的态度致使天主教与婆罗门教一直无法站在公平、平等的位置上进行实质性的对话；在日本与佛教的接触情况强过与婆罗门教的接触情况，不过沙勿略等人仍只停留在神性论的阶段，并没有触及本体论即天主的存在。沙勿略等人在日本的经历为在日本与中国传教的传教士提供了宝贵经验，后来在中国传教的罗明坚与利玛窦等人将宗教问题引向了更深的层次。

二、沙勿略时期神职人员本土化问题

（一）对本土神职人员的培养

1. 圣保禄学院

　　传教人手不足是耶稣会在亚洲传教时常常面临的困境。仅靠欧洲神学院输送传教士是一件非常困难又费钱的事。与此相比，在传教地招募并培养神职人员是一种更有效的方式。1541 年 11 月 10 日，以培养和训练葡属东方当地人司祭为宗旨的圣保禄学院开始在印度果阿动工兴建，1543 年 1 月落成。起初它的名字为"改信神圣信仰学院"，简称圣信学院。关于学院的名称，沙勿略在 1542 年 9 月 20 日写给罗马的信中曾说："（关于学院的名称）在这里既有人说应该叫'圣保禄的革心'，也有人说应叫'圣信'。因为是传播福音，必须扶植（信仰），因此，我认为后者更适合。"[20]1549 年，耶稣会开始接手学院，将其更名为"圣保禄学院"，因为"圣保禄"是更为人们所熟知的名称。

---

19 关于耶稣会士在日本传教初期与佛教徒论争的详细内容，参见岸野久：《沙勿略与日本》，第 221-231 页。本书中涉及的关于天主教与佛教在日本辩论的主要看法，主要采用了岸野久学者的观点。

20 沙勿略：《沙勿略全书简》，第 93 页。

　　1535 年，刚到任的司教总代理米歇尔·瓦斯看到果阿到处都是婆罗门教的寺院及装饰，十分不满。他在得到当时的总督司提凡·伽马（Dom Estevao de Gama）的许可后，决定将果阿的"异教"寺庙全部拆除，计划于 1540 年全部完工。在总督远征期间，瓦斯与几个神父协商，计划创建圣信兄弟会，从精神与物质方面为印度的新改信教徒提供帮助。

　　为了能在印度人中布道，他们决定创建学院，募集印度本地青少年以培养成未来的司祭。这项计划得到了主教与总督代理的赞成与鼓励。圣保禄学院的创立者们对学院的创建抱有十分宏大的理想。为了将传播天主教在整个东洋地区得以实现，招收的学生不仅来自果阿，还有马鲁古群岛、马六甲、渔夫海岸等地的学生。他们希望通过对来自不同地域的学生的培养，弥补亚洲传教人手的不足。如此一来，既懂拉丁语、葡萄牙语又会当地语言的传教士就能在亚洲传教中发挥作用。圣保禄学院最初的计划是招收良家有才能的 13 岁以上的子弟 30 名。从葡萄牙语的读写开始学习，然后是拉丁语和伦理学，在成为司祭之前只能在学院内居住生活，这出于耶稣会将当地儿童培养成司祭，避免他们与外界接触的情况下进行教理教育、拉丁语和葡萄牙语的教授，尽可能让他们在天主教的环境与氛围中成长的考虑。1541 年 8 月末，从红海远征回来的总督担任了学院的监护人。1542 年新任总督到任后，对学院的建设也给予了关心，承诺为学院的建设调拨资金，并承担未来的运营费。

　　到达果阿的沙勿略在 1542 年 9 月写给罗耀拉的信中，详细地报告了学院的情况：

> 基础工程即将完工，墙壁部分已经完成，正在建造屋顶，估计这个夏天就能在新圣堂中做弥撒了。建筑面积是巴黎索邦学院（la Sorbonne）的两倍。资金可供百名学生学习使用。……我相信在不久的将来，圣信学院会人才辈出，天主教将在此地得到广泛传播。[21]

　　圣保禄学院的建立给沙勿略实现亚洲基督化的梦想以极大的希望。1543 年建成后，由沙勿略负责。1545 年兰西洛托被任命为院长。1546 年 6 月，根据学校的规定，决定从各民族中招收六名及以上的学生。

　　1549 年，沙勿略以耶稣会的名义接管整个学校后，耶稣会士都在此接受教育。同时，学院也向葡萄牙人的学生开放，只不过这些学生不住在学院内，每天走读上学。1556 年，葡萄牙在印度的首个印刷所便设在此地，沙勿略的

---

21 沙勿略：《沙勿略全书简》，第 91 页。

教理问答及信仰条目说明书就是在圣保禄学院内印刷的。基于传教的目的，果阿圣保禄学院在学生的学习科目中除了安排神学的内容外，拉丁语也是必修课之一。

> 几乎所有的少年每天读圣母的圣务日课、知道祈祷，很多人也会写作。他们已经进步到可以进行拉丁语学习的程度了。之所以向您汇报这一点，是祈望您能派一名能够专心教授拉丁语的教师。[22]

尽管沙勿略的信件中没有明确提到过圣保禄学院的学生学习葡萄牙语，但从弥次郎在圣保禄学院学习的成果来看，应该是对葡语有所学习。[23]从沙勿略更早些写给欧洲会士的信件中也能找到相关佐证。

> 我将带三名当地出身的（神学生）一起去，其中两名副助祭、一名助祭，他们精通葡语，当地话也非常得流利。[24]

语言的学习是沙勿略亚洲传教活动中极其重视的一环。沙勿略希望在圣保禄学院培养的本地人学生，能为欧洲来的传教士在布道时提供帮助，抑或回到他们的出生地去传教。事实上，这所神学院不负沙勿略所望，它不仅成为耶稣会在亚洲传教的重要据点，而且为修会培养了大量的人才，例如曾在日本给予沙勿略无数帮助的第一位日籍天主教信徒弥次郎、追随在沙勿略身边并在他逝世时将遗骸送往果阿的助手安东尼奥（Antonio de Santa）等人。至1548年，印度已开设三所神学院专门用于招收培养当地儿童。圣保禄学院从各葡属印度地区招收了80-90名当地学生，加诺尔学院（the college of Cranganore）约为100名，而在勃生（Bassein）则有约为50名学生。1549年，在沙勿略的指示下，柯钦和奎隆又开设了两所神学院。除此之外，沙勿略建议总督在马鲁古群岛和马六甲设立耶稣会的修道院，其中马六甲的修道院在1548年底已有180名学生，这所修道院作为区域性的培训中心招收来自印尼群岛、日本以及中国的学生。[25]1549年，沙勿略在鹿儿岛写给果阿高麦斯（Gomes）神父的信中提到："今年在京都和坂东的大学里学习的两个日本人僧侣会到那

---

22 沙勿略：《沙勿略全书简》，第95页。
23 "保禄在这八个月里已经能够读葡萄牙语，用葡语写作以及会话。"参见沙勿略：《沙勿略全书简》，第93页。"这三个日本人在圣信学院学习了（葡萄牙语）的读写。"《沙勿略全书简》，第424页。
24 沙勿略：《沙勿略全书简》，第87页。
25 参见 Jose Kalapura, SJ. *The Legacy of Francis Xavier: Jesuit Education in Indian*, 16th-18th Centuries. St. Xavier's College, Patna.p.97-109.

边去。请热情款待他们。"[26]1550 年 4 月，在日本的沙勿略便让 4 名日本人到马六甲学习天主教义，其中就包括沙勿略信中提到的两位僧侣。经过短时间的学习后，他们受洗入教，其中三人回到日本，一人留在了马六甲。1551 年，沙勿略离开日本之时也曾带了两名日本信徒到印度学习。不过这两人因分别病死在果阿圣保禄学院和葡萄牙的科英布拉而没能返回日本，未完成沙勿略预期的设想工作。[27]

除圣保禄学院以外，在沙勿略的支持和鼓励下，亚洲建立起的神学院多达二十多座，并培养了大量的传教士和科学家。沙勿略重视当地语言学习的理念后来在范礼安的推动下得以继续贯彻，成为亚洲耶稣会学校的一大特色。范礼安在日本府内建立神学院时，针对学院的教学安排，延续了沙勿略的作风，进行了因地制宜的调整，将有关语言的学习放置于人文课程的核心位置。除了保留教会学校传统的拉丁语外，还强调学习传教当地语言（日语）的特殊性及重要性，在神学院的课程安排中，学习当地语言占了很大的比重，这是对沙勿略鼓励欧洲传教士学习当地语言以及培养当地人学习西方语言这一理念最好的继承与体现。

2. 沙勿略对当地人司祭的培养与态度

在沙勿略的整个亚洲传教过程中，语言不通以及人手不足导致传教事业举步维艰，这让沙勿略意识到语言及神职人员本土化的重要性。然而在考验传教当地人入会方面，沙勿略却显得十分严格，从中也能窥探出沙勿略等欧洲传教士在神职人员本土化问题上的微妙的矛盾心理。

16 世纪欧洲的经济及各方面的发展较之印度和其他东南亚速度更快，欧洲人到达这些地方，特别是来到被他们统治的殖民地，自然而然会有种天生的"优越感"。根据 16 世纪的报告，印度出身的人几乎很难加入耶稣会。欧洲传教士认为在不太健全的土地上出生、在充满享乐与罪恶的世界中成长的他们无法忍耐苦行，也不可能达到天主教所要求的完美性，他们的身体也被视为软弱的，给他们贴上了无法忍耐严格修炼的标签。因皮肤黝黑，能力低下，缺乏道德性，而被拒绝加入耶稣会。[28]事实上，从沙勿略时期开始，耶稣

---

26 沙勿略：《沙勿略全书简》，第 513 页。

27 参见戚印平：《日本早期耶稣会史研究》，第 273 页。

28 详见 Josef Wicki（eds），Documenta Indica, Rome, *Institutum Historicum Socistatis Iesu, vol13*, p.258.转引自《"东方使徒"沙勿略——大航海时代欧洲与亚洲的相

会对传教当地人入会就有着严格的要求。1549 年 4 月，沙勿略前往日本之前，在写给巴朱斯的训诫中指示如何考察有意加入耶稣会的人。

> 如果要接收在耶稣会中适合服务于天主的（入会志愿之人），要让他先进行灵操训练，在病院里工作，探访入狱之人，或在慈悲会做点什么。成为人们嘲笑的对象，这并不是让他们被人讥笑，而是用普通的方式考验他们，让他们进行修行训练。他们努力服务的话，就会变得愿意为病院的贫困者及囚犯祷告，如此一来就会成为见证他们修行的人的榜样。请一定按照我说的去做。在让他们进行修行的时候，首先要仔细观察修行的人，在这些人中，请让他们按照你认可的德行进行修行训练。[29]

从报告的内容能够了解到，对连理解与遵守基本的教理教义都十分困难的印度人，沙勿略对其入会的要求完全没有降低，执行的依旧是在欧洲时的标准，需要他们拥有坚强的意志力以及为病人、穷苦人奉献的精神等。沙勿略常常在信中向罗耀拉或葡王抱怨在亚洲的传教人手不足，但对入会人员又进行极其严格的控制。

> 没有做伟大事业勇气的人、没有才能的人，是不被耶稣会所需要的。因此没有才能或懦弱的人、没有用处的人坚决不能让他入会。……（即使有人想加入耶稣会）但没有能力、判断力及理性的人；（身体）虚弱、没有什么用处的人或者比起信仰更重视世俗的人，即使想加入耶稣会也坚决不能让其入会。[30]

这是 1552 年沙勿略从日本回到果阿后写给巴朱斯的教导。正是由于这种严格的入会条件，沙勿略在世时无论是印度人还是日本人，无一人被批准加入耶稣会。在日本，首位加入耶稣会的日本人洛伦索[31]，是在 1563 年由第二任布教长托雷斯吸收入会的。[32]其实早在 1551 年时，沙勿略就为其施行了洗

遇》，第 78 页。

29 沙勿略：《沙勿略全书简》，第 400 页。

30 沙勿略：《沙勿略全书简》，第 653-661 页。

31 洛伦索本为出身贫苦的盲人说唱艺人。沙勿略在山口传教时，洛伦索听说有外国人在街头宣传新的宗教，便找到沙勿略，向他提问了许多问题并获得满意回答后，逐渐接受了天主教教义，成为天主教徒。详见弗洛伊斯《日本史》1，第 286 页。

32 作为第一位加入耶稣会的日本人是伯尔德（Bernardo），日文名不详。1549 年沙勿略为他施行洗礼后，他作为沙勿略最忠实的仆人，在日本一直陪伴沙勿略，到印度后又被送往葡萄牙，1554 年在罗马加入耶稣会。在日本本地，洛伦索是首位加

礼，并赐予教名"洛伦索"，而加入耶稣会则是在十二年后。沙勿略这种对当地人加入耶稣会严格的作风，即使在 16 世纪末耶稣会出现招募会士困难的状况下，也丝毫没有改变。而沙勿略对印度及日本的报告及态度在欧洲产生了不小的影响，乃至"左右"了范礼安的许多判断。如范礼安曾评价说：

> 此地方的人一般性情粗野，因没有任何知识而极其缺乏理解能力。虽然在他们当中也存在有识之人，特别是对利害相关之事具有敏锐判断力的人有很多，但对于死后世界的认识却非常匮乏。[33]

尽管对当地人有所"鄙夷"，不过作为首位来到亚洲传教的耶稣会创立者及会士，沙勿略在与传教当地人"接触"时使用的方法还是值得肯定的，并确实对后来入华传教的耶稣会士产生了深远的影响。首先，懂得借助当地人的力量进行传教，优先考虑培养当地人[34]的思想，被范礼安所"发扬"，并作为制度确定下来。其次，尽管沙勿略对婆罗门教信徒、日本的僧侣持有"鄙夷"的态度，但在与他们的接触与辩论中，逐渐形成了边主动了解接触，边思考应对的传教模式。这种状态始于日本的沙勿略，并被后来中国的利玛窦、印度的诺比利广泛利用，成为他们学习的标准。一言蔽之，无论是被"鄙夷"的褐色人还是被夸赞的白色人，沙勿略内心都无法完全给予其信任，让其入会。然而，在传教环境十分"恶劣"的条件下，沙勿略又懂得如何充分借助当地人的力量，为己所用。他这些灵活的、具有开创性意义的传教方法与思想值得肯定。沙勿略的这些方针，在后来日本的耶稣会中形成了赞成派与反对派，并引起了一场修会的内部较量。

在沙勿略离开日本后的十年，在日本的耶稣会士只有两名神父和四名修士而已，[35]日本教会长期处于人手紧张的状态。为了解决这一难题，传教士们不得不依靠当地人。然而当教会中的日本人在教务活动中发挥越来越重要的作用时，他们与生俱来的优越感让很多人无法接受这个事实。随着教会本地化的发展，教会内部对此产生了极大的争议与对立。

入耶稣会的日本人。

33 范礼安：《在东印度耶稣会的起源与进步之历史》，柳谷武夫译注，吉川弘文馆，1987 年，第 194 页。

34 沙勿略在去日本之前，就曾提议在果阿开设培养日本人的学校，而且他在离开日本时也带了 4 名日本人随行。参见麻殖生健治：《沙勿略的交涉手法》，立命馆大学研究院，Japan Negotiation Journal Vol.18（2006），第 93 页。

35 弗洛伊斯：《日本史》2，第 70 页。

其中在京都地区负责教会工作的奥尔格基诺（Orgnatino Gnecchi Soidi）是沙勿略方针的拥护者与赞成者，他认为在日本传教有效的方法之一就是"尽可能在所有事情上顺应日本人"。[36]他的这种态度使他在京都的传教工作十分顺利，不仅建起了宏伟的教堂，而且使数以万计的人成为天主教徒。而反对沙勿略方针的代表者是日本教会第三代布教长卡布拉尔。1571 年，卡布拉尔在对日本各地教会视察之后，将所有的日本人视为类似黑种人的低等民族，卡布拉尔对日本人的偏见逐渐地演变为歧视与憎恨。他不仅不让日本人掌握教义的相关学问，甚至禁止日本人学习拉丁语及葡萄牙语。他在担任日本布教长的十三年中也未学习过日语，还反对传教士学习。卡布拉尔如此敏感的态度致使他负责的九州教会的传教工作没有取得什么进展。当巡察员范礼安到达日本时，由于奥尔格基诺负责的京都地区与卡布拉尔负责的九州地区执行着完全不同的方针，教会内部形成了分裂与对立。范礼安立即召开会议，会议中卡布拉尔很显然被孤立了，他的主张并未受到大家的支持。范礼安趁机在 1580 年起草了《日本布教长内规》，意图让卡布拉尔执行他的传教方针，然而这份文件却将他们的矛盾升级为了公开的冲突，不过作为时任耶稣总会长代理的范礼安占了上风。

奥尔格基诺和范礼安继承了沙勿略的本地化传教方针，而卡布拉尔则由于其种族优越感而对此顽固地反对与抵抗，造成了截然不同的结果，事实证明了沙勿略方针的正确性。无论是赞成派还是反对派，他们的目标是相同的，即希望顺利完成传播天主教的工作与使命。即使是本地化传教方针也不过是权宜之计，他们从未对传教本地人产生过真正地认同与信任。对传教当地人是"鄙夷"与"利用"的情感混合交替前进的。

综上所述，无论是沙勿略还是后来的范礼安，对印度的了解基本只限于葡萄牙统治下的地域，对于印度高度发展的文学等方面其实也知之甚少。事实上，在婆罗门教中，对来世的思考非常之深刻，也许是立场的原因，他们所描述的大多为表面现象。抑或是他们也许从内心深处根本不愿意去了解，抑或承认。即使是对日本的佛教，尽管沙勿略十分重视，不过从他的书信中看到的更多是对僧侣的龌龊生活状态，特别是关于他们恶德的描述。沙勿略的重视也只不过是将其作为一个反驳的对象，不得不去面对而已。纵使沙勿

36　Schutte,Josef Franz S.J.,*Valignanos Missonsgrudsatze fur Japan*,2.P.150. 转引自范礼
　　安：《日本巡察记》，松田毅一译注，平凡社，东洋文库，1985 年，第 298 页。

略不像范礼安具有那么明显的民族偏见，会将印度及日本人和中国人分为黑人和白人，但仍然可以看出沙勿略认为印度人是卑微、道德败坏、没有知识的，而日本人是有理性的民族。不过，沙勿略的"伟大之处"正在于他对传教当地人无论是"鄙夷"还是赞美，都不影响他"巧妙地利用"当地人为他的事业助力。他的这种因地制宜，顺应事情变化而变化的做法成为后来教会本地化及文化适应策略形成的源头。

（二）沙勿略与传教当地人助手——论沙勿略时期"同宿"·"看坊"身份的形成

在亚洲传教时，人手不足问题一直困扰着耶稣会，而沙勿略对于传教人员本土化问题抱有微妙的矛盾心理。那么在耶稣会亚洲传教的初期，沙勿略又是如何解决这一难题的呢？他在亚洲地区的传教实践活动以及对传教当地人的体认，对此后的耶稣会在多方面产生了深刻的影响。沙勿略传教期间利用与培养传教当地人做助手的现象，到了 16 世纪后期已经被范礼安作为制度固定下来。范礼安将传教地助手具体细分化为三个级别，即"同宿""看坊""小者"。[37]本书通过沙勿略时期传教助手的工作内容与性质的分析，探究沙勿略在印度及日本等地的传教实践中，在"利用"当地人传教时经历了由"被动利用"到"主动培训"的过程；无意中促成了早期"同宿""看坊""小者"的出现，并为范礼安时期"同宿""看坊""小者"制度化提供了必不可少的经验。

1. 沙勿略时期"同宿"身份的形成

"同宿"一词在《日葡辞典》中被定义为"在寺庙中侍奉和尚的年轻人或已剃发的人。耶稣会中的'同宿'应是日语'同宿者'或'同泊者'佛教用语的转用。"[38]同宿工作的内容主要是为欧洲传教士做口译；对非天主教徒进行布道；对信徒进行教理教育；为来客传话、接待；文书的代笔；辅助进行

---

37 1579 年，范礼安将日本人的传教协助者划分为"同宿""看坊""小者"三类。"同宿""看坊""小者"是日本佛教用语的转用，是范礼安借用佛教用语定义在亚洲传教中新出现的传教协助者身份。其表记为同宿（dōsyuku）、看坊（kanbō）、小者（komono）。因原文为日语的罗马表记，在汉语中没有相对应的单词，故本书采用日文汉字原词。另，由于关于"小者"的研究资料尚相对缺乏，故本书中将不贸然论述。

38 岸野久：《沙勿略与日本——天主教开教期的研究》，第 130 页。

埋葬、弥撒、拜领圣体以及在日常生活中照顾传教士等。[39]日本学者岸野久按照同宿工作内容产生的先后顺序将同宿分为以下三类：说教者同宿（向异教徒说教、对信徒进行教理教义的说明等）、服务型同宿（担当传教士的日常杂物工作）、神学院同宿（即神学生）。其中说教者同宿是最早也是最原本的同宿，[40]而说教者同宿早在沙勿略传教时期即已出现了雏形。沙勿略时期"同宿"身份的形成是沙勿略在传教过程中不断探索的结果，同时也为范礼安时期同宿的制度化提供了必要的参考。

在天主教东传史以及耶稣会的文化适应策略的研究中，我国学者较多地关注利玛窦等人，对于沙勿略在文化适应策略中的开创性作用似乎鲜有涉猎。沙勿略是耶稣会到亚洲传教的第一人，他在长期的传教过程中，对异国基本情况及文化等的报告、态度、描述以及他在亚洲的传教经验，无疑给后来的传教士及对亚洲知之甚少的欧洲人带来了不可低估的影响。迄今为止，国内外研究多为对沙勿略传教事件或传教助手等的个例分析，[41]而将沙勿略放置于文化适应策略形成的整体框架中细化考察的并不多。从这一研究视角出发，可以最大限度地理解与探究耶稣会的文化适应策略及教会本地化形成的原因，对此后范礼安及利玛窦等人在日本与中国等传教策略的理解有着无法抹杀的作用。本书对沙勿略在不同的传教阶段利用传教当地人协助传教的行为及其特点进行讨论，以教会本地化问题中的"同宿"身份的形成为中心，分析沙勿略在文化适应策略形成中所起的开拓性作用。

---

39 详细内容请参见范礼安：《日本巡察记》，第88-91页。

40 详见《沙勿略与日本——天主教开教期的研究》，第131页。

41 关于沙勿略作为教会本地化及文化适应策略的开创者，国内学者戚印平在《日本早期耶稣会史研究》的《教会本地化的发展趋势》一文中，分析了沙勿略在日本时期培养当地人洛伦索为传教助手的案例。详见戚印平：《日本早期耶稣会史》，北京：商务印书馆，2003年，第237-241页。[QI Yinping.*Study on The Early history of Jesuit in Japan* .（Bei jing:The Commercial Press,2003）,237-241.]沈定平的《明清之际中西文化交流史》一书中，概述了沙勿略作为适应性传教策略的奠基者所作出的贡献。详见沈定平：《明清之际中西文化交流史——明代：调适与会通》，北京：商务印书馆，2007年，第130-149页。[SHENG Dingping.*The Cultural Communicational history Between the Eastern and the Western in Ming-Qing Dynasty.*（BeiJing:The Commercial Press, 2007）,130-149.]日本学者岸野久在《沙勿略与日本》中对沙勿略在印度及日本传教时的助手及其工作性质进行了详细而深入的研究。详见岸野久《沙勿略与日本》，第120-129页。

1.1 印度神学生——无奈之举

沙勿略在果阿时，由于传教事业相对已经比较成熟，还不太需要当地人的帮助。不过当深入到其他南方海岸等未开教之地或传教事业不成熟的地方时，如果没有当地人的帮助，就寸步难行。正如第二章中所探讨的那样，沙勿略在印度等地传教时，信中常常提到三个印度神学生，或者当地人帮他做口头翻译、协助街头传教以及翻译教理书等。如果没有他们的协助，在语言不通、人手不足的情况下，沙勿略的这些重要的工作根本无法独立完成。

在宗教、语言、文化等完全不同于欧洲的亚洲，天主教尽管随着葡萄牙入侵印度时进入，不过在沙勿略来到远东时却仍然处于起步阶段。初到亚洲的沙勿略等传教士倚靠当地人开展传教工作可以说是被动无奈之举，其实沙勿略对当地人翻译的教义书有一定的不信任感，[42]因此他曾建议欧洲来的传教士学习泰米尔语，[43]以弥补不足。尽管有无奈与不满，但无论在学习当地语言、口头翻译，还是对非天主教徒进行教义的解释及翻译等诸多方面，沙勿略都无法脱离他们的帮助。这些在印度等地"利用"当地人的经历，也为沙勿略启用日本人弥次郎做传教助手提供了很大的参考。首先，在开辟新的传教地时需要当地人的帮助。其次，此类人不仅要熟知当地语言，且同时必须懂得葡萄牙语或拉丁语。最重要的一点是要在一定程度上具备天主教教义的知识。此后沙勿略这种被动之举通过对弥次郎的培养也逐渐转化为了主动的、有计划的行为，同时为范礼安时期的"同宿"制度化提供了宝贵的经验。

1.2 弥次郎——主动培养

当沙勿略遇到弥次郎时，会讲葡萄牙语又对天主教教理如此渴望的弥次郎激起了他到日本传教的野心，由于当时客观条件不成熟，无法立刻前往日本开教的沙勿略，根据他在印度的经验，认为到在陌生的地区或国度传教，不能缺少当地人的帮助。故沙勿略打算让弥次郎在这两年内熟练地掌握葡萄牙语、熟悉欧洲文化、学习公教要理、翻译信仰条目的说明书等，为日后的日本开教事业做好准备，因此弥次郎被沙勿略送往印度的圣保禄学院学习。

---

42 印度神学生在翻译泰米尔语教义时，曾将"我信神"误译为"我想要神……"。沙勿略知道后立即指示进行修改。详见 Antonio Lourenco Farinha, *Vultos Missionaros da India Quinhentista*,Cucujaes,1955.p.196.转引自岸野久：《沙勿略与日本——天主教开教期的研究》，第 181 页。

43 其中学习泰米尔语最为成功的欧洲传教士当属葡萄牙人传教士恩里克，并因此为当地传教打开了全新的局面。详见岸野久：《沙勿略与日本》，第44-45页。

1548 年 5 月 20 日，跟随院长尼古拉·兰西洛托（Nieolao Lancilotto）学习教理的弥次郎等三名日本人接受了洗礼，弥次郎被赐教名"保禄"。在果阿的五个月里，弥次郎等人学习了葡萄牙语的读写与会话，受洗后又继续学习教理教义。

　　事实证明，沙勿略的做法在一定程度上达到了预期的目的，耶稣会在日本的第一本公教要理书是沙勿略在弥次郎的协助下编译而成的。早在前往日本之前，沙勿略便有意借助弥次郎的力量完成日语教理书的翻译与编写。[44]到达日本近两个月后，沙勿略在鹿儿岛向果阿会士写信时满怀欣喜地说："40 天已经可以用日语解释天主的十诫了。"[45]"这个冬天把信仰条目的说明书译成日语，再大量地印刷。因为在日本几乎所有人都会读写，而我们无法到日本所有地区传教，为了把我们的信仰弘扬到每个地方（必须把信仰条目的说明书印刷出来）。"[46]弥次郎也确实完成了沙勿略交给他的工作，"我们亲爱的兄弟保禄为了拯救日本人的灵魂忠实地把传教所需的所有的教义译成了日语。"[47]

　　除此之外，初到日本的沙勿略依靠弥次郎，不仅与当地领主岛津久贵得以见面，并结识了日本的高僧忍室。9 月 25 日，沙勿略与岛津久贵见面会谈，几日后又得到允许其臣民信奉天主教的许可。[48]在写给果阿的信中，沙勿略描述了他与忍室交往的细节。两人不仅关系亲近，而且谈论了许多关于宗教的话题。[49]到日本仅仅 40 天的沙勿略以及托雷斯和费尔南德斯无论多么努力地学习日语，如果没有人在旁翻译的话，其程度也无法达到与领主顺利交谈的水平，更不可能与忍室进行宗教方面的探讨了，而此时的弥次郎无疑是协助沟通的不二人选。除此之外，弥次郎还代替不懂日语的沙勿略等人向家乡父老传播天主教，并取得了可喜的成果。[50]在费尔南德斯等人逐渐掌握日语后，弥次郎又担负了协助传教的任务。日后的葡萄牙传教士的记录也佐证了这一点：

44　沙勿略：《沙勿略全书简》，第 274 页。

45　沙勿略：《沙勿略全书简》，第 475 页。

46　沙勿略：《沙勿略全书简》，第 494-495 页。

47　沙勿略：《沙勿略全书简》，第 495 页。

48　详见沙勿略：《沙勿略全书简》，第 494 页。

49　详见沙勿略：《沙勿略全书简》，第 474-475 页。

50　"因为保罗向亲朋好友们不分昼夜地说教，而变得极其繁忙。因此他的母亲、妻子、女儿以及很多的亲戚，无论男女，朋友们都成为了天主教徒。在那个地方，保罗向亲戚们说教，有大约一百人成为了天主教信徒。"详见沙勿略：《沙勿略全书简》，第 485-486 页。

> 福者传教士打开已经翻译为日语，并用我们的文字（罗马字）
> 标注的信仰条目说明书大声朗读，翻译保禄则在旁边向听众进行解
> 释说明。[51]

此场景与沙勿略在杜蒂戈林时十分相似，弥次郎与印度神学生同样担当了口头翻译及解说的角色。从以上沙勿略提到的弥次郎所做的工作内容来看，由于语言这一重大障碍，初到非葡属殖民地传播天主教的传教士们再次借助像弥次郎这样既懂得当地语言，又具备天主教知识的当地人布道。在印度倚靠当地人取得传教成果的沙勿略逐渐意识到利用当地人协助传教的重要性与可行性，随后主动培养的弥次郎为他在日本开教初期承担了重要的工作。弥次郎所做的工作包括中间介绍人、编写教理书、口译、翻译以及传教等多个方面，同时还帮助沙勿略等人顺利安全地留在日本。试想，如果没有弥次郎的陪伴及斡旋，与日本人无论外貌、肤色还是语言都完全不同的传教士，是无法顺利进入日本并展开传教工作的；如果没有弥次郎翻译，沙勿略与忍室及领主的交往也不会如此容易，弥次郎的家人、亲戚等百余人更不可能如此轻易受洗入教。深知当地人对传教事业会有所帮助的沙勿略，在此后前往中国时毫无例外地带着中国人安东尼奥（Antonio）。如果说沙勿略在印度让神学生协助传教属于无奈之举的话，那么培养并利用弥次郎可以说是沙勿略主观而有意识的行为。这也充分证明了沙勿略传教的灵活，懂得在传教过程中根据实际情况的需要不断地修正与完善其传教方法。

1.3 洛伦索——"同宿"的雏形

在亚洲传教的初期，尽管印度神学生及弥次郎等人在沙勿略的传教工作中承担了无人替代的重要工作，但无法回避的错误[52]也让沙勿略在培养与选择新的传教助手时变得谨慎起来。在山口地区，沙勿略终于获得了一名优秀的日本人传教助手——琵琶法师[53]。

---

51 陆若汉：《日本教会史》下，第371页。
52 前文提到的印度神学生在翻译泰米尔语教义时，曾将"我信神"误译为"我想要神……"；在日本，弥次郎翻译的教义书中将天主教的"天主"误译为日本佛教真言宗的主神"大日如来"。
53 了西一只眼睛完全失明，另一只也只能看到微弱的光。怀抱琵琶在街头巷尾以说唱《平家物语》等古代故事为生，并具有超群的知识、理解力以及记忆力，人称之为"琵琶法师"。

1551 年春，当沙勿略等人在由废弃的大道寺改建的教堂（这也是耶稣会在日本最早的教堂）中传教时，一位几乎失明的、名为"了西"的人出现在教堂中，此人在听了传教士的教义后大为感动并向传教士提出了问题，得到满意回答后接受并理解了天主教教义，于是他决心舍弃琵琶法师的工作，为天主教服务。沙勿略与费尔南德斯也预见到他对日本刚起步的传教事业能起到重要的作用。[54]数日后，沙勿略为他施行了洗礼并赐教名"洛伦索"，让他与传教士们共同生活，协助他们传教。事实证明，沙勿略的判断是正确的，由于洛伦索超人的记忆力和理解力以及作为说唱艺人所具备的说教才能使得传教工作的效率大为提高。托雷斯对他也极其信任，1555 年将拜访比叡山寺庙住持的重任也交给了他。由于洛伦索的说教，当时在日本最有名的学者、学识丰富的僧侣、有身份的城主都纷纷入教，人数多达数千人。正是由于他的协助，沙勿略的日本传教工作在山口取得了最大的收获。弗洛伊斯（Luis Frois）曾称赞他说：

> 正如光荣的使徒保罗所说的那样，全能的神为了羞辱强者而挑选最为低下、最为卑贱的人。神挑选了这个几乎完全丧失视力、生来就面容丑陋的人，成为在日本本土第一位入会的耶稣会修士。与此同时，神还赋予他所选中的传播福音者，在京都市镇和邻近各国宣传天主教教义的人以特殊的恩宠，使他成为迄今为止耶稣会在日本最重要的说教者之一。[55]

弗洛伊斯甚至认为即使是在天主教环境中成长的欧洲人也未必会有洛伦索如此伟大的成就。事实上，战国时代的日本征战不断、社会动荡，人们需要强有力的信仰支撑，这是天主教在日本能够得以传播的重要条件之一。不过如果没有洛伦索如此优秀的日本人传教士，耶稣会也不会在山口取得如此丰硕的成果。

印度神学生和弥次郎所犯的错误或许让沙勿略进一步认识到了在利用传教当地人做助手时，必须有所选择并要扬长避短，尽可能发挥其有效的价值，而洛伦索无疑是其最成功的案例之一。众所周知，琵琶法师是指在日本平安时期开始出现的怀抱琵琶说唱的盲人僧侣，那么沙勿略看中琵琶法师洛伦索

---

54 详见 Juan Ruiz-de-Medina,S.J.《关于在天主教传教中琵琶法师的作用》，东京大学史料编撰所研究纪要第 11 号，2001 年 3 月，第 173 页。

55 弗洛伊斯：《日本史》，第一册，1987 年，第 104-105 页。

的无非是以下关键两点：一是说唱职业使洛伦索具备了超于一般人的说教能力与素养；二是洛伦索抛弃僧侣身份转而信仰天主教的经历可以让他的说教更具有说服力。事实上，洛伦索在其传教生涯中将这两点优势发挥到了极致。"他语言流畅，精通天主的教义和日本诸宗的奥秘，他将费尔南德斯所写的教理修改得通俗易懂。"[56]曾为僧侣的身份使他精通日本佛教的教义，而在改宗后对天主教教理的学习使他具备超出常人的知识。因此在访问佛教大本营——比叡山以及与法华宗日乘上人等的重要辩论中，洛伦索都发挥了不可代替的重要作用。可以说，在沙勿略看中洛伦索并为他洗礼，此后他也作为"同宿"被吸收入会，最终成为真正的传教士的过程中，洛伦索完成了由普通的传教协助者向圣职者的华丽转变，成为日本开教初期的顶梁柱，为耶稣会以及天主教在日本的发展做出了巨大的贡献。或许由于所处传教时期的不同，此时洛伦索的工作内容与弥次郎有所不同，其工作主要集中在传播天主教、讲解教理教义以及与僧侣辩论方面，并一直伴随在耶稣会传教士身边。

　　不熟知传教当地语言的传教士在与当地人交流及布道时缺少不了当地人的帮助。例如印度的三名神学生以及在日本的弥次郎均承担了翻译，甚至是传教及教理教义的说明等工作。虽然当时同宿并没有作为制度被确定下来，不过他们所承担的工作性质相当于说教者同宿，可以说是说教者同宿身份的雏形。洛伦索则被普遍认定为同宿的前身。[57]"同宿"一词在天主教中被公开使用是在1580年以后。尽管洛伦索传教的1551年至1563年"同宿"并没有作为制度被确定下来，但根据洛伦索工作的内容与性质，他被耶稣会公认为"同宿"。在范礼安编撰的《1590-1592年死亡者名簿》中这样记述："洛伦索，出身日本肥前地区。66岁。加入耶稣会29年。作为同宿被接收，在山口由沙勿略施行洗礼，后由托雷斯吸收入会（耶稣会）。在日本让许多人入教，取得了极大的成果。1592年2月3日在长崎逝世。"[58]综上所述，在沙勿略时期，无论是他无奈依靠的印度神学生，还是主动培养的弥次郎与洛伦索，都称得上说教者同宿身份的前身或雏形，说教者同宿恰恰又是最原本的同宿。

56　《1555年9月20日加戈神父于丰后致印度耶稣会修士的信笺》，《耶稣会士日本通信》，上，村上直次郎译注，《新异国丛书》，第一辑，东京：雄松堂书店，1984年，第94页。

57　五野井隆史：《日本基督教史》，东京：吉川弘文馆，1990年，第45页。

58　Josef Franz Schutte S.J,,*Monumenta Historica JaponiaeI.Textus Catalogorum Japoniae* 1549-1654,Romae,1975.p.339,pp.1211-1212.转引自《沙勿略与日本》，第132页。

正因为沙勿略利用当地人传教取得的成果，范礼安等人也许才认识到教会本地化的重要性以及他们对传教工作的不可或缺的作用。

1.4　范礼安与利玛窦时期的传教协助者

范礼安曾强调："对于我们来说，同宿是非常有利及必要的。……从开始传教至今，日本传教士的人数不足。对于我们来说，（日本的）语言及风俗是很难理解而新奇的，如果我们没有这些同宿，我们在日本将什么都做不成。"[59]而范礼安时期同宿的人数也非常多，1593 年，范礼安的补充报告中说："现在在日本我们耶稣会的人只有 136 人，此外还有 170 多人的同宿，此外还有仆人和看管教堂的人大概 300 多人。"[60]其中仆人和看管教堂的人应该指的是"小者"与"看坊"，这些传教当地人助手的人数远远超过了耶稣会士本身的数量。

在沙勿略时期除弥次郎之外，与沙勿略一起回到日本的还有日本人若昂（Joane）与安东尼奥（Antonio），[61]不过沙勿略的信件中几乎没有提起过他们的名字，而一直以"三个日本年轻人"或"保禄与其他两个日本人"等语气记录他们的存在。直到沙勿略离开日本，1552 年 7 月在新加坡海峡写信时，才提到了他们的名字。关于他们工作的具体内容，并不像弥次郎那样被沙勿略所记述，根据日本学者岸野久的研究整理，可以知道，他们的工作内容及性质与弥次郎不同，他们基本等同于范礼安在为日本人传教协助者定义中的"小者"，主要是以照顾传教士为主的杂务担当者。可以说，安东尼奥与若昂也是范礼安日本人传教协助者制度化的原型或先驱。[62]

在沙勿略时期逐渐形成的"同宿"身份，范礼安作为制度把它确定了下来，利用当地人协助传教也成为耶稣会在亚洲传教的基本策略与方法。受范礼安委派到中国传教的利玛窦等人遵循了耶稣会这一传统做法。不过，由于利玛窦进入中国内陆传教时已精通汉语，并且处于封建集权统治下的中国，

59　范礼安：《日本巡察记》，第 88-89 页。

60　详见戚印平：《日本早期耶稣会史》，第 247 页。

61　安东尼奥是鹿儿岛人，1548 年在果阿与弥次郎一起学习葡萄牙语，一同受洗，作为沙勿略的同行者从鹿儿岛到平户、山口、丰后，随后又一同回到马六甲。若昂也是鹿儿岛出身，作为弥次郎的仆人，1547 年随弥次郎来到马六甲，1548 年 5 月 20 日在果阿受洗。与安东尼奥同样是 1550 年随沙勿略前往平户，之后与托雷斯一起留在平户直到 1551 年，后与沙勿略返回果阿，第二年又到了马六甲。在沙勿略的要求下再次返回果阿，1556 年回到日本。详见岸野久：《沙勿略与日本》，第 519 页。

62　详见岸野久：《沙勿略与日本》，第 155-175 页。

官员与士大夫阶层在儒家政权中占有重要的社会地位，所以利玛窦等人的传教协助者不再仅仅是神学院的学生或普通民众，甚至地位低下的奴隶或仆人，而是在社会政治结构中占有重要地位的官员和士大夫。利玛窦1583年离开澳门进入广州肇庆时，多赖肇庆知府王泮之力得以在此立足，并打开局面。在韶州结识的瞿太素不仅成为利玛窦得力的传教助手，而且在利玛窦作出重大决策时曾给予有效的建议。他是利玛窦传入的西方科学的传播者，是耶稣会传教会的鼓吹者，还是耶稣会的保护者。[63]早期的这些经历让利玛窦再次清醒地认识到利用传教当地人的力量为传教服务的重要性与有效性，利玛窦在中国整个传教生涯中一直坚持此做法。事实上，这些士大夫在多方面协助利玛窦的传教活动，为其活动减少阻碍，在传教困难时期甚至在发生教难时，士大夫们也挺身而出为天主教辩护，这可以说是利玛窦坚持执行此策略所产生的效果；而且士大夫在宗教信仰中示范作用也极大，利玛窦曾言："一名知识分子的皈依较许多一般教友更有价值。"[64]其中瞿太素、李贽、徐光启、李之藻、杨廷筠等许多士大夫均为利玛窦的传教事业提供了不可估量的帮助，这也成为中国传教史的一大特色。

由此可见，沙勿略与范礼安确立的利用当地人做助手的传教策略对利玛窦等人在中国的传教活动有着指导性作用，被利玛窦灵活地使用并发扬。从某种意义上说，这些士大夫所做的工作内容与性质已超出"同宿"的范畴，利玛窦时期传教协助者也扩大到了统治阶级。事实证明，利玛窦继承了这种注重培养、重用当地人为传教事业服务的策略并使其进一步发展，逐渐形成了具有耶稣会及利玛窦特色的传教策略。

沙勿略在利用当地人做传教助手方面经历了由被动利用到主动而有意识地培养，再到扬长避短、"物尽其能"的过程，而这也是沙勿略在实践过程中不断探索出的方法。"或受弥次郎就读果阿圣保禄学院并在那里改宗一事启发，沙勿略抵达日本后曾计划将更多的日本人送往海外的耶稣会学校学习之后，再让其返回日本成为传教士的得力助手。尽管沙勿略的这一计划并没有取得他预期的效果"，[65]但从这一举动来看，可以说沙勿略是培养"同宿"

---

63 详见林金水：《利玛窦与中国》，北京：中国社会科学出版社，1996年，第32页。
64 利玛窦：《利玛窦全集》，第四册，台湾：光启出版社，辅仁大学出版社，1986年，第365页。
65 详见戚印平：《日本早期耶稣会史》，第272-274页。

的第一人。从本质上说，沙勿略这种策略的选择与改变，意味着对传教当地文化在某种程度上的认同，意味着对现实的妥协，意味着对当地文化在一定程度上的适应。

沙勿略的伟大之处正在于他"巧妙地利用"当地人为他的事业助力。懂得借助当地人的力量进行传教，优先考虑培养当地人[66]的思想，被范礼安及利玛窦等后来的耶稣会士所"发扬"，并被范礼安作为制度确定了下来。不过，在沙勿略时期，外在因素的影响使得他的"同宿"只是个体化的，到了范礼安时期已经是大批量并且是体系化的训练，而在中国的利玛窦则将目光放到了更有"利用"价值的官员及士大夫身上。沙勿略这种灵活多变、因地制宜的策略调整对此后耶稣会的传教策略以及行为模式产生了深远的影响。从某种意义上说，忽略对沙勿略的研究，既不可能深刻认识范礼安、利玛窦等人如何继承并发展了由沙勿略开创的灵活传教策略，也不足以全面了解天主教东传的完整历史。

2. 沙勿略时期"看坊"身份的形成

"看坊"指照看（寺院或教堂）的僧人，原指佛教寺院中的看家人或主管人，现被天主教引入使用。[67]看坊主要负责教会的管理以及对信徒的照看等。关于看坊工作内容及性质的具体解释，在日本新主教塞尔凯拉（Luis de Cerqueira）1603 年 1 月 12 日的证明书中有详细记述："在神父管辖下的各个村庄内，按照各村的人数设有一个相应大小的教堂，在教堂中配有一个被称为'看坊'的剃发男性，受村里天主教徒的尊敬。看坊的主要日常活动是清扫及整理教堂、教儿童教理、在礼拜日、祝日或村民们集会的时候，当传教士以及说教的同宿无法走访村庄时，肩负给村民诵读天主教教理的任务。看坊还要寻访照看病人，如果村中的天主教徒之间发生冲突，面临肉体和精神上的危机时，须向传教士报告，如是来不及向传教士报告的生死关头，须由看坊进行受洗，帮助埋葬等。"[68]

---

66 沙勿略在前往日本之前，就曾提议在果阿开设培养日本人的学校，而且他在离开日本时也带了 4 名日本人随行。麻殖生健治：《沙勿略的交涉手法》，立命馆大学研究院，第 93 页。Japan Negotiation Journal Vol.18（2006）.

67 Vocabvlario da Lingoa de Japam,Nagasaqui,M.D.CIII,f.35v.转引自岸野久《沙勿略与日本——天主教开教期的研究》，第 149 页。

68 参见岸野久：《沙勿略与日本——天主教开教期的研究》，第 150 页。

"看坊"这一身份作为制度是到范礼安时期才被确定下来的，其工作内容也更为丰富，不过早在沙勿略时期看坊的身份已出现并形成，并在传教过程中起到了一定的积极作用。

2.1 印度的"书记"

在来到印度两年后的 1544 年 12 月 18 日，沙勿略在由柯钦发给普尼卡的弗朗西斯科·曼西利亚斯（Fransico Mancillas）书信中提到："请带马泰奥（Mateo）以及会书写的书记等人走访村庄，并写好大人及儿童都能理解的祷文，然后将其留在村庄。在各个村庄配置教授教理的教师，必要时可以让书记来替你写信以及朗读你的信件。"[69]"书记"一词来源于沙勿略在书信中的 canacapila，原词在南印度指书记、会计、管理者、传教士等。[70]沙勿略书信中对当地人协助传教士传教的内容有简单描述，其主要工作应该是文书或记录。不过沙勿略书信集中对书记只有只言片语的记录，仅仅通过只言片语无法掌握其真正的性质与职能。

与沙勿略同时代并曾与沙勿略有所交集的耶稣会传教士曼努埃尔（Manuel Teixeira）在他撰写的《沙勿略传》中详细地记述了关于印度"书记"的起源及职能："当时的沙勿略在印度某些沿岸创设了'书记'一职。对于日益增长的天主教徒的村庄以及沿岸地带，沙勿略觉察到仅自己一人是无法完成圣职工作的，何况是靠他一人奔赴葡属殖民地的所有村庄为儿童施行洗礼。当出现刻不容缓的紧急事态时他无法及时赶到并应对。于是沙勿略在各村选出一到两名生活作风良好并熟知教理的人，用以在各村照看教堂；在出现极其紧急的状况下，举行天主教的各种仪式或受洗；每天上午针对少年、下午针对少女用拉丁语以及当地语言进行教理说明；如果遇到传教障碍需要进行调查；记录将要举行天主教婚礼的人的名单等，以便当有传教士寻访时，可以及早为其主持婚礼。书记还要把当地所有的新生儿、通奸者以及争讼人做成名单，当传教士寻访经过该地时，将名单交给传教士来解决这些问题。他们作为司祭的代理人或中间人，为新教徒周围能够形成良好的天主教氛围而尽着自己最大的努力。"[71]从这段记述中可以获得关于"书记"一职的基

---

69 沙勿略：《沙勿略全书简》，第 175 页。

70 沙勿略：《沙勿略全书简》，第 177 页。

71 Manuel Teixeira,*Vida del Bienaventurado Padre Francisco Xavier,Religoso de la Compania de Jesvs*,Monumenta Xaveriana,VOL.II,P.852.转引自岸野久：《沙勿略与日本——天主教开教期的研究》，第 147-148 页。

本信息，能够确定这一职能是沙勿略为应对传教初期传教士严重不足的情况以及紧急事态而创设的。作为书记，其基本素质是信仰天主教并精通教理，有着良好的天主教生活习惯；其日常工作内容主要为教堂的管理及维持、教理教义的教育、紧急时的受洗以及结婚仪式的预定、制定争执者的名单等，传教士不在时代替他们完成基本的圣职工作，且"书记"的主要工作对象并不是异教徒，而是新改宗的天主教徒。

尽管沙勿略的书信中很少明确提到"书记"，但还是可以从中发现一些关于书记的记述：

> 在这个村庄我把下一步的圣职工作交给其他人，然后去访问别的村庄。同样地将初始的圣职工作做完后，再交给他人。如此一来，在这个地方虔诚而神圣的事业绝不会丢失了。给新生儿施行洗礼，给适龄儿童传授教理，可喜的成果不胜枚举。我每到一个地方都会将祷文写给他们，命令会读写的人把它抄写并背诵下来，并规定他们每日诵读，礼拜日召集村民在一起来诵读祷文以及做祷告。故每个村庄都有一个执行此工作的责任人。[72]

此处，虽然沙勿略没有提到"书记"一职，不过试想，当时亚洲传教人手不足一直以来都是困扰沙勿略的一个难题，印度及周边有许多的村庄，每个村庄配备一个传教士是绝对不可能的事情，而这里提到的会读写的人应就是"书记"。如果是欧洲人传教士，沙勿略完全没必要强调是要会读写的人，也无需提到让其抄写祷告文并背诵，因为这些对于欧洲人传教士是最基本的素质。因此可推断此处的负责人应该是"书记"。其工作内容对照传教士曼努埃尔描述的关于沙勿略创设的"书记"一职，几乎是一致的。其产生的原因是沙勿略一人无法长期停留在某个地方管理牧灵事务，为了巩固传教成果，在缺乏欧洲人传教士的亚洲，只能充分利用传教当地人。首先，这个负责人要会读写。其次，他的主要工作是给新生儿施行洗礼、教授儿童教理、召集村民做祷告等。这些可以证明此文中的负责人即指印度的"书记"。当沙勿略完成了在一个村子的传教后，就在当地指定一个会读写的责任人，每日将他写的祷文背诵给村民听，礼拜日召集村民做祷告。可以说这也是范礼安时期"看坊"的雏形。

---

72 沙勿略：《沙勿略全书简》，第 113-114 页。

2.2 日本市来[73]的米歇尔

自 1549 年 8 月 15 日沙勿略在日本鹿儿岛上岸后的一年多，沙勿略在力所能及的范围内走访了各地。其间沙勿略访问市来城，吸收入教的市来城家老米歇尔引导市来的天主教徒渡过了半个世纪。米歇尔在市来城中的职能与作用均相当于"看坊"。[74]

1549 年，市来城的家老听说在鹿儿岛来了天主教的传教士传教，于是产生了去听沙勿略布道的想法。沙勿略得知后，在弥次郎的陪同下，来到距离鹿儿岛 33 公里的市来城探访。沙勿略住在家老的家中，受到了城主新纳康久的热情款待。城主的妻子及子女、家老及家老的家人等共 15 人接受了洗礼，沙勿略并赐此家老教名为"米歇尔"，在市来城停留了几日后，沙勿略与弥次郎回到了鹿儿岛。此时的沙勿略决定在前往平户前，再去拜访一次市来城。于是在去平户前沙勿略将弥次郎写的教理书、主要的祷文、痛悔的七诗篇、受洗时的用语等抄给信徒，委托热心的家老米歇尔予以指导；指示他要给刚出生的婴儿施行洗礼，礼拜日和节日时将大家集中在一起，为他们朗读基督的生涯和受难圣书及祷文，礼拜五修行后诵读痛悔七诗篇。此外，因市来城没有医生也没有药材，米歇尔拜托沙勿略留一些生病时使用的物品，沙勿略给了他圣母玛利亚的画像及苦行用的鞭子，并告诉他如果有人生病就边念基督的名字边鞭打病人五次，这样病就能治好。[75]沙勿略把日语版的教理书以及祷告文留给米歇尔，安排给米歇尔的工作与在印度时的"书记"十分相似，礼拜日带领城中的天主教徒做祷告，给新生儿进行洗礼等。这是沙勿略在日本期间米歇尔以及市来城的状态。

1561 年 12 月，耶稣会传教士阿尔梅达（Almeida）访问市来城，这是沙勿略离开 11 年后首次有传教士访问此地。阿尔梅达在 1562 年 10 月 25 日的书信上详细地记录了市来城天主教的情况。他在书信[76]中写道："我们受到了所有人热烈而真诚的欢迎，特别是那 15 名沙勿略神父改宗的天主教徒。城主夫人和他的孩子们以及家臣中的天主教徒围着我，向我打听他们关心的事情。比如沙勿略神父的状况，丰后、京都以及其他地区天主教徒是否壮大等情况。

---

73 市来城位于鹿儿岛 33 公里左右的地方，当时的城主为新纳康久。

74 岸野久：《沙勿略与日本——天主教开教期的研究》，第 149 页。

75 Georg Schurhammer S.J., *Francis Xavier:His time,His Times*（IV）.p.129.

76 关于市来城以及米歇尔的史料极其匮乏，阿尔梅达的书信是现存可利用的少数资料之一。本书参看了《日本史》以及《日本教会史》中的相关内容。

13年来（实际是11年）他们没有见过任何传教士，所以他们看到我很兴奋。"[77]由此可见，市来城的天主教集团是由城主夫人与她的子女以及家老和他的家人等15人构成的，他们应该就是当年沙勿略洗礼改宗的那些人。在阿尔梅达在信中还提到："他们能够很好地保持天主教的信仰，多亏有像监督者或负责人的一位老人（即米歇尔）在维持。所有人都对其高尚的品德表示敬仰。沙勿略也曾指示他要给幼儿施行洗礼，他也如实照做了，给若干人施行了洗礼。"[78]结合前文许汉默著作中的内容可以断定沙勿略在离开市来城前，曾指定德高望重的米歇尔做市来城天主教徒的负责人，并委任他进行受洗等活动。除此之外，"这位老人还向我讲述了其他很多事情，其中包括沙勿略留给他的祷文所带来的奇迹等等。城主夫人从她胸前佩戴的护身符中取出了沙勿略手写的祷文，在诵读祈祷文后，她向我讲述了市来城很多病人在佩戴祈祷文后恢复健康的奇迹。特别是她的丈夫在一次病重时佩戴了这个祷文后，立刻痊愈了。那个老人米歇尔还向我展示了沙勿略留给他的几根苦行时用的鞭子，并告诉我，他每周会有一天将天主教徒召集在一起，施行三次鞭打"。[79]显而易见，沙勿略留给米歇尔的祷文以及圣物等被米歇尔珍藏并仔细小心地用于帮助及约束信徒，而米歇尔本人也一直坚持执行鞭打仪式。其中最重要的是在阿尔梅达此次到访时，由米歇尔受洗的9人大部分都知晓祈祷文，"这是米歇尔一直教授他们教理的结果"。[80]

综上所述，市来城的家老米歇尔在沙勿略的指示下，一直履行着"看坊"的工作职责。首先，他德高望重，适合看坊一职。其次，在无人问津的小城需要这样的管理者负责与维持当地的天主教事业。最后，他的主要工作与印度"书记"几乎相同。给新生儿施行洗礼，进行教理教义方面的教育，负责圣物等的管理。只是在神圣仪式主持方面是印度所没有涉及的。无论是印度的"书记"，还是日本市来城的米歇尔，他们负责的对象都是当地的改宗者。

对照范礼安时期"看坊"一职，首先，米歇尔确实是德高望重、受人尊敬，并且是具备天主教教理知识的当地人，可以为当地人传授教理。其次，印度"书记"与米歇尔的基本工作内容都是受洗、教理教育、圣物管理等。

77　《耶稣会士日本通信》，上，村上直次郎译注，《新异国丛书》2、3，第一辑，雄松堂书店，1984年，第271页。

78　《耶稣会士日本通信》，第272页。

79　《耶稣会士日本通信》，第272-273页。

80　《耶稣会士日本通信》，第273页。

第三，他们的工作目的是在没有神父在的情况下，维持当地信徒的信仰生活。第四，他们所负责的对象都是改宗的信徒，并不是非天主教徒。印度的"书记"一职由沙勿略创设，而日本的米歇尔是印度"书记"的衍生，在沙勿略离开的十几年内，米歇尔仍保持着良好的天主教信仰，对于"看坊"一职的重要性及有效性是最好的证明。极有可能给来访的阿尔梅达等耶稣会士以良好的示范与参考，从而促成了"看坊"制度的制定与进一步的形成。

三、沙勿略对传教地语言问题的处理

（一）在学习当地语言方面的贡献

来到语言、文化完全不同于欧洲的亚洲进行天主教传播的传教士们，首先遇到的难题无疑是语言障碍。在果阿、马六甲等地因有葡萄牙人长期居住与生活，部分当地人懂得零星的葡萄牙语；[81]然而在霍尔木兹、柯钦、奎隆、马鲁古群岛以至日本，许多地区几乎接触不到葡萄牙人，自然对葡萄牙语也一无所知了。这种状况在某种程度上给传教工作带来了极大的困难。作为首位来到亚洲传教的耶稣会士沙勿略在遭遇此困境时，试图尽其所能来解决这一难题，在这个过程中，沙勿略的很多行为无意中为东西方语言及文化的碰撞做出了贡献。

在大多数情况下，传教当地人听不懂沙勿略的教义，而沙勿略也无法理解当地人的语言。不能顺利交流、无法形成对话的传教对沙勿略来说是一种失败与痛苦。在印度果阿因长期有葡萄牙人居住，当地居民大概还能听懂他的葡语，可一旦深入到沿海一带，别说传教，连基本的交流沟通都成为几乎不可能的事，奔走于各地传教的沙勿略深刻地体会到掌握传教当地语言的必要性。根据前文的分析，沙勿略无论是在学习泰米尔语、马来语还是日语方面并没有取得多大的成就。不过需要考虑到沙勿略在亚洲传教时的身份与处境，印度上长、国王巡察史以及教皇使节的身份不允许他在某处停留过长的时间，况且作为耶稣会首批来到亚洲的传教士，也需要不停地考察各个地方的信仰状况，因此，沙勿略也没有富裕的时间潜心学习一门新的语言。然而

---

81 沙勿略曾嘱咐果阿的耶稣会士学习葡萄牙语。"如果耶稣会有不会讲葡语的传教士来的话，有必要让会士学习葡萄牙语的会话，因为（这里）没有翻译。"可见葡语在果阿等葡人居住之地还是比较通用的语言。参见沙勿略:《沙勿略全书简》，第 207 页。

作为耶稣会在亚洲传教的开拓者与引领者，沙勿略督促并指示恩里克以及费尔南德斯等人学习当地语言，促使他们不仅较熟练地掌握了当地语言，还取得了卓越的布教成绩。恩里克在渔夫海岸传教的 50 多年间，在泰米尔语的语言学、教理、仪式、护教等领域都有所著作及成果，同时他还参与了泰米尔语的出版事业的发展。1556 年，耶稣会士带来了印度半岛的第一台金属活字印刷机。1557 年，沙勿略的《小公教要理书》在此出版。1575 年，范礼安视察渔夫海岸，解除了恩里克渔夫海岸地区上长的职务，指示他一起去果阿参与出版事业。1577 年完成了泰米尔语的活字制作，1578 年印刷了历史上最初的泰米尔语铅字书籍《基督教要理》，恩里克因此也被印度人尊称为"泰米尔出版之父"。[82]费尔南德斯从 1564 年开始着手编写日本书典和日葡·葡日辞典，成为了日后《日葡辞典》与《日本大文典》编撰的基础，遗憾的是费尔南德斯手编的这些书籍现在已经不复存在。[83]

　　在早期欧洲语言与亚洲语言的接触中，沙勿略最直接的贡献就是使用罗马字标注当地语言的发音；其次是鼓励恩里克和费尔南德斯学习当地语言，促使两人成为最早的精通传教当地语言的欧洲传教士，两者均为中西方语言的发展做出了巨大贡献。此外，沙勿略在此方面遭遇的挫折与失败都给后来的传教士留下了宝贵经验，例如当地人助手翻译的泰米尔语及日语教理书比较容易出现错误，因此让欧洲人传教士学习当地语言，再进行翻译比较稳妥等。沙勿略重视语言的态度与行为所带来的影响不止于此。

　　当沙勿略逝世几十年后，耶稣会的巡察员范礼安来到亚洲，他继承了沙勿略的精神，继续推行学习传教地语言的策略。范礼安抵日后，实施了撰写日语教材、在神学院设立日语课程等措施，使日语在语言学领域得到了更广泛的发展，促成了《日葡辞书》《日本大文典》《日本小文典》等词典的问世。陆若汉编撰《日本大文典》《日本小文典》时继承了恩里克用拉丁语语法的框架理解亚洲语言的方法。陆若汉以拉丁语的语法体系为基础编写《日本大文典》，但在研究的方法论上超越了前人。比如：提出了日语汉字中的"音读""训读"两种读音法，明确汉语与和语两大体系的对应关系；系统地介绍了各类活用型与品词；对日语的口语与书面语进行了区分以及归纳了其存在的

82　岸野久：《沙勿略与日本——天主教开教期的研究》，第 54 页。

83　海老泽有道：《日本最初的拉丁·葡萄牙语学书》，《拉丁·美国研究所学报》，立教大学，1975 年。

差异。《日本小文典》与《日本大文典》相比，具有两大特色：一是摆脱了拉丁语法的制约，形成了一套更适合当地学习状况的语法体系；二是更适合初学者。陆若汉的这两部文典第一次对日语语法系统化地实施了归纳，在日语语言学史上具有划时代的意义。

此外，沙勿略在鹿儿岛传教时，将自己编撰的一本关于天主创世纪的书交给弥次郎翻译成日语，并说："之后，我们用汉字写了本同样的书，等我们到中国传教，在掌握中国话之前，可以（借助这本书）让他们了解我们的信经。"[84]在日本传教的沙勿略逐渐发现日本的语言、文化诸方面受中国的影响极大，他认为只要中国人接受了天主教，日本人也会很快改宗。因此，当时早期的耶稣会士们对日语中的汉字格外地重视，觉得习得的汉字也可以在中国布教时使用。沙勿略虽然没有亲身实践这个预想，不过范礼安继承并将此付诸了实践。

范礼安在渔夫海岸和日本清楚地看到使用当地人翻译所带来的种种不便以及出现的严重问题，也了解到传教士使用传教当地语言传教能够为传教事业带来的良好效果。深知掌握汉语对中国开教重要性的范礼安还意识到仅仅会口语并不够，还需要学习书面表达，于是范礼安途经和居住在澳门时，指示罗明坚、利玛窦学习汉语，研习中国经典并将其译成拉丁文，以便能在教理或护教著作中加以使用。罗明坚与利玛窦不负所望，习得了汉语并于1583年进入中国广东肇庆定居传教。1584年，罗明坚的《天主实录》出版，成为欧洲人在中国出版的第一本书。1588年，罗明坚和利玛窦编写的《汉葡辞典》完成。

罗明坚起先根据范礼安的指示在澳门学习汉语，由于罗明坚学习的是通用于官场交际的"官话"，后来才能得以数次顺利由澳门进入广州，充分发挥他所掌握的汉语优势，与中国官员建立了友谊，最终获得两广总督的允诺，在肇庆居住下来。利玛窦不仅掌握了汉语基本的听说读写的技能，还钻研中国的儒家经典来解释天主教教义某些方面的意义，并且首次创造出罗马拼音系统，完成《四书》的拉丁语翻译，获得了"西方汉学之父"的称号。事实上，"在利玛窦离世前，先后在华传教的神父共有过13位，如孟三德那样，入华后即努力研习汉语，其中还不乏有帮助利玛窦编撰音韵字典（即《汉葡辞典》）的郭居静等精通汉语者，但无一人强于利玛窦。因此，早期来华耶稣

---

84 沙勿略：《沙勿略全书简》，第555页。

会士直面汉语，使汉语与欧洲语言进行最初接触的主角就是罗明坚和利玛窦两人而已，但他们的语言才华、他们对汉语的深刻认知却一直影响至今"。[85]

耶稣会士到印度、日本、中国传教的时间尽管有先后，三个国家的国情也相差甚远，但耶稣会士在亚洲面对的却都是完全陌生的东方语言。欧洲的传教士来到亚洲传教，为了能够达到更好的传教效果，而引起的与亚洲语言的接触状态，势必会有一些相同以及相互借鉴经验之处。沙勿略在印度及日本相对成功的传教经验，也必然对后来在中国内地传教的罗明坚、利玛窦以及范礼安的某些决策有一定程度的影响。

首先，无论是在印度、日本还是中国的耶稣会士，为了顺利地开展传教工作，让当地人真正理解天主教的教理，都努力学习当地的语言，并用当地的语言对传教用的教理书进行了翻译。其次，在学习的过程中，为了便于自己学习、书写、朗读，而使用罗马字标注读音。为了便于其他传教士学习当地语言，编写了学习当地语言的教材及字典等，起初大多利用拉丁语语法体系框架学习语言及编写教材，也对当地的出版业做出了划时代的贡献。从现今的角度来看，传教士的"闯入"，对传教地语言本身的发展有着很大程度的影响与贡献。欧洲语言与亚洲语言本身的不同，以及中西方的文化差异，客观上促使欧洲传教士对亚洲语言进行研究，从而推动了亚洲语言以及语言教学等方面的发展。

尽管印、日、中同属于亚洲国家，但三种语言的巨大差异以及三个国家当时的社会、政治和文化背景的不同，必然会造成亚洲语言与欧洲语言碰撞时，在存在相同点的同时，更多的却是差异。语言本身不同造成的差异是显而易见抑或是必然的，在此就不赘述了。那么，从社会背景来看，当时的印度渔夫海岸居民是被当地势力及伊斯兰教徒商人所控制的渔民，由于其经济富裕，势必成为周边各个势力争夺的目标，1536 年，因无法忍受伊斯兰教势力的压迫，与葡萄牙势力联手对抗当地的伊斯兰教势力，所带来的结果是 2 万多当地渔民改信天主教。但这种由政治目的而引起的集团改宗，必然导致大部分的信徒并没有接受教理教育，也欠缺作为天主教徒的意识。因此，在众多信徒中，虽然有一些人可以讲葡萄牙语，但事实上对天主教的教理教义不能真正地理解，因而当地信徒在教理教义书的编写方面只能起到协助作

---

85 陈辉：《论早期东亚与欧洲的语言接触》，中国社会科学出版社，2007 年，第 132 页。

用。而日本当时处在战国时期，各个地方大名为了扩充自己的实力，争先与葡萄牙商人以及传教士建立良好的关系，因此日欧语言的接触是双方互动的，除了耶稣会士本身学习日本的语言文化之外，他们还努力让日本信徒学习拉丁语等，这为其研究日语提供了很好的大众基础。而在中国，由于当时中国人的自大心理、森严的等级从属关系等原因，并没有出现像日本那样建立神学院，培养神学后备力量，教授欧洲语言等的情况。

（二）三本教理书

传教士在传教时所使用的教理书不仅包含了所要传播的宗教信仰，还向人们展示了其中异质文化的碰撞与差异。沙勿略是耶稣会最早到亚洲传教的传教士，在谈论关于耶稣会在亚洲的公教要理书时，如果不以沙勿略的教理书为起点，那么讨论将很难成立，也无法对罗明坚、利玛窦等人的汉语教理书进行全面的对照研究。

沙勿略编写的三本教理书分别是 1542 年 5 月编写的《教理摘要》（Abrege de la Doctrine chretienne）[86]、1546 年 8 月在马鲁古群岛编写的《信道宣言》（Declaration sur les articles de la foi）[87]、1548 年 7 月在果阿编写的《为求天主保佑及救己灵魂，每日必须遵守的命令和规则》（une Ordonnance a Dieu et sauver son ame）[88]。

1539 年到 1540 年，巴洛斯的公教要理书在里斯本出版。[89]在 1540 年到 1541 年沙勿略在葡王宫任职期间，葡王赐予他很多书籍，这本教理书便是其中之一，1542 年，沙勿略前往亚洲时将其带到印度。1542 年 5 月，到达果阿的沙勿略开始向儿童及其他人教授公教要理，关于沙勿略使用的文本，虽然他本人没有明确地言及，不过应该就是巴洛斯的这本书。[90]随后，在印度传教

---

86 参见沙勿略：《沙勿略全书简》，第71-78 页及注解。书信集中题名为《天主教的教理（短的公教要理）》。关于三本教理书的译法有多种版本。本书三个教理书题名引用于迪富尔：《圣方济各·沙勿略传——东方使徒神秘的心路历程》，第164页。

87 沙勿略：《沙勿略全书简》，《使徒信经的说明书》，第252-263 页及注解。

88 参见沙勿略：《沙勿略全书简》，《祈祷的方法与拯救灵魂的方法》，第315-326 页及注解。

89 关于欧洲公教要理的概念及其不同的版本参见戚印平：《日本早期耶稣会史研究》，第208-214 页。

90 龟井孝、切希克里、小岛幸枝：《日本耶稣会版基督教要理书》，岩波书店，1983年，第12 页。

期间，沙勿略根据自己传教的经历和现实的体验重新编写了短的公教要理，共 29 条，并在传教中开始使用。

> 在那里教孩子们使徒信经或十诫等各种的祷告。在大多数的场合，来听天主教教理（短的公教要理）的超 300 人。……布教结束之后，我再教主祷文、天主祝词、使徒信经和主的十诫。……一旦布教过一次，就与他们变得非常亲近，他们也开始敬仰我了。[91]

在传教中，沙勿略在印度编写的这本要理书取得了一定的效果。结构与内容方面，沙勿略在印度重新编写的这本要理书不同于巴洛斯的版本。巴洛斯的版本主要适用于欧洲的儿童学习天主教要理，而针对不同于欧洲环境下的亚洲街头传教，沙勿略在此基础上重新精心编辑了这本书的结构，整个要理书由一系列的动作与口头诵读构成。第一天在祭坛前，以在胸口画十字开始，动作结束后沙勿略大声诵读要理书第一条，然后两名儿童及其他人跟着重复，这也形成了后来汉语文本中的圣号经。第二天是使徒信经。为了增强节奏感，沙勿略在每一天前面添加了"我相信"，这种做法也被中国的汉语书写所继承。[92]沙勿略就是用这种简单易学的方法教人们信经等内容，收获了不错的效果。沙勿略由此证实了简易的公教要理在此地非常适合，故他在此后的传教中一直使用简单的要理书。这本书也是沙勿略在亚洲传教期间的第一本公教要理书或可称其为小册子。

1546 年到 1547 年沙勿略在特尔纳特岛停留期间[93]，编写了使徒信经的说明书，并在此使用。使徒信经说明书的内容大致分为：1. 天地与人祖（亚当与夏娃）的创造；2. 天地与人祖的堕落；3. 向玛利亚的天启；4. 基督的诞生与他的生涯；5. 基督的逝世与复活；6. 基督的升天；7. 最后的审判；8. 画十字的意义；9. 神圣的天主教会。[94]与之前以祷告文为主的简短公教要理书相比，此说明书对使徒信经的内容抑或说对有关基督的内容进行了较为详细的介绍，实际上是对信经的解释。其中还明确地批评了摩尔人的一夫多妻制，显然这是在印度传教的经验所致。此说明书是用葡萄牙语写成的，也被称为

---

91 沙勿略：《沙勿略全书简》，第 86 页。

92 参见 Georg Schurhammer S.J.,*Francis Xavier:His Life,His Times.（II）*.p.219-222, pp.309-311.

93 参见沙勿略年谱略表。停留的时间为 1546 年 7-9 月，1546 年 12 月中旬-1547 年 5 月中旬。

94 参见沙勿略：《沙勿略全书简》，《使徒信经的说明书》，第 252-263 页。

《关于公教要理的信仰条目的简要说明书》。沙勿略除在特尔纳特岛之外，在马六甲传教之时也曾用过。沙勿略在自己离开此地之前，还嘱咐留在当地的传教士继续使用。

> 从马鲁古群岛出发前，规定了他们每日诵读公教要理和关于信仰条目的简短说明，即使徒信经的说明书，还要求新改宗的信徒将这些背下来，而不是背祷文。……为了等待前往印度的好季节，我在马六甲滞留了四个月。[95]在这四个月中忙于救灵的事业。……每逢节日给新入教的信徒解释信仰条目。……每日午饭后教公教要理。因公教要理聚集了很多人。有葡萄牙的子女、新改信我主信仰的男女等。之所以能聚集如此多的人，我想是因为我将使徒信经的每一条进行了解释。……解释完公教要理后，（立即）教儿童或当地的信徒使徒信经的说明书，这是尽可能用人们都能理解的语言写成的。（此说明书）是为了让新改信天主信仰的当地人能够明白而按照人们的理解能力写成的。让这个使徒信经的说明书如在马鲁古群岛时一样，为什么不教祷文而是使徒信经的说明呢，因为这可以让人们放弃空洞的偶像信仰，让人们把耶稣·基督变为深刻而真实的信仰打下坚固的基础。……在耶稣·基督降临的历史后，反复讲解几次这个使徒信经的说明书的话，应该能牢牢地记住了。[96]

沙勿略在马六甲及马鲁古群岛使用的都是这本带有解释的使徒信经的说明书。沙勿略在向各地派遣会士时，也会将此说明书的手抄本交予他们。1554年，印度副管区长奴内斯·巴雷托（Nunes Barreto）将简短的公教要理书及使徒信经说明书的手抄本发往葡萄牙管区长，并拜托他在里斯本印刷。1556年，印度副管区长的兄弟，即埃塞俄比亚大主教若昂从葡萄牙带来了印刷机和印刷技师，在果阿设立了印刷处，计划印刷沙勿略公教要理和说明书。为此，对全文进行了整理，去掉了说明书上圣书中没有的两处内容，纠正了神学的表达，修整了文体，加入了三条新的内容。于1557年在果阿印刷，并多次再版，在葡萄牙领地被广泛使用。

---

95 沙勿略于 1547 年 7 月下旬到达马六甲，12 月下旬从马六甲出发前往柯钦，实际上是将近 5 个月。

96 沙勿略：《沙勿略全书简》，第 269、271 页。

　　1549 年，沙勿略在写给即将奔赴霍尔木兹海峡传教的巴朱斯神父的训诫中，除了简短的公教要理和使徒信经说明书外，首次提及他 1548 年在果阿编写的《祈祷的方法与拯救灵魂的方法》一书，也称为《每日必行的顺序与规则》。这本规则是沙勿略在 1548 年印度总督卡斯特罗逝世后，利用相对空闲的雨季用葡萄牙语写成的。从时间上可以推断是沙勿略经过多年的传教经验，归纳了对传教有益，并能取得确实牧灵效果的内容。内容大致如下：1. 起床时赞美至圣三位；2. 诵念使徒圣经；3. 信仰宣言：信仰的告白；4. 为作为信徒的生活而请求恩惠；5. 十诫；6. 遵守十诫与不遵守十诫者的去处（天堂与地狱）；7. 向耶稣·基督的祈祷；8. 对圣母的请求；9. 向耶稣·基督请求赎罪；10. 向圣母的请求；11. 为悔改决心的祷告；12. 悔改的决心；13. 就寝前良心的查明；14. 告白的祷告；15. 向守护天使的祷告；16. 向守护天使请求接待；17. 对创造主天主的赞美；18. 向圣母的祷告；19. 向圣米迦勒的祷告；20. 请让我永远体会天国的荣光；21. 小罪，以及获得原谅的方法；22. 大罪，以及获得原谅的方法；23. 向十字架的祈祷；24. 管理孩子们做弥撒的动作；25. 孩子们的信仰；26. 对圣体的祈祷；27. 对圣杯的祈祷；28. 由习惯引起大罪的担心；29. 请祈求因习惯犯罪的宽恕；30. 为临终准备，度过每一天。[97] 从内容上看，这应该是沙勿略在他第一本简短公教要理的基础上，进行修改增加而作成的，是第一本与第二本结合而形成的一本新教理书，并用于最初的日本传教。

　　从内容的编写上看，沙勿略的教理书可以分为三类：第一类只有各种经文，对经文没有任何解释说明；第二类如《信道宣言》，对某些具体的经文实施了解释说明；第三类是 1548 年初步计划用于日本传教的教义书《为求天主保佑及救己灵魂，每日必须遵守的命令和规则》，是前两者的结合。从使用目的来看，第一类是为了传教士进行宗教仪式使用而编写的，各类翻译文本也是用于知识文化素养不高的教徒或儿童，因此相较于其他版本，内容更加简洁明了。第二类文本是为了进一步理解经文内容而编写的，适合于具有一定知识文化素养的传教士或信徒。第三类则是将两者结合的综合版本，适用于日本这种沙勿略认为的"具有理性的民族"。这些文本如今多数已看不到具体的表达，但从沙勿略的描述来看，其内容已不同于巴洛斯的版本，翻译文本也根据各地语言文化的不同而不断改变。这正是沙勿略从传教的实际出发，

---

97 参见沙勿略：《沙勿略全书简》，第 315-326 页。

按照自己的理解和传教需要编写而成的。通过与利玛窦等人在中国编写的教理书的对比，则能够明白沙勿略的这种因地制宜、因需而编写教理书的做法被在中国的耶稣会传教士所继承，在中国出现了各种结构及内容的汉语要理书。

　　沙勿略不仅完成了教义要理书的编写，并且根据不同的对象在传教当地人助手的帮助下，译成不同的语本。1542 年，将简短公教要理翻译成泰米尔语。1545 年，在马六甲的沙勿略又将简短公教要理译成马来语。1549 年，又译出日文版本。其中泰米尔语版本主要是小公教要理书中最重要的部分：十字圣号、信条、戒条、圣父、玛利亚以及悔罪经。除翻译教义的重要组成部分外，沙勿略还组织了一个简短的演讲，解释作为一名天主教徒意味着什么，什么是天堂和地狱，什么样的人会去天堂或者地狱。不过他们常常发现无法在泰米尔语中找到表达天主教思想的词汇。为了避免混淆天主教中的天主与杜蒂戈林当地人崇拜的神，沙勿略对于某些重要词汇保留了葡萄牙语的单词，比如：圣灵、天主教礼拜、使徒信经、天堂、慈悲、弥撒、基督、四旬节、信条、复活节、四季节、什一税、圣礼、洗礼、忏悔、终敷、结婚、十字架、神父、使徒、涤罪、圣体、圣餐杯及其他的类似表达。[98]此后日文版本中出现的类似问题让沙勿略作出了一个决定，即在关键概念的翻译中遵守音译原则。音译原则的提出，被他的继承者所遵守，成为耶稣会士在日本与中国翻译教义书等的重要原则，甚至在教义翻译史或文化交流史上都可谓是里程碑。可见沙勿略无论在语言学习还是教理书翻译方面的做法与经验，都是难能可贵而具有开创性的。

四、教权与皇权微妙关系中的沙勿略

　　拥有精神世界最高权力的教皇与世俗的国王看起来似乎没有任何关联，然而宗教信仰与世俗利益从来都是交织在一起的。对于 16 世纪的欧洲传教士来说，他们不仅肩负着传播天主教的宗教使命，同时也承担着服务于殖民扩张运动的世俗使命。两者既相互服务，又偶尔相互对立。兼任"教皇使节"与"国王巡察使"的沙勿略在亚洲的传教活动与行为充分地诠释了教权与皇权的复杂微妙关系。本节首先通过材料梳理确定沙勿略的双重身份，其次从沙勿略的传教活动与行为分析大航海时代教权与皇权的复杂关系，以及沙勿略是如何利用自己的身份在两者间取得平衡并展开传教工作的。

---

98 Georg Schurhammer S.J.,*Francis Xavier:His Life,His Times*（*II*）.p.308.

（一）教皇使节沙勿略

关于沙勿略教皇使节的身份，有四份确凿的教皇任命敕书[99]可以确认。其中第一小敕书为教皇使节任命书的基本内容。四份小敕书内容按照时间顺序如下：

1. 第一小敕书（1540 年 7 月 27 日）

致爱子。教皇的致敬与祝福。我们最爱的孩子、葡萄牙与阿尔加维加著名的国王若昂三世最近通知我们如下事情：红海、波斯湾、在大西洋的几个岛屿、恒河两岸、被称为好望角的两侧存在的印度及村庄——这些地方都是在国王若昂三世的支配下，国王若昂三世的父亲、负有盛名的国王曼努埃尔一世以前对此地天主教的信仰状况不曾知道，最近因天主庇护，逐渐被接受、尊重、珍惜。不过信仰的知识没有渗透到心中的人们，虚假地陈述异教的事情，玷污着新改宗的人们，情况不容乐观。

源于我们作为牧羊人的圣职，必须要用心传播与扩大信仰，努力保持并守护托付给我们的最脆弱的一群，加强他们的虔诚之心，必须在凶猛的狼群之齿中保护他们。如上所述，因为想要在良机中帮助他们，所以在信仰、慈悲、敬神、善意、贤明、学识等方面都值得信赖的你们作为我们以及教皇的使节，被上报了姓名。决定派遣你们到各个岛屿、地方、村庄，以及他们的民族、岛民、居住者的地方。故以此文书任命你们为教皇使节，命令你们尽早到上述的岛屿、地方、村庄去。一是为了向在信仰方面不够成熟的人们传播福音；说明福音书与圣书的其他部分以及教会文书；给予训诫；实践良行，加强他们的信仰。二是为了确认那些不知道信仰的人们，你们带着我们的权威去邀请他们，让他们知道这个信仰并遵守。为了让你们能够行使更多的权限而给予你们更大的权限。即你们讲述福音、解释教授圣书；阻挡或禁止可能成为阻碍传教的书籍或文书；倾听想要告解的民族、住民的忏悔；听了他们关于罪的告解后，豁免其所有的罪、违反常理之事、不道德的行为、异端以及其他重大事件，所有为求宽恕需要向教皇征求意见的重大事情也可以豁免，但在天主最后晚餐的日子里规定读的大敕书的内容另当别论。对于所犯

---

99 教皇敕书一般也称教皇文书，分为大敕书及小敕书等。对于天主教国家具有一定的约束力，可以说是带有国际法意义的文件。关于四份教皇使节敕书的时间及内容，我国学者并无人关注。日本学者岸野久将其由葡萄牙语译为日语并作了介绍。故本书将岸野久的日语版本翻译成汉语，供研究使用。

罪行给予有益救赎，将适宜进行的誓愿换成其他的慈悲行动。不过关于去海的那边（耶路撒冷巡礼）、访问无上幸福的使徒圣佩德罗和圣保禄、圣地亚哥的圣雅各布之门（罗马巡礼、圣地亚哥巡礼）、有关修道会（入会）的事情、贞洁誓愿，这些除外。你们可以对上述这些地方的居住者以及其他地区的人们执行圣体拜领以及教堂中其他神圣的仪式。充分察明良心，听他们的告解，或对被你们承认的合格者，一生唯有一次的，即使是临终前请逐个给予全赦免并宽恕所有罪行。通过本书，就如把同等的权力托付给有能力合格的其他人那样，我们将给你们罗马教皇的全部权限。（以下，省略。）[100]

2. 第二小敕书（1540 年 8 月 2 日）

这是第一小敕书发布六日后发表的敕书，因此内容方面只是对上一小敕书权限的补足：① 指名教会公证人。② 把庶出子认作嫡出子。③ 赦免婚姻障害。④ 因杀人、伤害而有罪的圣职者，通过开除教籍豁免其罪行。⑤ 由其他的罪或惩罚豁免。⑥ 允许存在异端者或脱离天主教者。⑦ 允许修道院、教堂、救济院以及其他慈善设施的建设或捐赠。⑧ 允许上述诸设施的改建。

3. 第三小敕书（1540 年 10 月 4 日）

写给埃塞俄比亚国王的教皇使节沙勿略与罗德里格斯的推荐信。

4. 第四小敕书（1540 年 10 月 4 日）

写给红海、波斯湾、大西洋的几个岛屿、恒河两岸、被称为好望角的两侧存在的印度地方及村庄所有地方领主的教皇使节沙勿略与罗德里格斯的推荐信。[101]

（二）国王巡察使沙勿略

关于沙勿略国王巡察史一职，并没有相关的官方文件对其任命，也欠缺实证性。[102]不过从沙勿略在亚洲的活动以及写给葡王的信件的字里行间，显而易见地能够明白他肩负着葡萄牙国王巡察使一职。沙勿略巡察的范围不仅包括传教当地葡萄牙人的信仰状况，还涉及世俗生活等其他方面。

---

100 岸野久：《作为教皇使节的圣弗朗西斯科·沙勿略》，桐朋学园大学短期大学部纪要，2004 年，第 164-165 页。

101 岸野久：《作为教皇使节的圣弗朗西斯科·沙勿略》，第 153-154 页。

102 关于沙勿略国王巡察史身份的论证参见岸野久：《作为"国王巡察使"的弗朗西斯科·沙勿略》，日本：基督教史研究，2006 年 7 月，第 60 集，第 37-41 页。

1. 对葡萄牙人灵魂的指导

沙勿略到达亚洲初期，"当地的葡萄牙人以几种不同的方式从事着与商业有关的活动。有的是用自己准备的船只、或将商品委托给其他的船只；有的是在外国商人中做中间人介绍生意。……其中有人在经济上达到了一定的水平，住着非常气派的房屋，有 10 个左右的佣人"。[103]1524 年，印度总督开始禁止葡萄牙妇女渡航到亚洲，传教地的葡萄牙人多数娶当地妇女为妻。也许是受了一夫多妻的伊斯兰教徒的影响，他们同时还与其他妇女同居，或拥有几个情人。这些只热衷于贸易、生活不检点的葡萄牙人，成为传教士走访马六甲以及传教过程中棘手的一部分。

范礼安 1577 年在前往日本途中，察访马六甲时，记录了在此地生活的葡萄牙人的状态："马六甲虽然在世俗方面呈现无限的繁荣，但在信仰方面却是未开拓的森林，充满了污辱和不正。因为当地大多数是非常富裕的异教徒（婆罗门教信徒）和伊斯兰教徒，葡萄牙人混在他们当中生活。他们风纪松弛、行为丑恶、罪恶众多，让人无法想象这里是天主教徒生活的地区。……在当地滞留的葡萄牙人极其地放纵，而且沾染了非常恶劣的习惯，妻妾成群，在此赚取利润，热衷于合法的以及非法的交易。因此，把他们从这种尊大堕落的生活中解救出来是一件极其困难的工作。"[104]

沙勿略初次到达马六甲是在 1545 年，对于当地葡萄牙人的生活状态，他并没有像范礼安那样做详细的记录。沙勿略本人在马六甲的具体工作内容，在其写给葡王的信中只提及了极少的片段："刚刚到达海外贸易极其繁荣的马六甲，每天忙于牧灵事业，每逢礼拜日都在圣母升天教会传教，还要听我所居住医院的患者以及其他健康人的告解（1545 年 11 月 10 日）。"[105]"在马六甲期间，每个礼拜日和祝日都在传教。"[106]"在马六甲和马鲁古群岛，我认为一周中礼拜日与祝日进行两次教理教育是非常有必要的。葡萄牙人早上做弥撒，午饭后是葡萄牙人的子女或奴隶，还要对从奴隶中解放出来的信徒进行教义的说明，并且一个礼拜中要有一天对葡萄牙人及其混血的妻子进

103 岸野久：《在要塞都市马六甲的沙勿略》，《沙勿略开拓之路——发现日本、培养司祭、拯救灵魂》，日本：南方新社，2008 年，第 80 页。

104 范礼安：《在东印度耶稣会的起源与进步的历史（二）》岩谷十二郎译，《基督教研究》第 28 辑，日本：1994 年，第 325 页。

105 沙勿略：《沙勿略全书简》，第 219-220 页。

106 沙勿略：《沙勿略全书简》，第 232 页。

行关于教义、告解的圣礼、圣体拜领等的说明。"[107]

从沙勿略书信的简短片段中可以推断范礼安对当地葡萄牙人的描述并没有夸张的成分。他们追求商业利益，逐渐从天主教信仰中脱离，过着颓废的生活。因此，沙勿略在马六甲停留的期间都忙于给他们说明教理，唤起其罪意识等。通过沙勿略的努力，有些葡萄牙人对自己的天主教信仰有了进一步的认识，并决心重新开始天主教徒的生活。[108]巡察传教地葡萄牙人精神信仰方面的状态并予以灵魂的指导，这是作为国王巡察使的基本职责。

2. 为传教地增派人手

1545 年 8 月，沙勿略从圣多美出发，途经马六甲、马鲁古群岛，进行了历时 2 年多的传教及巡察工作。"因印度地区传教士不足，甚至我们葡萄牙人的一部分也逐渐失去了对天主教的神圣信仰。为了向陛下表达我们需要传教士的迫切愿望，通过其他途径发给您的报告中也有说明，这是我在访问了各个地方要塞的基础上完成的。其原因是要塞的葡萄牙人经常与未入教之人进行贸易活动，信仰变得薄弱，比起对耶稣的信仰，他们常常把更多的精力放在追求物质利益方面。与葡萄牙人结婚的印度妇女[109]以及他们的孩子虽然知道自己是葡萄牙人的血统，但却说与天主教没有任何关系。究其原因是在这边教授天主教教义的人手不足。"[110]这是 1546 年沙勿略到达亚洲四年、走访了隶属葡萄牙各个要塞后得出的切实结论，同时沙勿略也认识到人手不足等客观原因造成了传教地葡萄牙人对天主教信仰的丧失。

为了解决这一问题，沙勿略在 1548 年 1 月 20 日发给葡萄牙国王的信中恳请国王："出于对我主的爱与效劳，对国王陛下有个请求。在印度的忠实臣子（葡萄牙人）及与他们同在的我，希望来年您能派遣更多耶稣会的传教士。因为这对印度要塞的葡萄牙人也好，新改宗的天主教徒也好，都是非常

107 沙勿略：《沙勿略全书简》，第 287 页。

108 "沙勿略通过温和及平静的说话方式催促他们告解和圣体拜领。通过聆听告解给予葡萄牙人慰藉与激励。结果，他们希望改变现状，并感到深深的满足。"参加范礼安：《在东印度耶稣会的起源与进步的历史（二）》，第 326 页。

109 在印度的葡萄牙人即使是在葡已有妻子，除少数个别例外，葡萄牙妇女是不允许到印度的。1524 年以后被印度总督禁止了。因为印度总督鼓励葡萄牙人与印度妇女结婚，1512 年，果阿有 200 名，柯钦 100 名，坎纳诺尔有 100 名印度妇女与葡萄牙人结婚，1529 年，果阿有 800 名，1537 年，马六甲有 60 名。参见沙勿略：《沙勿略全书简》，第 250 页注释 2。

110 沙勿略：《沙勿略全书简》，第 248 页。

必要的。……由于传教士的不足，致使葡萄牙人及新教徒都不能称其为真正的天主教徒。"[111]这封信件发出后，沙勿略回到果阿，立刻决定派遣两名耶稣会士到马六甲。"我将要派遣两名同事去马六甲。其中一人主要负责葡萄牙人及他们的妻子、奴隶的教理教育。另外一位并不是神父，主要是教葡萄牙人的孩子读写，或教授圣母的教理、七章诗篇、为先祖的灵魂进行祷告等。"[112]这是作为巡察使的沙勿略在巡查了亚洲要塞、发现传教人手严重不足之问题后，及时向葡萄牙国王反映情况，并要求予以解决。

　　除了要求增派传教士人手之外，沙勿略根据传教地的实际情况，还曾提议葡萄牙国王灵活适当地改变传教方式。

> 在印度，葡萄牙人要支配海洋，因此他们住在临海的地方。葡萄牙国王您筑造了要塞，并且要塞中设有信徒居住的区域，已婚的葡萄牙人也住在里面。一个要塞到其他的要塞距离都非常遥远。从果阿到国王所拥有要塞的马鲁古群岛 5600 公里；从这里到有许多信徒居住的马六甲 2800 公里。并且从这里到有许多葡萄牙人居住的大都市荷姆兹 2240 公里，到第乌 1680 公里，到莫桑比克 5040 公里，到索发拉 6720 公里。所有的地方都需设立司教代理，因为各个地方相隔得太远，司教不可能走访每个区域。总督商业活动频繁，成为俘虏的人又很多，与非天主教国间的战争不断，因此，恳请您请求教皇为了更加坚固信仰、培养坚忍不拔的精神、增加信徒，特别允许司教把施与圣礼之权利交给司教代理。[113]

　　根据传教当地的实际情况，由于各个要塞的距离较远，司教人手又严重不足，无法走访每个地方，因此沙勿略建议葡王在所有要塞设立司教代理，并将一些宗教方面的权利司教交予司教代理，如此便可解决人手不足的问题，同时还能保证要塞良好的天主教氛围。事实上，此方法非常适合传教人员不足的亚洲地区。

---

111 沙勿略：《沙勿略全书简》，第 288 页。
112 沙勿略：《沙勿略全书简》，第 312 页。
113 沙勿略：《沙勿略全书简》，第 100-101 页。

3. 对传教地葡萄牙人政教问题的管理与提案[114]

来到印度的沙勿略，在传教工作之余，还不遗余力地履行着监管葡萄牙人的政治职责与义务。"对于异教徒、葡萄牙人迫害信徒之事，我内心深处感到非常的悲伤。听说异教徒等接二连三地攻击信徒之事件，我的心因不能拯救他们而被折磨着。葡萄牙人偷盗女奴隶一事，我已告知奎隆和柯钦的司教代理了。为了让其他人知道他们被处以逐出教会的惩罚。"[115]

尽管印度总督在亚洲殖民地是最高责任者，但如果出现印度总督妨碍传教士布教的情况，沙勿略也会毫不留情致信葡萄牙国王告发其罪行，并提议在总督回国后对其课以财产没收及收监的严惩。"在国王的训令中，庄严的宣誓下，曾约定要扩大神圣的信仰。如果总督反对致使我们的信仰不能普世，那么，请事先通知总督，他将受到以下的惩罚：在他回国后，没收其全部财产，委派到慈善院任职。甚至可以让其入狱。不要听他的任何辩解，让他清醒。即使他对阻碍天主教的传播一事做任何辩解，也无需听。"[116]

为了毫无阻碍地进行传教事业，沙勿略还建议国王派遣专门负责传教的官吏，将传教工作从司法、行政部门中独立出来。"我对陛下您有个诚恳的请求：希望您能派遣一个拥有权力的上级官吏到印度。他唯一的职责就是避开危险、全力照顾及拯救无数的灵魂。执行任务时陛下要给予权力，特别是应脱离领地的征税以及其他官吏的命令或裁判权，要拥有独立的权力。只有如此，当地的教会才能避开一切障碍进行灵魂的事业。"[117]

"基督化印度"是葡萄牙国王统治其殖民地极其重要的政略之一，当在印度有任何人阻碍传播天主教事业时，沙勿略会毫不留情地向葡王汇报，并对印度要塞的政教管理提出了自己的建议。从信中的激烈言辞也能看出沙勿略职责之重与权力之大。

4. 为传教地葡萄牙人请功[118]

沙勿略除在日常生活及精神层面对当地的葡萄牙人进行管理外，还肩负着为国王举荐有功之臣之责。在发往欧洲的信件中有两个典型的例子。

---

114 岸野久：《作为"国王巡察使"的弗朗西斯科·沙勿略》，日本：基督教史研究，2006 年 7 月，第 60 辑，第 37 页。

115 沙勿略：《沙勿略全书简》，第 130-131 页。

116 沙勿略：《沙勿略全书简》，第 286 页。

117 沙勿略：《沙勿略全书简》，第 181 页。

118 岸野久：《作为"国王巡察使"的弗朗西斯科·沙勿略》，第 41 页。

"迭戈·佩雷拉（Diego Pereira）[119]是特里斯坦·佩雷拉的儿子。其父 20 余年来作为 gallery 等船的船长，在此耗费了许多他与其子的财产，而且并没有从这份事业上得到任何报酬。在包围战中被回教徒所杀害。迭戈·佩雷拉是该地最大一艘船的船长，在那次战役中表现得也极其英勇。他用重炮击毁了多艘敌人的战船，伴随他的印度士兵也用枪射死了许多敌人，为此他也消耗了大量的财产。对于他和其父的功劳，我想陛下应该给予恩惠。"[120]迭戈佩·雷拉是住在马六甲的豪商，沙勿略不仅承认了他的功劳，并向葡萄牙国王为他请求恩赏。

第二个事例如下："我将向陛下汇报：杜阿尔特·巴雷托（Duarte Barreto）[121]是在马六甲作为商务官为国王陛下效劳的。根据我在马六甲滞留期间所获得的信息，其在商馆一直勤勉地为国王效劳着，即监管陛下的财产、援助葡萄牙商人、严守买卖双方的公正，以属于国王权威下的官吏形象示人。对于国王或权威的统治者，在印度拥有能够向无法目睹国王英姿的人们彰显国王德行与力量的忠诚的官吏与部下，是一件光荣的事情。杜阿尔特·巴雷托正是这臣子中的一员。鉴于其勤奋的工作，我想陛下有义务给予其名誉与恩惠。"[122]在此，沙勿略对杜阿尔特·巴雷托勤奋的工作态度给予了高度评价，并向国王为其请求恩赏。试想，如果沙勿略没有国王巡察使的身份，作为一名普通的传教人员，是不会有资格为要塞的葡萄牙人请功的。只有作为"巡察使"才会替葡王视察他无法到达的，但隶属于他的殖民地及人员的情况并及时向国王汇报。

沙勿略在亚洲传教的历史舞台上所扮演的角色，从客观的历史角度来看，"沙勿略是耶稣会印度上长、教皇使节、国王巡察使。他的四个任务是异教徒改宗、新教徒的教育、对葡萄牙人灵的指导、殖民地的巡察与报告"。[123]因

---

[119] 沙勿略最亲密的朋友，生活在果阿。至 1548 年已长期在印度为葡萄牙国王效劳，是非常有名的富裕商人。参见《沙勿略全书简》，第 298 页注释 4。

[120] 沙勿略：《沙勿略全书简》，第 293 页。

[121] 杜阿尔特·巴雷托是王室骑士贵族，以船长的身份来到印度，担任当时亚洲第二大贸易据点——马六甲的商务官这一要职。在印度马六甲等地与沙勿略有过密切的交往。1562 年，为耶稣会士的三个学院遗赠 100 巴鲁达，也赠予了许多其他物资。参见《沙勿略全书简》，第 460 页注释 1。

[122] 沙勿略：《沙勿略全书简》，第 456 页。

[123] 岸野久：《在要塞都市马六甲的沙勿略》，《沙勿略开拓之路——发现日本、培养司祭、拯救灵魂》，第 77 页。

此，即使没有官方的确凿文件证实沙勿略葡王巡察使的身份，但从他的行为与信件中可以判断他不仅是普通的传教士，还肩负着为葡萄牙国王巡察亚洲殖民地中葡萄牙人信仰及政务等方面的情况，并负责向葡王汇报，提出恰当的建议。

（三）教权与皇权的关系对沙勿略传教的影响

16世纪派遣传教士前往亚洲传教的并不是他们精神世界的最高权力者教皇，而是葡萄牙国王。不过国王派遣传教士，需要教皇授予权力。这就注定了沙勿略在亚洲传教时要对葡萄牙国王负责，不过作为传教士，肩负传播福音使命的他也应对教皇负责。世俗利益与宗教传播在大多数情况下是相互服务的，当两者出现矛盾时，沙勿略的权衡与调节则不可避免。

自葡萄牙海外扩张开始，天主教传播一直是葡萄牙殖民统治的重要组成部分。1514年，葡萄牙国王曼努埃尔一世在北大西洋马德拉群岛建立了第一个独立的海外主教区，管辖巴西、印度及附近岛屿的传教工作，由里斯本大主教全权负责。1534年，果阿从马德拉群岛分离出来，成立主教区，并由方济各会的约翰·阿尔伯奎克（John de Albuquerque）担任第一任果阿主教。与此同时，为了培养传教人才，葡萄牙国王在国内实行教育改革，在国外对教育机构和神学生施行资金援助。沙勿略在巴黎就读的圣巴拉拉学院就受葡萄牙国王的援助。1538年，南印度渔夫海岸两万人改信天主教这一消息传到了圣巴拉拉学院院长迪奥戈·德·戈维亚（Diofo de Gouveia）这里。由于院长与葡萄牙国王的交情甚好，也了解葡王为印度天主教传播事业招募人才，同时他知道在圣巴拉拉学院学习的学生以罗耀拉为中心创建了新的宗教团体，并热衷于异教徒改宗工作。在征得罗耀拉的同意后，院长向葡王推荐了他们。1539年8月，葡萄牙国王若昂三世指示葡萄牙驻罗马教廷大使与罗耀拉商量是否能往印度派遣6名神父。经过交涉，罗耀拉决定派遣葡萄牙人罗德里格斯与西班牙人波旁迪里，由于波旁迪里病重，而由沙勿略替他前往。接到此命令后，在奔赴里斯本领命之前，沙勿略拜见了罗马教皇保禄三世，不过此次沙勿略并没有拿到教皇使节的敕书。那么，沙勿略是在什么时候收到敕书前往印度的呢？从1552年6月沙勿略在马六甲写给司教代理的请愿信中，可以捕捉到一些信息。

> 教皇保禄三世根据我国王陛下的请求，为了（这个地方的）异教徒的改宗；为了传播我主耶稣·基督的神圣信仰；为了天地万物

的创造主被认识，模仿神、按照神的模样被创造的被造物所崇拜，派遣（我）到这个地方来。并且为了这个神圣的职务能够更好地被执行，教皇保禄三世任命（我）为教皇使节。教皇陛下之所以将教皇使节的任命书送至我国王陛下之处，是因为赋予我在印度广泛的牧灵权能可以让国王陛下喜悦与满足，否则的话，不会拿出任命书。因此，根据陛下的要求，教皇派遣我到这个地方来。我们国王传召我到里斯本，亲手将这个印度地方的教皇使节任命书交给我。[124]

从这段话当中，首先可以了解到沙勿略的教皇使节敕书并不是由教皇保禄三世或教皇的使者交给沙勿略的，而是由教皇保禄三世交由葡萄牙国王再转交沙勿略的。其次是葡萄牙国王与教皇之间的关系。从沙勿略的这句"教皇陛下之所以将教皇使节的任命书送至我国王陛下之处，是因为赋予我在印度广泛的牧灵权能可以让国王陛下喜悦与满足"能够看出，教皇为了让葡萄牙国王感到喜悦与满足，而将敕书送到葡萄牙国王处。其中一个原因是派遣沙勿略前往印度一事是在葡萄牙国王的要求下进行的，而且印度属于葡萄牙殖民地，沙勿略是否能够作为教皇使节前往印度，是否可以行使教皇使节的特权还取决于葡萄牙国王的意愿。并且根据"保教权"中的规定，葡萄牙国王在葡属领地的传教活动也是其任务之一。因此，沙勿略并不直接与教皇产生关系，而是通过葡萄牙国王，双方产生了联系。因此，沙勿略书信集中没有一封是写给教皇保禄三世的，而写给葡萄牙国王若昂三世的却有十封。

尽管沙勿略这位亚洲传教士与教皇并没有直接的联系，不过他教皇使节的身份及权力对于阻碍他传教活动的世俗力量有着一定的约束力。沙勿略的书信中并没有过多地描述自己对教皇使节特权的使用。在沙勿略刚到果阿拜访主教阿尔布开克（Albuquerque）时，曾向他提到过自己从里斯本出发前葡王交予他教皇使节的任命书。"我刚到印度的时候，向阿尔布开克司祭出示过教皇使节的任命书，并得到了他的认可。"[125]沙勿略还向他表态，如果没有得到他的许可，自己不会随便行使教皇使节的权力。不过当沙勿略入华传教的计划受到马六甲长官阿尔瓦罗百般阻碍时，沙勿略便毫不犹豫地行使了他使节的权力。1552 年 6 月，沙勿略在写给马六甲司教代理请愿信中说："我的高位圣职者，即司教大人现在所考虑的是为了对天主有更大的奉献，而要

---

124 沙勿略：《沙勿略全书简》，第 692 页。
125 沙勿略：《沙勿略全书简》，第 693 页。

将我派遣到中国国王那里，传播我主耶稣·天主真理的教义。看了司祭大人写给中国国王的信件就会明白。为了让你理解我前往中国国王的（宫廷）是司教大人的期许，希望你看看（司祭大人的）书信，在此，我一并寄给你。"[126]

在前往中国传教的道路上受到前所未有的阻碍时，沙勿略表明了自己教皇使节的身份，希望能够对阿尔瓦罗有所约束。在离开马六甲后的 7 月中旬，沙勿略在新加坡海峡写信给果阿的巴雷斯神父，要求公开将阿尔瓦罗开除教籍。沙勿略在临终前写给马六甲佩雷斯及果阿巴雷斯神父的最后一封信中，还嘱咐公开处罚阿尔瓦罗，这是沙勿略首次公开表明自己教皇使节的身份以及行使其权限。对于此次事件，沙勿略心有余悸，为了避免这样的悲剧再次发生，沙勿略曾多次叮嘱巴雷斯神父向相关人员明确自己的身份。

1552 年 7 月 21 日于新加坡海峡写给果阿巴雷斯的信件，内容如下：

你请求司祭大人，为了能够激励我更好地为天主服务，希望他在寄往马六甲的命令书中写上我是保禄三世教皇任命到印度的教皇使节。我已经将保禄（三世）教皇（任命我为教皇使节）的信笺给司祭大人看过，并且也得到了司祭大人的承认。……证明我是教皇使节的训示应该在学院里。如果有必要的话，请把这个拿给司祭大人过目。我之所以这么做是为了防止将来耶稣会士的传教事业再遭到妨碍。[127]

1552 年 11 月 13 日于上川岛写给马六甲佩雷斯神父与果阿巴雷斯神父的信件，内容如下：

请务必将耶稣会认可的教皇敕书给司祭大人，特别是司祭总代理过目。保禄三世教皇任命我作为印度地方的教皇使节的羊皮纸文件也放在圣保禄学院，请出示。[128]

除此次事件中沙勿略公开其教皇使节的身份外，事实上，沙勿略一直履行着其教皇使节的职责。小敕书中言明的教皇使节的使命是："一是为了向在信仰方面不够成熟的人们传播福音；说明福音书与圣书的其他部分以及教会文书；给予训诫；实践良行，加强他们的信仰。二是为了确认如果那些不

---

126 沙勿略：《沙勿略全书简》，第 693 页。

127 沙勿略：《沙勿略全书简》，第 703-704 页。

128 沙勿略：《沙勿略全书简》，第 744-745 页。

知道信仰的人们，你们带着我们的权威邀请他们，让他们知道这个信仰并遵守它。"对于自己的使命，沙勿略从未怠慢过。在印度及周边岛屿这些小敕书中提到的地方，沙勿略不遗余力地开展传播天主教的工作。而对于新发现之地，沙勿略曾打算向教皇报告。1549 年 11 月 15 日，沙勿略在到达日本鹿儿岛两个月后写给欧洲会士的信中说："如果此地像我们逐渐了解到的那样，处于非常好的状态的话，我一定会向教皇汇报。因为教皇是地上基督的代理者，是信仰基督的人的牧者，更是承认救赎主·救世主（而为成为信徒）做准备的、想要进入教皇精神支配下的人们的牧者。"[129]如前文所述，沙勿略与教皇使节不直接联系，但沙勿略在发现不属于葡萄牙领地，但是"非常适合传教"的土地（日本与中国）时，沙勿略便说"会向教皇汇报"，这也是他履行教皇使节职责的表现之一。无论是沙勿略在葡属领地不停歇地奔走传播天主教信仰，还是对新领域的开辟，对阻碍传教事业官员给予开除教籍的惩罚以及对传教士的训诫，证明沙勿略并没有忘记自己教皇使节的身份，当世俗的力量影响到他的传教事业时，沙勿略也会毫不犹豫地使用教皇赐予他的权力。

事实上，在沙勿略的传教过程中，当地葡人长官与传教士之间的关系也非常微妙。虽然驻印度总督很尊重沙勿略等传教士及他们的传教工作，地方上的葡人长官却为所欲为，压迫并剥削当地人，对传教活动产生了负面影响，于是地方上的葡人长官成为了沙勿略在传教事业上的主要障碍之一。在写给葡王的信中，沙勿略希望葡王能够负起其传播天主教的责任，让宗教权力与政治权力得到调和与平衡。

> 弗雷·若望（Villa Juan）神父会去欧洲，将信徒所遭受的蔑视与虐待原原本本地向陛下您汇报，所以在此我就不赘述了。陛下您会感谢他在印度为侍奉天主、为减轻陛下良心上的谴责而做出的努力。因为他在印度肉体上承受的痛苦多而甚，并且十分频繁。但他所见到的葡萄牙长官或商馆的代理商对新信徒不仅没有给予援助（反而残酷地对待他们），十分苛刻。这精神上的痛苦让人难以容忍，当我们看见千辛万苦才取得的传教救灵事业的成果会毁在他们手里，这无疑是致命之苦。与这种精神的苦痛相比，（身体上的苦痛）显得微不足道。[130]

---

129 沙勿略：《沙勿略全书简》，第 493 页。
130 沙勿略：《沙勿略全书简》，第 372 页。

对于这些只知道设法赚取经济利益的地方葡人长官，沙勿略显得无可奈何，觉得他们的罪恶数不胜数，而葡王的命令因"山高皇帝远"而无人服从，恶劣的环境让沙勿略大失所望。对此，沙勿略直白地对葡王说："对我来说，已对在这里应执行陛下的命令，使用着陛下的恩赐以及有责任保护教徒的长官，不抱什么希望了。为此，我想离开这里去日本，不让自己在此再浪费时间了。可惜我在此浪费的时间已够多了。"[131]日本对于沙勿略另外有一个巨大的吸引力，即日本不属于葡萄牙的殖民地，那里没有葡人长官，相对于印度，传教环境更加单纯些，沙勿略也可以不受教权与皇权的约束，更加自由地传教。

尽管在亚洲的葡萄牙人及葡人长官的状态让沙勿略感到十分失望，不过许多居住在传教地的葡萄牙人，由于信奉天主教，在平日生活中，有意无意的行为举动也对天主教的传播起到了一定的推动作用。

"1546 年初，沙勿略从马六甲出发到达安汶岛，小岛全长 12 公里左右，在居住在安汶岛的葡萄牙人的介绍下，有七个村子接受洗礼成为了天主教信徒。但在沙勿略到达的前几日，司祭去世了，当时此地并没有司祭。上岸后的沙勿略对非常需要教义的村子进行了巡教，同时也为安汶岛要塞及村落中居住的葡萄牙人解释教义，并聆听了他们的告解。沙勿略的传教活动也取得了相应的成果。"[132]对于相对陌生的传教环境，沙勿略仍然需要在当地居住及生活已久的葡人帮助，并取得了一定的成效。在此无法忽视世俗的葡萄牙人对传教事业所起的积极作用。

> 几个葡萄牙商人写信给我，讲述了他们在日本某地的经历。当地的领主命令葡萄牙商人居住在有恶魔且无人的房屋中。在此居住的葡萄牙人们常常感到有人拉拽其衣服，想要调查寻找之时，却什么都没看到。某天夜里，一个葡萄牙年轻人因出现幻觉，大声叫了起来。不知发生了什么事的葡萄牙人，拿着武器冲了进去，当他们知道他是因为看到幻象而受到惊吓后，在屋子的周围竖起了许多十字架。当地人问起那晚的事情时，葡萄牙人则如实进行了回答。此时领主才吐露了那个屋子有恶魔居住一事。当领主向葡萄牙人问到

---

131 沙勿略：《沙勿略全书简》，第 373 页。

132 古士曼·路易斯：《东方传道史》新井卜シ译，日本：天理时报社，1943 年，第 56 页。

驱赶恶魔的方法时，葡萄牙人说除了十字架别无他法。自葡萄牙人
的屋内外竖起十字架以后，当地人纷纷开始效仿，结果在当地所有
地方都竖起了十字架。[133]

经过这次事件，日本此地的普通民众认为十字架具有驱魔的神力，而纷
纷效仿之，想要借助异教的威力驱逐恶魔，由此也看出一般民众注重现实利
益的心态。为了求得这种实际的功效，带着现实利益的动机开始对天主教感
兴趣的人应该不在少数。

对此 17 世纪葡萄牙传教士陆若汉也颇有体会。"自开始在日本进行贸易
活动的五六年间，葡萄牙人通过与日本人的接触，给予他们关于我主耶稣国
的些许知识。传达给他们的是：与其信奉不同的宗教信仰，信仰我主的话，
人类在来世由此得到解救。"[134]也许当时的葡萄牙人并不知晓自己的这些行
为对天主教的传播有何作用，但他们的这些做法确实对当地的异教徒有着或
多或少的影响，而且葡萄牙的通商以及商人也能为宗教的传播打开第一扇大
门。

"与 1503 年首次渡航到印度的葡萄牙人结交友好关系的是马拉巴尔最
初的王，即柯钦王特里汶巴拉（Triumpara）。模仿他的做法，柯兰（Coulan）、
坎纳诺尔（Cananor）王也同葡萄牙人亲近起来。当马拉巴尔帝王、卡利卡特
（Calicut）领王侵犯柯钦王时，柯钦在葡萄牙人的帮助下取得了胜利。……这
个地方聚集了印度所有的商品，特别是胡椒[135]。正因为如此，葡萄牙人更加
主动地与国王结交友好关系，为了通商贸易的便利，也为了商船有安全的停
靠港口，便在此居住下来。沙勿略到达印度时，国王与葡萄牙人仍一直保持
着友好关系，因此，轻快地允诺了他在此传教以及对入教者施以特权的要求。
以博得居住在此的葡萄牙人的欢心。"[136] 1544 年，沙勿略初次到达特拉凡
哥尔（Travancore）时，正是通过奎隆葡萄牙商人的斡旋，取得了在当地传播
天主教的许可。短短一个月之内，就有一万余人受洗，建立了 20 个教堂，用
以进行弥撒及教义讲解等宗教活动。

---

133 沙勿略：《沙勿略全书简》，第 446-447 页。

134 陆若汉：《日本教会史》下，第 291 页。

135 胡椒是马拉巴尔地方的重要商品之一，而且胡椒本身也是原产于马拉巴尔。参见
トメ・プレス：生田滋他译注《东方诸国记》，日本：大航海时代丛书 5，岩波书
店，1966 年，第 182 页。

136 古士曼・路易斯：《东方传道史》，第 147 页。

虽然日本与印度等群岛的国情天差地别，但在利用贸易或葡萄牙人的关系打开传教之门这一点上，却十分一致。

> 支那人与日本人之间的通商贸易活动终止后，取而代之的是承载了葡萄牙人及其商品的支那船一年一次来到日本，这是天主安排的恩泽。之所以这么说，因为从结果来看，对于我等想要达到的目的（即让其灵魂悔悟而重新信仰天主教），而催生了许多合时宜的机会。最初仅仅是用灵魂的救济和福音的传播来接近"下"这个地方有身份的人。特别因我们所传播的是纯粹的、宗教的、天主的信仰，一切都与他们所考虑的现世的、人性的、缺乏理性的原理及真理相矛盾。故为了将他们引向我们拥有最高善的天主，有必要先引起他们对现实关心的兴趣和希望，让他们看到前方的道路。葡萄牙人与我们同属于一个国家，领主们希望商船能来到他们的港口，而商船的停靠又是取决于传教士的意志与命令，因此，他们逐渐对传教士抱有更多的敬意与好感。为了让商船停靠自己领地的港口，毫无疑问，他们盼望着传教士能在自己的领内传教。[137]

如前所述，在大航海时代信仰的传播依赖着军舰与商船的支持，而传教士也肩负着协助其追逐利益的使命。"至此时期为止的葡萄牙船在通商上有个特殊的现象：不受任何势力的牵制与强制，可以自由地选择港口进行交易活动。如果进一步观察会发现，在他们的信仰中，拥有极大势力的耶稣会士的传教活动当初具有这样的倾向：葡萄牙的船航行到哪里交易，传教士就会到哪里进行传教活动。耶稣会士到日本传教最初的动机，对于沙勿略来说就是葡萄牙商人的引诱和与日本人池端弥次郎的邂逅。因此，催生了在鹿儿岛传教的开端；1550 年，葡萄牙商船进入平户，耶稣会士也开始在平户传教；1552 年，当葡萄牙商船到达丰后，那里又印上了耶稣会传教士的足迹。这种关系一直随着耶稣会的发展、日本各地教徒的增加以及九州诸国领主对天主教好恶的倾向，而呈现着变化。……想要利用通商拓展传教事业的耶稣会士从 1550 年代末开始以自己的势力干涉葡萄牙商船在日本的贸易。无论日本各诸侯喜好天主教与否，为了让自己的领国富裕起来，都渴望与葡萄牙人的交易，欢迎葡萄牙人的船只停靠其领内的港口。在此期间，耶稣会的传教士便介入进来，以葡萄牙商船的交易利益作为传教的手段。……从事商业活动的葡萄牙

---

137 弗洛伊斯：《日本史》2，第 211 页。

人原本是以贸易利益为目的的，但却很难无视耶稣会的干涉。亦如葡萄牙政府的官许船那样，印度的葡萄牙政府与耶稣会之间有很深的关系，实行着通商与传教并行的政策，本着对传教士的信任，在大多数情况下按照耶稣会的意思进入已有天主教信徒的诸侯领地的港口进行贸易活动。"[138]在沙勿略时期，传教士干涉贸易活动虽然没有表现得那么明显，但刚刚踏上不属于葡萄牙国王的日本不久，沙勿略便为自己与葡萄牙寻找起了商机。

依据保教权的条约，在葡属印度传教的费用由葡萄牙国王赞助，但离开葡萄牙的领地来到日本传教的沙勿略无法再指望葡王的援助，因此财政基础的确立成为最紧急的问题。在写给马六甲长官和高麦斯的信中，沙勿略首先向他对自己此次日本之行所给予的帮助表示了谢意，报告了自己在日本取得的初步成功，这一切都归功于长官。而长官的父亲达·伽马新航路的开辟为传播福音做了伟大的贡献。紧接着，沙勿略大胆地向马六甲长官提议："在离京城两天左右行程的堺[139]是日本一个主要港口，依天主的圣旨，请设立能取得巨大经济利益的商馆，堺在日本是最富裕的港口，那里聚集了日本全国大部分的金银。为了让日本人感受到印度的强大及见识一下日本没有的物品，计划让日本的天皇派遣大使到印度。如此一来，（印度）总督与日本天皇之间就可以关于商馆的问题达成协议了。"[140]

虽然日本距离印度比较远，又不是葡属殖民地，葡萄牙无法像在印度那样通过制海权控制海路、建立要塞和据点、任命长官进行管理等。不过沙勿略提议在日本建立商馆，派遣代理商住在商馆进行贸易，以获取巨大的经济利益，自己在日本也会协助建立商馆等工作。沙勿略还颇具自信地向马六甲长官保证："如果派遣商品的代理商到日本来，他们可以获得从'一'到'百'的利益。"[141]这里沙勿略所指的是通过自己的努力把从马六甲运来的商品卖出后获得的利益，把这些利润作为传教的资金，为知识匮乏、心灵贫穷的人们传播福音，引导他们改信天主教。通过商业活动换来的"一"，变成天主"百"的恩惠。从事精神事业的沙勿略看似与商业活动毫无关系，然而为了保障传

---

138 冈本良知：《十六世纪日欧交通史的研究》，日本：原书房，1944 年，第 519-521 页。

139 堺：位于摄津和和泉境内，16 世纪的港口城市，明朝时作为与中国贸易的港口而繁荣。由于丰臣秀吉主张发展临近京都的大阪而逐渐衰退。

140 沙勿略：《沙勿略全书简》，第 516 页。

141 沙勿略：《沙勿略全书简》，第 517 页。

教活动的顺利进行，为了引起世俗势力对新开教地的重视，沙勿略不得不"插手"商业活动，而事实上，沙勿略对商业活动有着敏锐的视角与超人的洞察力。

萨摩半岛西南端的坊津自古以来就是中国及东南亚各地贸易船聚集的良港，在遣唐使时代是遣唐使出发之地，作为重要的对外贸易港口，在室町时代最为繁荣。萨摩的鹿儿岛诸港、坊津、山川等地相互连接，对海外贸易形成了一个信息圈。弥次郎曾在鹿儿岛谋生，对此地的贸易情况比较了解。因此，沙勿略带到日本的 30 桶胡椒，很有可能不是在没有消费市场的鹿儿岛，而是在商人聚集的堺换成钱的。因此，沙勿略建议在堺建立商馆。曾到过里斯本、果阿、柯钦、马六甲、特尔纳特等地的沙勿略，对这些产品的发货港、集散交易港、消费物品进口港十分了解。以他的经验判断，堺是一个可以将进口产品和日本金银进行交换的良港，在此地设立商馆，势必会为葡萄牙国王带来巨大的利益。京都有九万多户人家，比里斯本大许多，喜爱舶来品的日本书化人及有钱人应该都居住在京都。日本的门户及外港堺离京都只有两天行程，沙勿略判断京都潜藏着庞大的消费市场。在果阿及马六甲目睹过交易商品的弥次郎知道什么样的舶来品适合日本人，于是沙勿略在信简中同时寄去了他认为的在日本的堺港能卖高价钱的商品。不过在言及胡椒时，沙勿略建议不需要太多，因为日本人不像西方人吃那么多肉。[142]关于在堺买卖的胡椒在日本用于什么方面，日本史料中并没有相关的文献记载。

在布教保护权下，葡萄牙国王对传教给予的经济资助十分不足，沙勿略在印度传教时，就对国王给予的援助力度颇有微词。航行日本及初到日本的生活及传教的诸费用是由马六甲长官好心提供的，但想要建立永久的组织持续传教，必须要确立相对稳定的经济基础。国王是否会为日本传教提供经济援助还无法确定，因此日本传教的开拓者沙勿略在日传教初期，全力寻找可供传教使用的资金。当丰后因陶晴贤内乱而被烧毁的山口教堂需要重建时，沙勿略苦于没有资金，借了 300 克鲁扎多寄往山口。1552 年 7 月，在前往中国的航行途中，经马六甲长官的通融，沙勿略被允许在果阿还债。这让沙勿略强烈地感觉到伟大的传教构想与现实传教资金枯竭的矛盾。同时，沙勿略在考虑传教士如何航行到日本的问题时，认为如果日本与葡萄牙间有频繁的贸易活动的话，那么往来的船只就会增加，传教士航行到日本也会变得更加

---

142 参见 Georg Schurhammer,S.J.《圣弗朗西斯科·沙勿略全生涯》，第 219-225 页。

容易。关于航行的线路，沙勿略也有自己的想法。当初沙勿略来日本时乘坐的船曾执拗地想寄港中国进行贸易，一番折腾后，从果阿到日本花费了长达17个月的时间。拥有制海权的葡萄牙对在其海域航行的船只，要求由印度总督颁发许可证。为了节约时间，沙勿略提醒总督在颁发通航许可证时，一定要把直航日本作为条件，绝对不允许寄港中国。沙勿略认为比起寄港中国进行贸易，让葡国与日本的贸易繁盛，不仅可以让葡萄牙的船直行日本，还可以让神父们在良好的条件下航行，也不需要因载满珍贵的货物，为防备海盗或暴风雨而武装，能够安全地航行。

　　"虽然葡萄牙商人之间或许并没有统一的意志，但对于日本开教这一共同目标却有一种团体协作的感觉。"[143]同时，推动了沙勿略的日本传教，而沙勿略也不遗余力地为葡萄牙商人探索适合的商机。可见商人与传教士之间的"合作"是如此的默契。

　　综上所述，沙勿略是受精神界最高领袖——罗马教皇保禄三世的任命，而奔赴印度传教的，同时，沙勿略又是在葡王的要求及支持下来到亚洲的。印度等地又处在葡萄牙的保教权控制之下。沙勿略在亚洲的传教活动中肩负了宗教与世俗的双重使命，在复杂的亚洲环境中，教权与皇权通常是统一并目标一致的，但在世俗利益与宗教传播出现矛盾时，沙勿略会巧妙地利用其手中教权或皇权来解决问题。故很难将传教事业与殖民活动割裂开来。沙勿略一边尽心于传教事业，一边监管着传教地的葡萄牙人，同时又为葡萄牙商人寻求商机。其宗教活动服务于殖民扩张运动，而亚洲的葡萄牙人对沙勿略等人的传教事业既有阻碍又有推进。

小　结

　　沙勿略在亚洲传教仅十年左右，其特殊的身份与其"狂热"的宗教精神决定了他不可能在某个地方停留过长的时间，但他因地制宜、灵活的传教策略为他的后继者留下了丰厚的精神财富。初到亚洲，毫无亚洲传教经验的沙勿略懂得模仿耶稣，利用政治因素，实行自上而下的传教策略，同时，在不断深入的传教活动中，沙勿略在语言、宗教对话、对神职人员本土化方面的方法与态度对此后日益广泛而深入的中西方文化交流产生了深远的影响。具

---

143 岸野久:《沙勿略的日本传教与葡萄牙商人的作用》,《沙勿略与日本——天主教开教期的研究》, 第36页。

有沙勿略特色的传教路线，不仅左右着此后传教工作的基本方针，而且也成为日本耶稣会传教士是否能够立足于日本的前提和关键。

结　语

　　在天主教东传史与中西方文化交流史上，16世纪中期来到亚洲的沙勿略是一位具有特殊意义的标志性人物。作为耶稣会的创建者之一、首位抵达亚洲传教和最早被封圣的耶稣会传教士，沙勿略极具冒险精神的宣教狂热以及灵活多变、因地制宜的策略调整，都对此后耶稣会及其他天主教修会的传教策略以及行为模式产生了极深远的影响。从某种意义上说，忽略对沙勿略的研究，既不可能全面了解天主教东传的完整历史，也不足以深刻认识中西方不同宗教以及文化体系的复杂和内在冲突。

　　或许基于对沙勿略认知的不同，学术界的研究呈现出极大的差异。出于对耶稣会创始者以及传教圣徒的崇拜，国外学界，尤其是教会方面的相关著述数量极大，几乎达到汗牛充栋的程度；但另一方面，传教使徒或圣人列传的固定模式又导致其中充斥着极其浓烈的宗教情怀以及过度夸张的歌功颂德。与此恰成对照的是，由于沙勿略并未进入中国内陆传教，国内学界的相关研究数量极少，在大多数相关著作中，沙勿略都被研究者们一笔带过，成为宣告利玛窦等主角隆重登场的预报号角。

　　鉴于上述情况，本书以沙勿略传教活动的时间经历为线索，通过梳理沙勿略的传教活动、方法及传教构想等，对沙勿略在中西方语言早期接触、宗教对话、神职人员本土化等方面所作出的努力及贡献实施了探讨，并对作为同时受葡王与教皇双重委托的传教士在传教活动中表现出的一些行为特征及相关问题加以论述。

　　通过上述分析与讨论，首先确定沙勿略作为耶稣会亚洲传教事业的创始人与开拓者的贡献，即沙勿略对日本社会现实的深刻认识及对中国基督化的强烈渴望，在很大程度上左右了此后耶稣会在亚洲的传教方向，而他审时度势、因地制宜的传教方法，亦为此后耶稣会士在日本与中国的传教思路奠定了基本方向。其次，沙勿略在学习传教地语言、翻译教理书、与传教地宗教及教徒的接触、培养当地人做传教助手等方面的尝试，具有开创性的重要意义，并因此对此后中西方文化交流的形式与内容产生了不可估量的深远影响。第三，在教权与皇权的复杂关系中努力保持平衡，并在封建王权高压态势下艰难传教的种种努力，其实验性的策略调整以及最终失败的经验，均为此后的传教士提供了宝贵的经验与借鉴。

16-17 世纪的宗教传播以及由此产生的文化碰撞并非某个区域的个别现象，在"地理大发现"之后，不同修会的天主教传教士跟随帝国的商船与军舰，前往世界各地传播宗教。从此，文化的碰撞与冲突成为世界范围内普遍存在的共同问题。

与此相比，先后发生在亚洲，尤其是亚洲地区的宗教与文化碰撞，具有鲜明的区域特色，相同或相似的社会形态、文化传统以及建立在此基础上的文化观念等，这必然促使传教士们在面临相似的问题或挑战时，相互借鉴或利用前人的经验教训。同时，从耶稣会的组织形态和内部机制易于推导出具有普遍意义的认知模式，进而发展为相似的传教策略。虽然沙勿略并未能进入中国内地活动，但他可以从印度、马六甲、日本等地的活动实践中获得对中国文化的认识，利用汉字的特殊地位，在中国以外的地方编撰出第一本汉语教理说明书，而他因地制宜的策略，不仅为此后范礼安的"文化适应策略"奠定了基础，还为利玛窦等人的"合儒、补儒"传教方针提供了思路与参照。此外，文化区域自身的结构也必然导致文化间冲撞的有机联系。在中国，由传统文化和表述习惯而引发的"礼仪之争"，与沙勿略在日本的"大日如来事件"在文化属性与表现形式上如出一辙，而且事件本身存在着显而易见的相互影响、相互作用。可见，区域性的文化碰撞与冲突以及矛盾的演变并非孤立而封闭的，而是受到多种外部因素影响，共同构成不断变化的历史过程。因此，采取相对封闭而单一的传统研究模式不足以获得对于历史的完整考察与理解。对中国传教史抑或中西方文化交流史的考察，决不能自固于国内的有限范畴，而应当置于亚洲乃至全球的大背景下探讨并相互印证，这样才能更深刻、准确地把握中国教会史以及中西方文化交流史的特点与本质所在。

附录1 1544年1月15日沙勿略于柯钦写给欧洲耶稣会士的信件[1]

从葡萄牙出发至今已两年九个月。包括此封信在内我已写了三封信，而我在印度却只收到了1542年1月30日（从里斯本寄来的）一封信件（已遗失）。这封信对我来说是多么大的安慰啊，我主深知这一点。这封信是两个月前收到的，因为船要在莫桑比克过冬，到达印度时已经非常迟了。

米塞路·保禄、弗朗西斯科·曼西拉斯与我都很健康。米塞路·保禄在果阿的圣信学院负责（指导）学生。弗朗西斯科·曼西拉斯和我待在科摩罗海角的信徒这里。我与信徒在一起生活已经一年多了。我想告诉大家这里有很多信徒，人数每天都在增加。

刚到这个海岸时，我对信徒进行了很多调查。想了解这里的信徒对我主耶稣以及他们一直信仰的信条到底了解多少。当我问他们：入教后与入教前相比，对天主教有更深入的了解吗？他们除了知道自己是天主教徒外，什么都回答不出来。他们不懂我们的语言，也不知道应该学习天主教的教义。与他们一样，因为我的母语是巴斯克语，我也不理解他们的语言——马拉巴尔语，于是我把他们中贤明的人召集起来，与其中比较了解他们的语言的人一起历经数十日的艰苦努力，终于把画十字的方法、表白信奉三位一体唯一我主时的语言、使徒信经、天主的十诫、主祷文、天使祝词、圣母赞歌、告白祷告等从拉丁语翻译为了马拉巴尔语，并编写了祷文。我把译为马拉巴尔语的

1 译自《沙勿略全书简》，第109-122页，稍有删节。

祷文背诵下来后，手持铃铛，在杜蒂戈林的村子里召集了所有的儿童及尽可能多的大人们，一日两次解释教理。一个月内，我按顺序教祷告文，孩子们把学会的祷文再教给自己的父母、家中其他人以及邻人们。

在礼拜日，无论男女老少，都为了用马拉巴尔语诵读祷文而全部聚集在一起。他们对此抱有很大的兴趣，大多都会来参加。由向三位一体的我主告白开始，然后用他们的语言大声地读着使徒信经。我先读，其他人跟着反复地读。使徒信经结束后，再单独由我一个人诵。把十二条信条区分开逐条来诵，信徒们对信条深信不疑。我还训诫他们不要期望其他事情，因为他们已经表白自己是信徒。我问他们是否坚信这十二条信条，无论男女老少都画着十字架，一起大声回答说："相信。"于是又重复诵了几次使徒信经。他们为什么只相信十二信条，是因为这样就可以说自己是信徒了。

继使徒信经后需要教授的是十诫。天主的禁令中只教给他们十诫，还告诉他们如果能够按照天主的命令遵守十诫就是好的信徒；反之，如果不能遵守就是恶的信徒。无论是信徒还是非信徒了解了天主教教义后，都惊叹于它的神圣，如此合乎自然之理。

结束使徒信经和十诫后是主祷文与天使祝词。按照我所领读的，他们反复歌诵。因重视十二信条也把主祷文和天使祝词诵了十二遍。结束后因重视十诫又将主祷文与天使祝词诵了十遍。

接下来是按顺序诵（这些祷文）。先诵信条的第一条，诵毕后用马拉巴尔语与我一起高呼："天主之子耶稣啊，我们对第一条信条从不怀疑，并深信着，请赐给我们恩惠吧。"为了我主能赐予恩惠，诵一次主祷文。主祷文后全员再齐声高呼："圣母玛利亚、耶稣之母啊，我们对第一条信条从不怀疑，并深信着，请允许我们得到恩惠吧。"为得到此恩惠，诵一次天使祝词。其他十一条信条均是按照这个方式进行。

……

我主之所以希望孩子们成为比他们的父母更为善良的人，是因为他们对圣教抱有极大的热情与好感。孩子们学习祷告，并把这些教给人们。他们非常憎恨偶像崇拜，甚至为此还与非教徒打架。如果他们看到自己的父母在礼拜偶像，他们会责难父母，并跑来告诉我。当有人跟我说村头盖有偶像祠堂的时候，村里所有的孩子都聚集而来，带我去建有偶像的地方。

　　比起孩子的父母或亲戚礼拜偶像所给的尊敬，孩子们的行为让恶魔所受的侮辱更大。之所以这么说，是因为孩子们取出偶像将其摔坏，朝偶像吐口水，用脚使劲地踩。真的是用语言无法形容的猛烈。孩子们对他们的父母所崇拜的偶像做出如此大胆的行为，是因为对于他们来说这是关乎名誉的事情。

　　我曾停留在一个有许多信徒的村子中，将无数的祷文从我们的语言翻译为当地的语言，并教给他们，这样度过了四个月的时光。

　　在这四个月中，很多人来请求我们去他们家里给病人祈祷，还有些人为了祈祷自己的疾病早点痊愈来见我，我会为他们朗读福音。除此之外，我还教孩子教义，给他们施行洗礼、抄写祷告文、回答他们的疑问等，人们一直待在我身边。我还要埋葬去世的人，所以几乎无法开展其他工作,也几乎无法回应来召唤我的、寻找我的人们的信仰之心了。为了让他们不失去信仰，守住天主教的教义，我无法拒绝如此虔诚的请求。

　　然而，工作量不断地增加，以至于我无法回应所有人的请求。应该先去谁家呢？由于无法避免情感上的纠结，又深知他们的信仰深厚，我必须思考如何满足所有人。我想到了一个办法，就是拜托记住祷文的孩子去病人家，让病人的家人和邻居集合在一起诵使徒信经，并告诉病人如果相信（天主）的话，病就能治好，最后让病人诵读其他的祷告文，于是，通过这个方法，我满足了所有人。其他时间让孩子们在家或广场，教他们使徒信经、十戒、其他的祷告文等。如此一来，无论是自己还是家人与邻居，由于自身的信仰，我主将给予病人健康的身心及极大的恩惠。天主通过疾病召唤他们，半强制地将他们引入信仰，给患病的人以慈悲。

　　在此村子将步入正轨的信仰工作交给其他人之后，我会走访其他的村子，等信仰工作有了起色后同样地再交给他人。如此这般，在这些地方虔诚而神圣的工作就不会消失。给新生儿施行洗礼，教能够学习教理的孩子以教理，所取得的成果实在是写不完。我每到一个地方把祷文写下来，再让识字的人们背下来，每天诵读，同时规定每个礼拜日将大家聚集起来诵读祷文，各个村子均有实行此项工作的当地人责任者。

　　这里没有进行虔诚而神圣工作的人，故在此许多人无法成为信徒而只能置之不理了。有好几次我像失去理性的人那样大声喊叫："想去那边的大学。"特别是巴黎大学，在索邦学院为将来传播福音而工作，想对那些为了取得成果只搞研究而不做学问的学者们说，由于他们的怠慢，很多灵魂无法进入天国，不得不入地狱。关于我主对研究者要求传播福音的责任以及天主赐予的才能，如果认真思考的话，他们大多数人都会动心吧。为了让自己灵魂中潜在的天主的圣旨通过灵魂的手段或灵操，让自己的精神与天主的圣旨吻合。（一定会）说："主啊，我在这里。您希望我做些什么？请把我送到您期望的地方吧。必要的话也可以是印度人居住的地方。"（如果他们在印度传教的话）他们将生活在内心的极度喜悦之中。当面临谁也无法逃脱的临终，逐个地接受审判时，带着天主的慈悲赐予的极大希望，会这样说："我主，虽然在我这寄存了五塔兰特[2]，请看！我还接受了另外的五塔兰特。（马太福音25：20）"

我所担心的是在大学里学习的很多人，比起想要拥有与教会高位或要职相符合的学问，更想拥有的是能获得高位、圣职俸禄和司教地位的学问。做学问的人常常说："为了得到圣职俸禄或高位圣职而做学问，成为高位圣职者后再为天主服务。"虽然一边担心自己期待的地位并不是天主所期望的，因为是跟随自己的邪念之欲（选择今后的生路），而不在天主的圣意中选择生活的手段，无法放弃邪念之欲……

在你我所到过的地方，改信天主教的人很多，因施行洗礼手累到发软的情况时常出现。因为要用他们的语言诵读几遍使徒信经、十诫以及其他的祷文，还要用他们的语言解释何为天国、何为地狱、什么样的人会去天国、什么样的人会去地狱，因此有时累得都不想开口了。在所有的祷告中，特别是使徒信经和十诫要反复地诵读。有时候要为村里所有的人进行洗礼。我所走访的这个海岸，天主教信徒的村子已多达30个。

这个印度总督与成为天主教信徒的人非常亲密，每年捐献金币4000法拉姆（在渔夫海岸使用的一种小额金币），并规定这些钱用于补贴在新改宗信徒的村子里热心讲解教理的人们的生活费。总督与我们所有的会士都十分亲近，他很希望耶稣会的会士再多来几个人，并写信给国王拜托了此事。

现在汇报一下去年果阿设立的圣信学院的情况。那个学院有很多学生入学，是说着各种不同语言的人，全部出身于非天主教家庭。学院中有很多建筑物，有些学生学习拉丁语，其他人则学习读写。保禄与学生们一起生活，每日做弥撒、听告解、教天主教的教理，并负责学生们的生活必需品。

2　古代的一种计量单位，可用来记重量或作为货币单位。

这个学院非常大，可以容纳 500 人以上，也有能维持生活的充足费用，学院收到很多捐款，并受到了总督很多的帮助。设立这个"圣信学院"，是所有信徒对我主的感谢。几年中，依我主慈悲，在这个学校学习的信徒人数增加了许多，希望教会的活动范围也能扩大。

在这个地方的异教徒中，有个被称为婆罗门的僧侣阶级。虽然他们负责供奉偶像、管理寺庙，但他们是这个世上最邪恶的人。可以理解为，圣咏的"天主啊，求你救我于不敬天主的国，使我脱离欺诈和邪恶的人"这句话就是针对他们说的。

这些人绝不说真话。他们还常常考虑如何说谎来欺骗那些淳朴无知的穷人，说："偶像要求你们供奉这个。"这些都是婆罗门僧的借口，是为了养家养妻子让人们拿出他们需要的东西。让穷人们相信是偶像吃的东西，尽管偶像不吃，但在吃饭前很多人会供奉钱。一日两次，打鼓举行宴席，让穷人以为偶像正在吃饭。

婆罗门僧说如果生活必需品没有了的话，偶像就会非常生气，因为通过婆罗门僧要求的东西没有被供奉。如果不供奉的话，神就会杀死他们或让他们患病，将恶魔送进他们的家，因此必须要格外注意。淳朴的人们很悲伤，他们相信僧侣们的话，畏惧僧侣们的恶行，只能按照僧侣们说的去做。

这些婆罗门僧是无知的人，无德又增加了他们的邪恶与不正当。我走访的这个海岸的婆罗门僧，因为我劝阻他们不要再做这种不道德的事情，而对我恼羞成怒。他们只与我单独在一起时，会将他们如何欺骗民众的真话全盘托出。根据私下里他们对我坦白的内容，我得知婆罗门僧除了石头做成的偶像神以外没有其他财产，过着扯谎的生活。

他们自己也承认所有这些婆罗门僧的知识全部加在一起，也不及我优秀。虽然他们派了使者送礼到我处，但我不想收取他们的礼物，这让我感到十分为难，这所有的一切都是为了让我不揭露他们的秘密，为此他们有时也会说他们很清楚神只有一个，还说常常为我祈祷。作为回报，我要告诉他们我如何看待他们对我的评价。穷人因为信奉着婆罗门教，出于恐惧而不得不接受僧侣所说的。我们直到他们听厌为止，不停地向他们揭露僧侣们的虚伪与谎言。很多人相信了我们的话，决定不再相信恶魔，而成为了信徒。如果没有婆罗门僧，所有的非天主教信徒将都会改宗。他们把供奉偶像神及僧侣们的家称作宝塔。

这个地方所有的非天主教徒虽然没有知识文化，但他们很清楚恶事。我在此地的这段时间只有一个婆罗门僧改信了天主教。他是非常善良的青年，我让他担当教孩子们教理的工作。

在走访信徒的村子时，我看到了很多的宝塔。有一次看到的宝塔中，竟然住了 200 多个婆罗门僧人。他们说想见见我，于是聊了很多话，其中我只问了一个问题，那就是他们所礼拜的神及偶像神等为了让人们进入天堂而定了什么戒律。他们商量后，决定让一个年长者回答我这个问题。这是一位八十多岁的老人，他说让我先讲天主教的神规定了什么样的戒律。因为我知道他的诡计，所以我在他说之前打算什么都不讲。因此他不得不承认自己的无知，说他们的神为了让人们来他们住的宝塔，规定了两件事情：一是他们不应该杀任何的牛，而作为神在祭祀；二是寺院里给住在寺院的婆罗门僧们布施许多钱。他们的回答让我感到伤心的是恶魔统治了我们的邻居，人们崇拜着恶魔，而不是我们的天主。于是我让僧侣坐着不要站起来，我用他们的语言大声地朗读教义和十诫，并在每个戒条后面停顿。在完成十诫之后，我用他们的语言给了一个训词，并向他们解释什么是天堂和地狱，以及什么样的人去天堂或地狱。在我完成布道后，所有的人都站起来拥抱我，还告诉我天主教的天主才是真正的神，因为他的戒条是那么地符合自然的法则。

他们问我："我们的灵魂是否像野蛮动物的灵魂一样，与身体死在一起？"我让他们清楚地明白了灵魂的不朽。他们对此表示非常高兴与兴奋。被这些无知的人使用的论证不一定比从有学识的教授著作中发现的那些微妙。他们问我：人死后灵魂去了哪里？如果一个人在地上与他的朋友或熟人在睡觉和做梦（有些事经常发生，那就是我与你，你是非常珍惜我的），那是因为他的灵魂离开了他，而不再通知他的身体。接着让我告诉他们天主是白的还是黑的，因为这些人本身有着不同的肤色，而且这里所有的土地都是黑色的，所以他们喜欢这个颜色，他们说他也是黑色的。结果，他们的偶像大多数也是黑色的。他们常常给他抹油，闻起来很可怕，他们是如此丑陋以至于看到的时候会受到惊吓。我回答了所有问题，他们看起来也很满意。不过当我得出一个结论，即他们应该改信天主教时，尽管他们知道真相，也像其他人一样问我："如果我们改变了我们的生活方式，那么人们会说我们什么？"他们进一步得出结论，就是他们所需要的东西会变少。

　　我在这个海岸的村子里找到了一个婆罗门僧侣，他懂得一切。因为有人告诉我：他曾在一些知名的学校学习。……鉴于我们之间的友谊，这个婆罗门僧侣向我透露了他们隐秘的教义：他们绝对不会说这世上只有一个神；天堂与世界的创世主；谁是在天上；他应该崇拜这神而不是偶像，谁是恶魔；还有一些著作维护他们的诫命；他们的学校教学使用的语言，就像是我们使用的拉丁语。他为我流利地背诵了那些诫命，并为我逐个充分地解释。那些人明智地观察礼拜日，让人感到不可思议。他们说在礼拜日没有其他的祈祷，只有这个，就是他们重复歌诵的："Om cirii naraina noma." 意思是："我崇拜你，神啊，你的恩典与帮助永在。"他们背诵祈祷非常轻柔，为了保持信仰，他们已经宣誓过了，并告诉我他们现实的法律允许有许多的妻子；在他们的著作中陈述当所有的人都生活在同一个戒律中时，一个新时代会到来。这个婆罗门僧进一步告诉了我很多他在学校里学的咒语。

　　他让我教给他天主教徒的律法，还说保证不会透露给任何人。我回答说不会告诉他，除非他先答应我会宣传我们的教义，其中包含主要的天主教律法。他向我保证他会做到这点，我也非常高兴地向他解释这些在我们的律法中极其重要的话，也是我喜欢的一句："信而受洗的人将会得救。"他把这句话用他们的语言解释并记录下来。然后我诵了所有的使徒信经。

　　他对我说，有天梦里他看到自己成为信徒并成为了我的同伴，与我一起行路，感到非常的喜悦。他拜托我让他秘密地成为天主教信徒，而且他还加了几个条件。因这不合法，所以我拒绝为他洗礼。我希望在天主的恩惠下他毫无条件地成为信徒。我告诉他要教给单纯的人们礼拜唯一的天主、天堂与地球的创世主、谁会在天堂等。不过因为他对（婆罗门的神）发过誓，他拒绝这样做，因为害怕恶魔会杀了他。

　　我可以告诉你更多关于在这些地区的一些情况。在这里，没有比我们天主给予那些走在这些异教徒中，并将他们转换为信仰基督的安慰更伟大的了。如果说生活中有什么喜悦的事，那非这个安慰莫属了。我常常听服务信徒的某个人说："哦，我主，请不要在生活中给我这么大的安慰。不过由你无限的善良与仁慈赐予我们安慰的话，请带我到你神圣的荣光中。因为在你创造的我的内心深处交谈，无法看见你是生活中最大的痛苦。"

　　如果探究有识之士为了得到知识，能够像为了体味这安慰而夜以继日地努力的话，是多么幸福啊！与一个学生理解他所学的并从中获得的快乐相比，如果让邻人感悟到知道天主并在侍奉天主中追求喜悦的话，在临终被基督要求"报告你的事务"时，能够得到多么大的安慰啊。

我亲爱的兄弟们，在印度，我回忆你们，在脑海中浮现因天主的慈悲而能与你们相识、谈话的情形。关于天主，你们给予的无限知识，在与你们的交往中由于我的过错而没有好好利用，错过了多少时间啊，我内心再次认识并深深地感受到了这一点。得益于你们的祈祷与你们为我向天主请求的不间断的记忆，天主赐予我无限的恩惠。虽然看不到你们的身体，但由于那些恩惠与帮助，天主赐予我感受到自己无限罪恶的恩惠时，也赐予了我在异教徒中传教的力量。对此我向天主表示感谢，也非常感谢我亲爱的兄弟们。

在天主每日赐予的无限恩惠中，我希望能够实现的是请给予最大的恩惠。那就是对我们耶稣会会规和活动方针的认可。我将永远感谢天主。给所有的人以明示：让天主的仆人、我们的父亲罗耀拉秘密体验的事情。

去年在印度这个地方，为最尊贵的红衣主教 Guidiccioni 关于弥撒所做的次数，我和米采尔·保禄向您报告。我不知道我们在这一年做弥撒的次数，不过我们做的所有弥撒都是为了他。为了我们的安慰，请告诉我红衣主教是如何侍奉天主的。为了增强保禄和我的信心，也为了我们成为永远的司祭，请告诉我们。也一定要告诉我们那些在教会取得的成果。

最后我向天主祈祷：因天主的慈悲让我们再相见吧；为了为天主服务，即使我们相隔甚远，但在天国中神圣的荣光里让我们再相见吧。

为了收获慈悲与恩惠，我让此地的神圣灵魂成为代祷者、中间人。那些灵魂通过我手接受了洗礼，以无罪状态由天主赐予其荣光，我相信数量有一千以上。在这个流放地之间，为深深地感到神圣的恩典；为从天主那里得到完全实现他的恩惠，我向这些所有圣洁的灵魂祈求他们的祷告。

附录 2 弗朗西斯科神父书写的关于日本岛的报告

    日本岛全长 336 公里，由天皇统治，下面有 14 个公爵（大名）。公爵死后由长子继承家业，其他子女则分不到领地。不过作为服从长男的条件，可以给其小城作为领地。全日本最高统治者被称为"王"。在日本人中，最上层不与其他阶级通婚。"王"对所有的事情具有支配权，但不参与诉讼与裁判，而是交给将军处理。将军伺候"王"时要跪地，如果做了坏事要被收回领地，犯罪的话将会被斩首。身份低的人害怕被处罚而顺从身份高的人。

    "王"在月缺之时穿白衣斋戒。月满时与嫔妃共同生活，打猎娱乐等。如果"王"在三十岁之前失去妃子，可以再婚；但在三十岁后的话就不被允许，必须终生独身。

    小城的领主、贵族、商人及手艺人等各个阶层实行一夫一妻制。如果妻子通奸被丈夫发现，那么妻子与那个男子都将被丈夫杀死。如果一个人没被杀死，那么另一个人将会被处以死刑，如果两个人没有被处死，那么就会玷污丈夫的颜面。

    有身份的人将自己七八岁的孩子寄养在寺院，学习知识及宗教直到 18 岁至 20 岁，孩子们从寺院里出来后可结婚。

    日本僧侣的生活形态可以分为三类。在城中生活的僧侣不结婚，靠施舍生活，剃掉头发和胡须，身着袖子宽大的僧服。他们一年中会进行几次断食节欲，半夜起来念经。因为祈祷的语言并不是日语，所以人们都不理解其中的含义。僧侣在正殿诵经，告诉人们宇宙的根本及极乐世界和地狱。除了最丑陋的罪行——男同性恋以外，僧侣们过着模范的生活。僧侣中身穿黑色衣服的（禅宗）中有优秀的学者，且有学识、品德优秀的人才能成为僧侣。

其他宗派的僧侣穿灰色僧服，不结婚。紧挨着僧院的是尼僧院，她们穿同样的服装。许多人说僧侣与尼僧有男女关系。这些僧侣并没有受过教育，他们只是念经。这个宗派是三百年前创立的。

所有宗派的寺院里都有木制的佛像或壁画。他们只崇拜他们语言中称为"大日"（宇宙根本）的佛。据描述，这个大日一个身体、三个头，被称为"五智"（把如来的智分为五智）。

释迦的五戒有不杀生、不偷盗、不邪淫、不妄言、不饮酒。

如有人生病，僧侣也会探访慰问。有人去世，僧侣会来念经并将棺材运到寺院的正殿，继续诵经，为其消除孽障。遗体埋葬时不分贫富。

在日本进行（山岳）修行时，修行者在进行 100 天的断食和禁欲后，进入山岳，75 天中只食少量的米和水。75 天的修行结束后，集中在寺院的广场，在大家面前坦白过去犯下的所有罪行。在寺院的正殿中宣誓听到的所有告解绝不外传。

在日本，虽然有很多巫师，不过谨慎的人们无视他们。

据弥次郎说，日本举国都有可能成为天主教信徒。他坚信天主会赐给他恩惠，让他成为在日本传播圣教的开端。虽然他已结婚，不过他做好了在日本传教的准备，计划等其他神父们的日语熟练之前，自己先布教两年到四年左右。

在日本，虽然有很强的风以及足以让人倒下的强烈地震，不过这里是适合健康生活的土地。果实丰富，野鸟也很多。只有米做的酒，没有葡萄酒。大米是主食，也用小麦做面食和点心。鸡很少，没有食用的家禽。

（岛津）藩主使用印有十字架的旗。这是岛津家的家徽，藩主以外的人不得使用。[1]

日本国内领主间常常因发生不睦而进行战争，不能和解之时便上奏将军以图和平。如有一方顽固不化，将军率兵夺取领主的支配权，有时也会将领主斩首。

---

[1] 兰西洛托的报告书只记述了与宗教相关的内容。总督加西亚希望报告书中有关于日本政治、经济及军事等方面的内容，因此以下的后补内容为《耶稣会的尼可拉斯（P.Niquloo）神父从在印日本人那听取的日本报告补遗》。第二份报告书同样由兰西洛托整理，由沙勿略在阿内斯的帮助下翻译为葡语。参见 Georg Schurhammer, S.J.《圣弗朗西斯科·沙勿略全生涯》，第 156-157 页。

　　日本岛从东到西 3360 公里，但南北范围狭小。弥次郎不知南北的长度。在东北部被称为"虾夷"的广阔地带位于中国的下端，据说那里的住民是为了与日本作战乘船从中国来的。

　　武士有穿铠甲、胸铠或甲胄以及将铁的护腿穿在腿或大腿根部的习惯，带有弓、箭、枪，并配有大刀和小刀。上战场前身穿铠胄、带刀、拿枪和弓，带一两名运兵器的随从。在山地中徒步作战，在开阔的平原骑马用弓箭大刀作战。如果杀死敌人将领，有将其头颅带回的习惯，如果不能带回首级，就将其耳朵割下作为战功的证据。日本的马与西欧的马差不多，像法国马一样有分量、腿粗。领主为繁殖军马，常以拥有很多雌马为傲。

　　日本的船都很小，就算大的船，虽然看起来和轻快帆船差不多，但更短小，有很多类型。用桨子划船、草席做帆，抛锚时将帆柱放倒。

　　日本的商人在与中国人的交易中，主要卖出银、武器、硫磺，买入硝石、大量的绢、瓷器、麝香。也与中国东部的朝鲜进行贸易往来，从日本卖出银和貂毛，买入棉织物。

　　日本有很多的河流，在陆地中延伸，可以航行。水资源丰富，山中有非常茂密的森林。

　　总督问日本是否有大都市，弥次郎说虽然有大都市，但没有用城墙和护城河围起来的城市。城郭是在山上构筑的大而坚固的建筑物。

　　日本人的主食是米、鱼、肉类。因为不饲养家禽，所以肉食很稀少。偶尔打猎，人们乐享其中。

　　各地盛产银。也有少量的金矿。铜、铅、锡、铁、钢的产量很多。产出少量的水银和大量的硫磺。

　　在日本，有穷人杀幼儿的习惯。这是极其普遍的行为，因为谁也不会去阻止，一般在出生的时候就进行。

　　高野山是在纪伊山岳中的平地灵场，有 3500 座僧堂、寺院、住家。这里是 800 年前由弘法大师创建的。住民因为是僧侣和男佣，故禁止女人进入。[2]

2　Georg Schurhammer,S.J.《圣弗朗西斯科·沙勿略全生涯》，第 157-161 页。

附录3　1549年11月5日在鹿儿岛写给欧洲耶稣会士的信件[1]

希望我主基督的恩惠与爱成为我们的助力、慈爱。阿门！

从印度出发到马六甲航行中发生的所有事以及我们在马六甲的传教活动，在马六甲时已详细地向你们汇报了。现在我想告诉你们：我主无限的慈悲引导我们来到了日本。1549年施洗者圣约翰节（6月24日）的午后，我们乘坐向马六甲长官申请而来的船，从马六甲出发驶向日本，这条船是一个异教徒中国商人的船。虽然出发后天主一直赐给我们好天气与顺风，但易变的异教徒船长开始改变航行的线路，途中停泊在没必要停留的岛上。

此次航行让我深深地感到（悲伤）的有两件事。第一，没有趁着我主赐予好天气与顺风时航行，我担心前往日本的适合的季风即将结束，在下次季风来临之前不得不在中国过冬。如此一来至少要等上一年的时间。第二，船长及异教徒等不停地拜船上的偶像。看着他们供奉活的贡品，却无法阻止。他们有时还抽签占卜看能否去日本，或者航海所需的顺风是否能持续到他们到达日本为止。他们对我们说，他们深信抽签能占卜出好运或厄运。

---

1 沙勿略：《沙勿略全书简》，河野纯德译，第464-496页。此封信件由沙勿略口述并署名，由费尔南德斯用西班牙语写成。虽然此信表面上是写给果阿耶稣会士的，但其内容却面向欧洲的所有会士。此信在沙勿略全部书信的137封中最长，其内容是以在亚洲建立精神王国为目标的信笺，被认为是其书简中最出色的一封，这封信笺被当作"日本旅居记"在欧洲被报告，其手抄本及各国的译本在欧洲广为流传，掀起了欧洲的日本热。

　　我们在驶往中国的途中，来到一个距离中国 100 里格（560 公里）的小岛上。在那里，我们为预防中国沿海的大风暴而做了准备。之后（船长们）又供奉了很多供品，为了讨好偶像还拜了多次，并抽签占卜是否有顺风。因为占卜的结果是天气很好无须再等待，故船长们扬帆出发。大家都很高兴，异教徒恭敬地把偶像搬到船尾，并点起佛灯和香，我们因依靠天地的创造主天主与其子耶稣·基督，为了那份爱与贡献，为了传播天主圣的信仰前往日本（而感到喜悦）。

　　在航行的途中，异教徒们又开始占卜此船是否能顺利从日本返回马六甲。占卜的结果是虽然能到达日本，却无法返回马六甲。因此他们变得疑神疑鬼，决定不直接去日本，而是在中国过冬，待上一年。请试想想我们在此次航行中忍耐的痛苦吧。船员们使用抽签的方式并只听从恶魔的话，我们不得不听从恶魔及他们的意向来被决定是否前往日本。

　　船以缓慢的速度沿着柯钦及中国的海岸向中国方向航行着。在到达中国附近、圣玛利亚·玛达肋纳节（7 月 21 日）的傍晚，一天之内发生了两件惨事。由于海浪很高、波涛汹涌而不得不把船停泊下来。这时，不知为何，船甲板的升降口处于打开的状态，我们的伙伴、中国人马迈埃鲁从那里经过时，由于巨浪使船摇动不停，站不稳的他掉入了舱口中。掉下去的样子很悲惨，并且舱口里都是水，所以我们都以为他必死无疑，然而我主不希望他死，他长时间头朝下，上半身浸在水中，头部受了很严重的伤，为了治疗还花了好几天的时间。我苦心将他拉上来的时候，他虽然失去意识很久，但在天主的召唤下现在已恢复健康了。

　　在结束了对他的治疗后，海上仍然狂风暴雨不断，船摇摆得很厉害，船长的女儿掉入了海中。由于风浪太大，我们无法救她。因此（船长的女儿）在他父亲和其他人眼前的船边溺水身亡了。那天夜里，他们大声地哭着。我们对异教徒灵魂如此之悲伤而深感同情。船上的所有人面临着生命危险。发生这件事的那天，异教徒不分昼夜一直给偶像供奉食物和饮品，还杀了很多的鸟供奉，用来讨（恶魔的）欢心。他们抽签占卜船长女儿的死因，结果是：如果马迈埃鲁死了的话，那么他女儿不会落水，也不会溺死。

　　请试想我们的生命掌握在恶魔的抽签和那些家伙的手中，如果继续允许按照恶魔的意愿加害我们的话，那我们将变成怎样？我们看着他们公然崇拜偶像，侮辱我主，却无法制止。我（在暴风雨中）遭遇那么不幸事情之前，为了让我主不允许他模仿自身而创造出的被造物（人类）犯下如此重大的过错，多次恳请天主赐予我恩惠。如果（天主）原谅他们（所犯下的错误），异教徒的咒语或成为偶像崇拜原因的恶魔引诱船长抽签，相信咒语。每次（恶魔把自身）作为天主让他们来礼拜，（几次）恳请我主给恶魔在以前经历基础上加以更严重的苦痛与苦恼。

在这些惨事发生的那天，天主对他的敌人恶魔的残忍行为给予了原谅，于是恶魔瞄准机会，将要实行更加残忍的恐怖行为。因我经历过很多这样的事情，所以我希望天主能给予所知的恩惠与我自身（内心深深地）感知。关于在发现（恶魔）同样的行为时，人类应采取的能够抵抗敌人诱惑的防御手段方面，也请我主赐予恩惠。关于这方面的事情写起来太过冗长，故就此搁笔，不过并不是说没有写的价值。

总之，在那种情况下的所有防御手段都彰显抵抗敌人的勇气。因为我完全不信赖自己（的力量），只深信我主。所有的力量、所有的希望寄托于我主，伟大的防御者与保护者，所以不畏惧守护自己，不怀疑胜利。有时我感到如果我主对给予恶魔更多的苦痛，那么恶魔那天、那晚一定是想要报仇。因为有几次（恶魔）稍微向我暗示过现在就是复仇的时刻。

不过，恶魔不会在不允许的范围内作恶，因此比起担心恶魔，更让人担心的是对天主的不信任。天主原谅恶魔让寄希望于天主而获得不了力量的没志气的人感到悲伤或困惑。这种胆怯带来极大的危害，不屈不挠负担着基督的桎梏而不能前进，刚开始侍奉天主的人，无法内心安宁地生活。有些人只依赖自身的力量，能做的事情只停留在很小的范围内，知道因自己自身不足，而需要更大的力量。即使在必须完全信任天主的情况下，缺乏将天主赐予的恩惠用于重大事件的精神力量。胆怯招致了如此危险而有害的悲惨结果。（与之相反）过高评价自己的人们，因过分相信自己的能力，轻视小事，而不能在小事中积累修行、提高德行、战胜自我。（这样的人们）一旦遇到危险或辛劳，会比胆小的人更加窝囊。因为他们不能完成最初的事情，所以与无勇气做大事一样，在小事上也会失去天主的力量。

之后，因为他们感到厌烦，或对在小事上积累修行而感到羞耻，行走在让自身毁灭的道路上；或者他们不承认自己的懦弱而把责任归咎于基督的十字架，觉得很难背负十字架前进。

兄弟们，趁我们活在这个世上时，要注意将希望寄托于天主，知晓奉献的方法，如果不做准备，在我们临终之时该如何是好呢？那时我们的身心都将置于从来没有的诱惑、尝试、危险之中。因此，侍奉天主而生活的人们应在微小的事上谦逊，有时要放弃自己的想法，必须努力在天主中建立深而坚固的基础。在今世生活时，即使是临终之时，也必须对大的危险与困难等有所准备，懂得把希望寄托于造世主的最大的善与慈悲中。即使是微不足道的事情，对于嫌恶之感的诱惑，如果学习战胜的方法，带着深深的谦逊，不依赖自己自身的力量，加强精神力，将信赖寄予天主，那么充分利用我主赐予的恩惠之时，谁都不会是弱者了。

修炼自己德行的修道者，比起敌人恶魔施行的妨碍，他们想得到俗世名声的想法则是更大的危险。比起不能跨越敌人恶魔夸示的苦难，看到大的苦难而不信赖天主这种情况（更加的危险）。比起恶魔妨碍侍奉天主而产生的损害，不实行天主的圣意而产生的损害的影响更加恶劣。如果确信这一点，就可以在内心平静中生活了。

如果通过体验明白自己是多么无聊的人，明白假如把一切交给天主就能做大事，那这是多么大的精神进步啊。并且，如果恶魔知道自己被以前服从他们的人所征服，他们会感到多么困惑和软弱啊。

那么现在回到我们航海的话题中。海面变得平静，在悲痛中开始扬帆起航。几天后到达了中国广东（正对面的上川岛）东部的港口。船长和船员们都想在这里过冬。只有我们担心（航行）会被延期，恳请他们继续航行，反对在此过冬。于是我们说要将他们在航海中的谎言与阴谋以及没有完成的约定告诉马六甲的长官及在广东（往来各岛）的葡萄牙商人。

我主让他们心里有了不想在广东的岛上停留的想法，因此继续向漳州方向航行，几日后在天主赐予的顺风中到达了中国的另外一个港口漳州。

因为前往日本的季节风即将结束，（船长们）决定在此地越冬。当我们将要入港之时，一艘帆船向我们驶来，告诉我们这个港口有很多的海盗，如果我们入港，有可能会被杀。当我们听到这个消息时，我们发现在离我们一里格（五六公里）的地方，有几只漳州人的船。见此状况的船长觉得有失去船只的可能，所以决定不进入漳州港。不过调转船头朝广东方向航行的话是逆风，风是朝向船尾往日本的方向吹，这与船长和船员们的意愿相反，他们不得不朝日本航行。恶魔及他的手下都没能阻止我们的行程。

天主引领我们来到我们所憧憬的地方。于 1549 年 8 月圣母节（15 号）到达，我们没有去日本的其他港口，而是来到了圣信保禄的故乡——鹿儿岛。在这里受到了保禄的亲朋好友的真心欢迎。

关于日本，我们依据经验告诉你们：

第一，根据我们交往所知，这个国家的人在我们所发现的民族中是最好的，在异教徒中日本人最为优秀。他们容易接近、善良、没有恶意。有着令人惊讶的重视名誉之心，比其他任何事物都要重视。虽然大部分的人都非常贫穷，武士也好，非武士也好，大家不会认为贫穷是不光荣的。

他们（日本人）拥有着天主教诸地方的人都不具备的特质。无论武士多么贫穷，或者武士以外的人多么富有，他们对非常贫穷的武士与对富有的人表现出相同的尊敬。极其贫穷的武士无论给他多少财富，他们也不会与其他阶级通婚。他们认为如果与低阶级的人结婚，就会失去他们的名誉，也就是说，他们认为名誉比财富更珍贵。他们与他人交往时非常有礼貌，重视武器，也十分值得信赖，武士也好低阶级的人也好，常常斜挎着刀。他们到了十四岁就允许跨刀了。

日本人并不是那种被侮辱就默默接受、忍耐轻蔑语言的人。非武士阶层的人对武士十分尊敬，并且所有的武士都很重视为他的领主效劳，并臣服于领主。他们之所以臣服于领主，是因为比起背叛会被惩罚，他们更担心自己失去名誉。

这个国家的人饭量很小，饮酒也很有分寸。此地没有种植葡萄，因此他们用大米酿酒。人们都不赌博，因为赌博的人就是想要得到其他人的东西，考虑到有变成小偷的可能性，由此演变为特别可耻的事。他们几乎不发誓，发誓的时候是朝向太阳。大部分的人都会读书写字，这对在短时间内学会祷告文或教理很有帮助。他们只有一个妻子。这个地方没有盗贼，如果发现盗贼会给予其非常严厉的惩罚，无论是谁都会被判以死刑。他们极其憎恨偷盗的恶习，是非常善良的人，有社交能力，并且求知欲非常旺盛。

他们很乐意听与天主有关的事情，特别是需要理解的时候，似乎就变得非常喜悦。在我过去生活过的很多地方，比如天主教信徒居住的地方，或非天主教信徒的居住地，关于偷盗，从没看到过像日本人这么有节操的。他们也不拜兽像的偶像，大部分人信仰古代人，据我理解是像哲学家那么生活的人们（释迦牟尼或阿弥陀佛）。很多人崇拜太阳（日本古代的神道），其他的人崇拜月亮（须佐之男命）。

他们很乐意听合乎道理的事。关于在他们中间进行的恶习或罪，列举理由说明那是罪，他们认为应该做合乎道理的事情，不该有恶习或犯罪。

世俗的人犯罪的很少。比起被他们称为和尚的僧侣们，更合乎情理的（在生活）。和尚们有违反自然的罪孽倾向，而且他们自己也承认，并不否定。这并不是人人皆知的事情，男女老少都认为这很正常，没人觉得奇怪或厌恶。和尚以外的人很喜欢听和尚们可恶的罪孽。对于主张犯这些罪行的人是恶人、他们所犯的罪行是如此侮辱我们，日本人认为我们是有着正确理由的。

我们有时也会跟和尚们说不要犯那么丑陋的罪行。（可是）他们却通过嘲笑我们来敷衍，即使极其丑恶的罪行被责难，他们也不觉得羞耻。和尚的僧院里住了很多武士家的孩子，和尚教他们读书写字，虽然这些孩子犯着邪恶的罪行，但因这种罪行已成了习性，所以即使被所有人认为是错误的，他们也不觉得惊讶。

在和尚当中，有的像修道者那样，穿着褐色衣服，每隔三四天就剃一次头发和胡须。他们随心所欲地生活着，与同宗派的尼僧一起。一般人都会认为（和尚们的这种生活）十分肮脏，认为他们与尼僧的亲密交往是不好的事。据世俗的人说，如果发现哪个尼僧怀孕了，就会立即让她喝堕胎的药，这已是众所周知的事情。看了僧侣或尼僧的住所后，就觉得世俗人对和尚的看法有着充分的理由与证据。问世俗的人，僧侣们还犯有其他罪行吗？他们说这些人还与他们教授读书写字的少年犯有罪孽。穿着修道者服装的和尚与穿着像圣职者衣服的（禅宗）和尚之间关系不和。

关于此地的两个（习惯，）因为太过分而感到惊讶。第一是看见和尚如此令人厌恶的罪行，人们也觉得没什么大不了的。以前的人们已经习惯在这种罪恶中生活，现在的人在效仿先人。继续着违反人性的恶习，比起为生来拥有的东西而堕落，以及（没有觉悟到）不圆满而漠不关心地生活着，更清楚地明白了他们破坏了德行，并使之毁灭。

第二是普通人过着比和尚们还端正的生活。尽管人们很清楚这一点，却还非常尊敬和尚，对此我也感到很惊讶。和尚们还有其他的很多过错，比起（世俗人）拥有更多知识的和尚却犯着更大的过错。

与僧侣中最具有学识的人交谈过几次。特别是在此地受所有人尊敬的一位僧侣，他学识丰富，生活态度严谨，职位很高，已是八十岁高龄，被称为忍室。（这个名字）在日语中是"真理的心"之意。相当于司教的地位，住在（东堂）。并且如果有人符合"真理的心"之名，他会祝福。通过交谈，我了解到他关于灵魂是否不灭，或者与身体同时毁灭，持有怀疑，难以断定。我说在有些情况下灵魂是不灭的，其他场合不是。我担心其他有学识之人也会持有同样的疑问。

忍室与我关系十分亲近，这也很令人惊讶。世俗的人也好，和尚也好，他们所有的人都喜欢和我们谈话。当他们听说我们是受天主的指示来宣扬天主教义，为人们信仰耶稣·基督、拯救自己的灵魂，从距离日本6000（33600里）里格的葡萄牙而来时，他们感到十分惊讶。

我要告诉你们唯一的一件事是对天主的感谢。这个岛——日本是极其适合弘扬我们神圣信仰的国家。如果我们会说日语，我确信会有更多的人成为信徒。如果我们在短时间内掌握（日语）的话，那么天主一定会为我们感到喜悦。令我们欢喜的是40天内已经能够用日语解释天主十诫了。我之所以如此详细地汇报，是因为很想让你们全体会士一起对天主表示感谢。为了你们（隐藏在心中的宣教）愿望能够实现并完成，（地球上的）诸多地方将会被（逐渐）发现。你们具备诸德，作为赎罪主为我主耶稣·基督效劳，希望你们能忍耐各种苦痛。即使侍奉很多，但比起侍奉本身，请常常想起天主更看中人们奉献自身，为了对天主的爱与荣光，而奉献一生的谦逊与善良的心。

在这两年内，我想让你们中间更多的人来日本，请做好准备。请努力（感受）内心的嫌恶，或者必须让内心感到厌恶，为了从内心深知自己是多么凄惨的人，请准备对天主赐予的事情全力以赴的努力，并取得谦逊吧。仅从这深深的谦逊中，就能（在内心中）增强对天主的信仰、希望、信赖与爱以及对邻人的爱。真正的谦逊无论在何处都是必要的，但在日本，真正的谦逊比你们想象的还要有必要。

即使世间的人对于你们有良好的评价，但如果你们（听到之后）感觉不到内心的丑陋与羞耻，而起了傲慢之心的话，请注意不要把人们的评判放在心上。对此处理不当的话，有些人会失去内心的谦逊而变得傲慢。如果没有意识到人们良好的评价会变成一种障碍，随着时间的推移，就会失去那些曾称赞你们的人的尊敬。无论内心还是外表都找不到真正的慰藉，自己也会变得不安。

因此我要请求的是：所有的事情请不要建立在自己的能力、学识或者人们善意评价的基础上（进行判断），而要使所有的想法、行动以对天主（的信赖）为基础。（如果你们把一切交给天主的话）我想你们在将来遇到极大苦难时能做好一切准备。之所以这样说，是因为谦逊的人们，特别是对于细小的事情、无趣的事情，就像映在镜子中一样能够看透自己的弱点（和丑陋），而能变得更谦逊，天主也会将他置于高处，赐予力量。

这样的人即使遭遇前所未有的困难与危险，即使恶魔与他的手下来袭，即使遭遇海上的大暴风雨，即使在海路或陆路遇到凶恶野蛮的盗贼，也不会被这些打败，其他人也无法加害依赖天主且谦逊的人。他们确信，因为他们对天主寄予极大的信赖，所以在没有得到天主的许可与容忍时，恶魔什么也无法做。

（谦逊的人们）很明确将自己的所有意向与愿望放在对天主的侍奉上，而且所有的被造物都是在天主的统御下，因此除了对天主的忤逆外没什么可恐惧的了。恶魔横行，其他人迫害自己，只可能发生在天主允许的情况下。对于谦逊的人来说，为了内心更加明白，或者为了洗清自己的罪孽，为了获得更多的功德，为了变得更加谦逊，那种迫害会成为一种试炼。

（谦逊的人们）是这样想的：他们感到天主赐予他们如此大的恩惠，对天主献上感谢之意，也会爱迫害他们的人。这是因为（迫害他们的）邻人是带给他们极大恩惠的方法。并且无法报答给他们如此大恩惠的邻人，为了不成为忘恩之人，要用心的为邻人祈祷可以获得无数的恩惠。天主也希望你们能成为这样的人。

我知道某个人（说的是沙勿略自身），因为天主赐予他很大的恩惠，无论几次身处险境、或处于平稳时期，都将希望与信赖寄托给了天主。如果要将由此获得的精神方面的利益记录下来，那应该会很长。你们现在所经历的困难，比起航行日本的苦难实在是不值得一提。我真心地恳请你们为了对天主的爱与侍奉，要努力消灭会成为善的妨碍的一切，即自身邪恶的情欲。

耶稣·基督中我的兄弟们，在现世生活的时候，通过布教拯救他人，作为让他们进入天国荣光的媒介的许多人，因为（自己自身）没有内心的谦逊（而变得傲慢），蒙骗良心，对自己做过高的评价而坠入地狱。因此你们对此要格外注意。在此生活的时候，用尽所有的方法，获得内心谦逊的人，谁都不会下地狱。

请将我主所指示的"即使得到了世界，若失去了灵魂，那又有什么意义呢"这句话铭记在心。你们当中如果有人认为自己在耶稣会生活了很长时间，比其他的兄弟有资格，比那些时间不太长的人因时间久而感到优秀，那真是毫无根据的想法。老资格的会士要反省几次，即使在耶稣会中生活了很多年，但如果发现他们没有好好生活，没有进步反而退步，还浪费了许多时间的话，请告诉我。我将会是多么的高兴与感到慰藉，因为在德行的道路上没有进步的人，也将失去已得到的东西。

资格老的会士在思考这个问题后要感到羞耻，注意比起外在的要更注重得到内心的谦逊。为了恢复失去的时间而再次恢复体力与精神力。唯有如此才能成为修炼者或其他人的模范，感化更多的人。因为希望你们对基督的侍奉极尽热诚，所以请鼓励所有的会士都要努力具备谦逊的德行。

请相信能来到此处的人们，充分地被考验过能力的界限。为此，即使努力地去完备德行，仍然有不足之处。我这么说，并不是想表达侍奉天主有多大的苦劳，天主的桎梏并不是容易背负的东西。如果人们是为了寻求天主而采取必要的方法，那么，在对天主的侍奉中将无法看到内心的愉悦与平安。为了战胜自己，即使感受到嫌恶之情，如果不努力克服诱惑，会失去许多精神的喜悦与满足，只要明白这·点，那么克服所有嫌恶之前不断前进是多么容易的事情。精神力薄弱的人常常败给这种诱惑，无法知道天主的全善，在充满苦劳的生活中无法得到安心。如果无法体味内心的精神事物，那么即使在现世生活，那也不是生，而是死的连续而已。

我担心敌人恶魔不是在你们现在所处之地，而是去了其他地方，迷乱为侍奉天主而完成伟大事业的你们的心智。恶魔想在你们的所在之地，为了你们的灵魂、邻人们得不到任何的成果，让你们的心不安，让你们觉得是在浪费时间，让你们的心感到悲伤，而进行着诱惑。这对于想要侍奉天主的很多人来说是显而易见极其普通的诱惑。这种诱惑对于灵魂、对于修德之路会带来极大的害处，妨碍进步；带来精神的枯竭与荒废。因会使精神生活退步，所以希望你们能够抵抗。

你们在自身所在之处，首先应努力完善自身精神，然后再努力救济他人的灵魂。如果听从指示被派往某处，那么请信赖天主，确信比起其他地方更能够侍奉天主。因为你们是被派遣而去的。如此一来，你们会生活在慰藉中，能最有效地利用时间，取得精神的进步。虽然时间是非常宝贵的东西，但很多人却不知道（它的价值）。我知道你们必须要向天主严格地报告时间。你们（现在）并不在你们想去的地方，所以无法取得任何成果，如果你们现在身在此地，想法或愿望却飞到了他处的话，那么对你们自身、对其他人，对精神的进步毫无益处。

在圣信学院的你们，要经常向能够给（你们）精神帮助、改正弱点的人，比如听罪司祭或经验丰富的人，或其他学院的人坦白自己的内心。必须努力磨练自己，认识到自己的弱点。（如果这样的话）你们从学校毕业后，（在学院）经历过的，以及曾给你们精神帮助的人们的经验基础上，首先要关注自身的灵魂。其次要知道应该鼓励他人救灵。当你们每个人或者每两个人被派遣去布教时，体验在学院时没经历过的事情，比如在非天主教国家或海上的暴风雨中发生各种试炼，被各种诱惑袭击时，请理解。

如果没有被很好地训练过，就不会清楚敌人恶魔狡猾的做法，如果（在毕业前）没有经历如何战胜自身邪恶的情欲，在毕业后将遭遇极大的危险！兄弟，请你们自己判断。现在的世间十分腐败，如果没有真正的谦逊，那将如何对抗诱惑？

更令我们所担心的是（恶魔的）首领撒旦极其狡猾地借助光天使的样子，来扰乱你们的心。（恶魔首先）进入天主的学院，给予各种恩惠，让你们认为他把在世俗中经历悲惨的你们解放出来，然后在你们还未到达（传教的）时机，就把你们从学院中引诱出来，让空想在你心中膨胀，在学院，短时间之内因天主赐予了恩惠，如果为了拯救灵魂而离开学院，将给予更多的恩惠。恶魔就是这样诱惑你们，让你们觉得在学院学习是浪费时间。

抵制这种诱惑有两个方法。第一，好好思考你们自身的事。如果世间的大罪人与你们站在同一立场，远离犯罪的机会，给他们朝向完备德行前进的地方，那么他们将远离罪恶的状态。也许你们很多人都（认为自己还在没有向完美的德行努力）感到羞耻吧。我之所以这么说，是因为你们没有机会背叛天主，为了精神的进步在修道院中有各种方法和恩惠，请想想，自己是没有犯大罪的机会的。不知道如此大的恩惠来自哪里，修道院被世间所隔绝，他们很容易认为那不是靠神灵造出的氛围，而是他们自己的力量。因此，会轻视从细小的事情上得到的精神进步。那些细微的事情本身是很大的事情，那些轻视细微事情的人是小人物。

第二，将大的信仰、希望、信赖委托给天主，把你们所有的希望、判断、思考交给上长。这样带着天主的慈悲，请让上长认识到什么是使你们完成精神进步的方法。

　　请注意不要让你们的院长为难。不要对上长过分地纠缠以及要求十分有害的事。因为会给对此下达指示的上长增加压力。如果那个要求不能实现，会导致你意志消沉，而且你也不会承认意志消沉的原因在自己的身上。

　　虽然发过顺从的誓愿，将所有奉献给天主，否定自己随心所欲的行为，但后来为了实现自己的意志而徒增悲叹。这样的人越是为自己的意志努力，越会失去精神上的平安，会变得良心不安。因此固执于自己的判断或意见的手下，只要不被命令去做自己所期望的事情，就应珍惜上长的意向，不要去听从自己的内心。

　　为了天主的爱，请注意你们当中有很多这样的人。对于上长分配的修道院中的工作要尽全力，请充分利用天主给予战胜所有诱惑的恩惠。敌人恶魔企图让人们在修道院的工作中无法取得精神上的进步。让人误认为比起这份工作，祈求来的工作更能取得精神的进步，与此同时，诱惑正在学习中的人也是很普遍的事情。

　　为了对天主奉献，我真心向你们请求：每当做卑微的工作时，比起把更多精力放在肉体上的劳作，反而应该在让恶魔困扰以及战胜不让你们做卑微工作的恶魔诡计与诱惑上倾注全力。有很多人在工作时，虽然表面上看起来在努力工作，但内心却没有得到进步，这是因为恶魔为了不让你们工作而进行了各种诱惑，扰乱你们的内心，让你们不能通过努力战胜诱惑。这样的人通常获得不了内心的平静。无法平静，没有精神上的进步。不将卑微的工作（内外）进行到底，就能在大事业上取得卓越，那是自欺欺人。

　　请相信我的所言。虽说热情有很多种，但与其说是热情，不如说是诱惑。在人们当中，有人到了做被指派工作的阶段时，无法抑制自己想要做的事情，把信仰、对救灵的热情当作借口，为了逃离小小的十字架而拼命找手段或方法。不懂得没有能力做细微事情的人，也在其他很多方面不会有扩展的能力，却想做（被指派的事）以外的大事。也没有自我否定的（不积累修行）精神力量的人，着手困难且重大的工作，（终于）开始发现以前认为（对救灵的）热情其实是诱惑，开始明白热情本身是很薄弱的。我担心像这样的热心家是从科英布拉来的。一旦他们遭遇海上的暴风雨，就开始思念科英布拉的会士们，于是在还没到达印度时，之前的热情也会消失。

　　即使是从欧洲来到印度的人，一旦进入非天主教徒中遭遇很大苦难后，在德行又不深的情况下，热情会消退，会变成人在印度，心却在葡萄牙。与此完全相同的是，（在果阿圣信学院的）某些人在学院的生活中体味了精神的平安，为了拯救人们的灵魂，抱着热情出发来到任地，来到憧憬的传教地之后失去了热情，开始变得想要回到圣信学院。（为了传教还未做好心理准备）时，就算是被热情驱使而奋起，那种热情到了最后会变怎样，在没有准备好（各种德行）的情况下，将会面临多大的危险，请认真考虑。

我这样写并不是说要为极其困难的工作献身；努力对天主的侍奉建功立业，而不给后世留下记忆。相反，我是希望你们即使在细小的事情上也带有伟大的精神，在无趣的事情中间理解各种诱惑，看清自己能做什么样的事情，为了天主竭尽全力，在精神方面进步。只要考虑这个即可。这就是我想说的。如果你们在这条路上不屈不挠地前进，无论在谦逊的德行上也好，在精神方面也好，都会成长，救灵工作也会取得成果，无论到哪里心灵都会平安，无疑也会安全。

常常深深地感受到自身（内心）不正的冲动并改正的人们，感知到邻人的冲动，带着爱为他们改正；当邻人窘迫时而奔去解救，即使付出自己的生命也是理所当然的。首先感受到自己灵魂中邪恶的冲动，改正后有了心灵进步的经验者，可以了解他人心中的冲动，因为本人能充分理解，所以才能为他们改正。这样他们就能深深地感受到基督的受难，也能够让他人感受到其受难。除此之外，我不知道其他的方法了。总之，自己自身无法感受的人也无法让其他人感受。

在善良又诚实的朋友——保禄的家乡，城主的代理者及奉行等人怀着好意与爱，来迎接我们。普通民众也很欢迎我们。见到从葡萄牙来的神父们，大家都非常地惊讶。他们没有对保禄成为天主教信徒感到奇怪，反而很尊敬他。保禄的亲戚及其他所有人，对保禄去过他们都没到过的印度，感到喜悦。此地的领主（岛津久贵）很高兴地接见了他，并给予礼遇，关于葡萄牙人的生活方式及高雅的气质等询问了很多。关于这些问题，保禄回答得非常详细，领主非常满足。

保禄拜见领主时，领主住在距离鹿儿岛5里格（28公里）的地方。保禄带去了我们从印度带来的虔敬的圣母画像。领主见此非常感动，跪在我主基督和圣母的画前，带着深深的敬意与尊敬叩拜了画像，并且还命令在场的所有人叩拜圣画。之后，领主的母亲（岛津日薪公之妻宽庭）看过画像后，她非常感动、极其地高兴。在保禄回到我们住的鹿儿岛几日后，领主的母亲派家臣来询问我们，能否给她画一幅同样的圣画。（但是）由于这个地方没有作画的材料，她打消了这个念头。领主的母亲进而拜托我们写些天主教徒信仰的东西，保禄花了几天时间，用日语把神圣的信仰写好后送给了领主的母亲。

相信你们实现（神圣传教）愿望的道路已经敞开，请对天主献上感谢之情吧。如果我们会说日语，肯定已经取得了很大的成果。保禄不分昼夜地为他的亲朋好友说教，极其地忙碌。他的母亲、妻子和女儿以及很多的亲戚、朋友都成为了信徒。到现在为止，还没有人对他们成为天主教信徒而感到奇怪。因为他们都能读书写字，所以也很快就记住了祷文。

如果天主给予嘉许，为了能跟他们讲述天主，请赐予我们语言吧。这样在天主的帮助、恩惠与好意下，会取得更多的成果吧。现在我们在日本人中只是一个站立的雕像而已。虽然他们对我们说了很多，但因不懂他们的语言，我们只能保持沉默。

现在我们为了学习语言，必须像幼儿一样。如果天主赐予嘉许，请让我们模仿幼儿的老实与心灵的纯洁。为了掌握（日语），必须模仿天真幼儿的单纯，为此也得回归童心，必须准备选择所有的方法。

天主指引我们来到这个非天主教徒住的地方，为了不让我们自己疏忽，请赐予我们意义深远的恩惠。因为这里没有亲戚，没有朋友，也没有知己，更没有天主教的信仰，全部是创造天地的天主的敌人，（我们周围的人）都是偶像崇拜者、天主教的敌人，除了天主之外没有能够寄予希望与信赖的。所以我们不是将所有的希望与信赖寄予没有信仰天主的敌人——人类，而是我主基督。

在信仰我们的创世主、救世主、天主的其他国家里，有父母、亲戚、朋友或知己的爱、国的爱，无论健康还是生病，因为有补充现世生活必需品的财富或精神上的友人，所以在被造物人类中，（反而）成为疏忽依赖天主的根源，成为（信仰的）妨碍。（但）特别是我们只能把希望托付给天主，（在这里）没有（困难的时候）能够给予我们精神帮助的人。因此，身处没人知晓天主的异境中，由于被造物缺乏对天主的爱及天主教的信仰，为了引导他们强制信仰、希望和所有的信赖，不得不依赖天主的全善。（也就是说）请天主赐予我们极大的恩惠。

一旦想到天主在赐予其他恩惠的同时给予的恩惠，感到慈爱后又深深陷入困惑。我们为了弘扬天主神圣的信仰而来到日本，想着对天主的奉献，我们为了对天主怀抱更深的信仰、希望与信赖，为了切断对此造成妨碍的被造物的留恋，带着不计其数的大恩惠来到日本。现在我们依据天主的全善，明确地认识并感受到这一点。寄托希望于所有善的来源——天主，试想如果（具有）应当具备的各种德行，那么我们的生涯将会充满心灵的平静与平安。天主不欺骗信赖他的人们，比起人们的恳求与希望，会赐予更宽大的（恩惠），请你们（认真地）考虑。

为了天主之爱，为了感谢这些恩惠的我们，为了不陷入忘恩负义之罪行，请求你们的帮助。对于想要侍奉天主的人们，得到天主的援助却不承认被赐予如此大的恩惠（忘恩之罪），会成为天主拒绝赐予更大恩惠的根源。

为了常常感谢天主的慈悲及让我感悟到其他恩惠，希望你们也能够协助。因此，很有必要告诉你们一些事情。在其他国家，丰富的生活必需品会成为想要的东西无论如何都想弄到手的、这种无秩序欲望的根源。而且那种机会会成为习惯。在很多情况下，节制的美德被抛开，人们的身心受到了伤害，会成为身体上，甚至成为精神方面疾病的诱因。因此人们为了保持中庸而辛劳地生活着。在得到中庸之前，要忍耐身体上各种各样的痛苦和疼痛，为了恢复健康，所吃药的苦味大大超过了以前所品尝食物的乐趣，并使寿命缩短。这种苦味中还会加上其他的苦。虽然（患者）们把自己的生命委托给医生，医生经历过各种过错后，才能知道确切的治疗方法。

天主把我们引导至这个国家，赐予我们极大的恩惠。在这个国家，土地并不肥沃，即使为了身体想要吃些奢侈的东西也没有，也无法过富裕的生活。（在日本）他们不杀掉饲养的（家畜），也不吃。他们有时吃鱼，还吃少量的大米和麦子。他们有很多可食用的蔬菜和几种水果。靠少量的食物就能维持生命这件事情，一旦了解了日本人的生活就会明白。我在这里非常健康地生活着。希望灵魂也一样健康。

为了我们成为符合（天主恩惠）之人，为了通过弥撒圣祭与祈祷，请给我们帮助。必须要告诉你们（以下几件）事情。在日本人中有很多和尚，尽管对他们的罪行所有人都很清楚，但他们仍然被那片土地的人所尊敬。说到他们为什么如此受尊重，是因为他们过着严格禁欲的生活。他们绝不吃肉或鱼，只吃蔬菜与水果，一日一餐极其有规律，也不饮酒。

听说和尚的数量很多，僧院的收入又非常贫乏。他们为了保持不间断的禁欲生活，与我们的圣职者一样穿着黑衣的（禅宗的）和尚（如果犯了禁忌）

会被处以死刑，不与妇女交往；因知道很好的说教方法，即某个故事或者说他们所说的寓言更贴切，而受到人们的尊敬。由于他们与我们对于天主的认识或救灵工作的见解不同，所以我们会受到他们的迫害，不仅是在语言方面，还在其他方面，但这并没什么大不了的。

我们来到这个国家，努力让人们认识到日本的创造主、赎罪主、救世主耶稣·基督。为了完成此任务，希望天主赐给我们力量、恩惠、帮助与慈爱，在大大的信赖中生活。一般的世俗人认为只要和尚们没有提出过令人厌恶的要求，他们就不会反对或迫害我们。虽然没打算和一般世俗人产生不和，但出于对他们的担心，关于天主的荣光与灵魂拯救的话题就不会停止。

他们在没有我主允许的情况下不能加害我们。他们对我们的加害，就是我主赐予的恩惠。如果为了对天主的爱与侍奉、对救灵的热情而缩短生命的话，这个世上在不断的死亡中生存的现实会（很快）宣告结束，我们的愿望会在短时间内实现，与基督一起在永远的国度中生活。我们的意向是无论他们怎么反对，都会宣扬真理，给予明示。因为比起我们的生命，爱惜对邻人的救灵工作是天主给予我们的义务。为了在日本这偶像崇拜中明示我们的真理，与天主的帮助、慈爱与恩惠一同，请赐予我们为完成这个命令而努力的力量。

我们带着从天主那里得到的希望而生活着，所以我们完全不信赖自己的力量。我们将所有的希望寄托于我主耶稣·基督、他的圣母玛利亚、九个天使的歌队，依赖于战斗教会的总帅、守护者天使米迦勒的保护，希望能够守护这个日本国，每日特别向米迦勒祈祷。为了日本人改宗，在向天主祈祷的同时也想给我们关注的守护天使们祈祷，请守护日本人。看着失去众多灵魂的现实，对希望拯救被天主形象化、被造物的众多灵魂的圣人们的祈祷也从未停止过。我们所有的疏忽或缺点不要交给我们自身，我们相信在天国为我们补救的耶稣会的圣人们，会将我们贫乏的愿望传达给至圣的天主。

通过天主的全善，即使敌人恶魔想让我们后退并加以妨碍，狠狠地将我们推到一边，在如此大的天主的恩惠的帮助下，我们取得胜利的希望会远远超过他们的妨碍。我们哪怕是一点点信赖自身的能力或知识，那我们的心里一定能强烈地感受到（敌人的妨害）。依天主慈爱，允许敌人恶魔在我们的眼前示以很大的恐怖、劳苦和危险，我们也绝不要相信自己的力量或能力，而是只管将其交给天主和诸圣人而变得谦逊，让内心变得谦恭。

天主让我们的内心感悟到我们是多么微小的存在，示意我们天主无限的慈爱和关于我们个人的记忆。通过小的苦劳或危险，天主允许我们苦恼的是为了我们信赖我们自身，不要粗心大意。因为对自身带有些许自信的人们一旦面对微小的诱惑或迫害，比起那些完全不信赖自身而将信赖寄托于天主的人遭遇大的危险与苦难时，会感到更大的烦恼与困难。

之所以要把我们在（牧灵的生活中）担心的大事向你们报告，是因为这能成为我的慰藉，希望你们（因为担心而）通过弥撒圣祭或祈祷来帮助我们。我们会把我们犯的邪恶与大的罪行明示给天主。只要我们不深深地反省，到结束对天主的侍奉为止，都会在担心天主是否会不赐予恩惠的恐慌中生活着。为此根据在今世（得到）耶稣圣名祝福的所有会士、修会的热心帮助者以及朋友的调解，我们在圣母的教会、我们的主及赎罪的主耶稣净配的教会中想要奉献我们自己。我们确信并深信不疑，神圣的教会中无限的功德会分与我们。

为了守护我们不背叛天主，反省我们的邪恶，请通过教堂向天国的诸圣人，特别是教会的净配、救赎主我主耶稣·基督、圣母玛利亚、所有善的根源圣父请求以那无限的善赐予不断的恩惠。因为天主知道我们只因为天主的爱而来到这个国家。我们想把我们的想法、意向及贫乏的愿望明示给天主。即对地上 1500 多年被人们当作天主而礼拜的撒旦所束缚的灵魂给予解放。这是因为（恶魔）在天国没有势力，从那里被驱逐之后，尽可能地想要向更多的人复仇，日本人也被其所折磨。

在此我想汇报关于我们在鹿儿岛停留的情况。我们到达这里之后，虽然想去这个国家的王（后奈良天皇，1526-1557 年在位）及领主们所在的京城（京都），可风向逆转了。在五个月之后，会有去京城的顺风，那时依靠天主的帮助再去（京城）。从这儿到京城有 300 里（日本的里数）。我们听说那个城市有 9 万多户的人家；有一个大学拥有（很多的）学生，并有 5 个附属的学院；还有 200 多座僧院，是被称为"和尚"或"时宗"的、就如（我们的）修道者那样的其他和尚，以及被称为"尼姑"的尼僧们住的地方。

除了京城的大学外，还有其他五所主要的大学。名为高野、根来、比叡山、近江的四所大学在京城的周围，据说每所大学有 3500 多人的学生。在距离京城很远的坂东（关东），有日本最大、最有名的大学（下野的足利学校），比起其他的大学有更多的学生去。坂东是非常大的领地，在那里有六个公爵，但只有一个支配者，其他的人都顺从他。这个支配者顺从国王。（关于这些地方或大学的事情，鹿儿岛的）人们跟我们说了很多，为了确认这些真相之后再汇报，我想如果能亲自去看看就好了。能像他们所说的那样，自己亲身经历过后再详细地汇报给你们。

他们说除了这些主要的大学之外，在日本其他地方也有很多学校。在弄清这些地方能否取得传教成果后，再给（欧洲）所有主要的天主教大学写信，为了完成我们的良心的义务，振奋他们的心灵，写信并不算什么大的辛苦。如果带着学者们的诸德和很高的学识，可以去除这些恶德，让他们改信天主教，能够让他们认识到自己自身的造物主、救赎主、救世主。

我们打算给（耶稣会的）上长或神父们写信，我们想这样写：我们希望（欧洲基督教诸大学的）人们能把我们当作小人物来看待，根据他们的恩惠与帮助（在此）能够取得救灵的成果。（如果这样）不能来到这里，为了天主的荣光与救灵，为了（比起在欧洲能够得到的，在这里）能够得到更大的心灵的平安与精神的喜悦而献身的人，（通过祈祷）能够给予恩惠。如果此地像我们逐渐了解到的那样，是非常好的状态，那么会向教皇汇报。因为教皇是地上基督的代理者，是信仰基督的人的牧者，更是承认救赎主、救世主（而为了成为信徒）做准备，想要进入教皇精神支配下人们的牧者。

对于引导不知基督的人们的灵魂来到教堂、希望给基督增添荣光而生活的信徒，所有被祝福的修道者们，我们不会忘记写信。来到这边的人尽管有很多，为了满足他们神圣的愿望，在这个大的国家工作绰绰有余，并且有个更大的国家——中国，如果拿着日本国王的通行许可证就可以安全地进入。我们信赖天主让日本的国王成为我们的朋友，很快就能从他那里拿到通行许可证。

就如我告诉你们的那样，日本国王与中国国王关系非常亲密，像（日本国王）给前往中国的人以勘合，是一种带着亲善标记的印章。从日本到中国只要花费十到十二天的时间，所以有很多船前往贸易。如果天主能再给我十年的寿命，我将抱着这样的希望生活着，那就是通过（来自欧洲的）人们，以及为了在这个国家让人们有真理的认识而召唤来的修道者，一定能够看到实现伟大的成果。为了我主耶稣·基督能被京城或诸大学承认，（必须做）所有的准备，（关于这一点）我想在1551年做详细的说明。今年有两位在坂东或京城的大学的和尚，为了学习我们的教理，带着很多日本人去印度学习。

在大天使圣米迦勒（9月25日）与当地的领主进行了会谈。领主非常诚挚地接待了我们，他说会珍惜我们写的天主教教理书。他还说如果耶稣、基督的教理是真理、是好东西的话，那么恶魔一定很痛苦吧。几日后，他允许有意成为天主教信徒的臣下改宗。

如此喜悦的报告我要写在书简的最后，是因为希望你们从心里为我们感到高兴，为天主献上感谢之情。在这个冬天把信仰条目的说明书译成日语，想要大量地印刷，所以应该会很忙。在日本，几乎所有人都会读写，我们又不可能走遍全国，为了把我们的信仰弘扬到各个地方（而印刷）。

我们亲爱的兄弟保禄，为了拯救日本人的灵魂忠实地把必要的、所有的教义都译成了日语。如今打开了这么好的局面，为了成为在天国的天主的伟大仆人，首先明示（传教的）神圣愿望，（为此）即使在现世生活也要成为内心谦逊的人，为了地上的邻人信赖你们而把一切交给天主，这便是你们的责任。如果天主不能（被邻人所信任），那么天主会看到本该回归天主（的荣光）却成为危机自己（名誉）的事。

常常看着内心无数应被责难的缺点，嫌恶自己的爱与所有邪恶的冲动的同时，要向完美的德行努力，直到世人看不出任何值得非难的缺点；来自人们的称赞会成为背负着的痛苦十字架，要努力在称赞的语言中明确地承认自己的诸缺点（的谦逊的心）。我一想到这点就感到无比的喜悦。

我对你们所有人及每个人所带有的爱，就算想写也无法写完，只能就此搁笔了。如果在这种现实的生活中看到在基督中相互爱的人的内心，那么我希望你们确信在我的心中你们能清楚地看到自己的样子。如果我在心中你们能分别并看清自己的样子，那么尽管我会非常尊敬你们，但因为你们的德，即使在我心中看到了你们的样子，由于你们轻视自己以至于无法辨别你们谦逊的德是自己的样子，那就不是我没在我心中刻画你们的样子。

我真心地希望你们（彼此）带有真实的爱，不要在心中泛起苦涩的情感。把精神热诚的一部分转向为相互的爱，为了基督，把受折磨的热情的一部分为了爱转向痛苦的事情，请战胜妨碍增加这种爱的内心嫌恶之情。众所周知，像基督说的那样，"你们若有彼此相爱的心,众人因此就认出你们是我的门徒了"（约翰13：35）。希望能感到天主在心中至圣的谕旨，并赐予实现它的恩惠。

附录 4　沙勿略年谱[1]

年　代	年龄	事　　项	参考事项
1506 年		4 月 7 日，沙勿略出生于纳瓦尔王国沙勿略城。	葡萄牙开始进入印度，获得海上贸易权。
1512 年	6	7 月 24 日，西班牙军占领纳瓦尔的首府潘普洛纳。	1512 年，西班牙击败法国，将比利牛斯山以南的纳瓦拉国土并入西班牙，最终形成了西班牙今天的国土。
1515 年	9	6 月 11 日纳瓦尔王国与西班牙合并。10 月 10 日，沙勿略父亲病逝。兄长米歇尔继承了沙勿略城。	1514 年，葡萄牙总督佐治·达尔伯喀克派遣 Jorge Alvares 率商船来中国屯门。1515 年（正德十年），供职于葡萄牙舰队的意利人 Rafacl Perestello 搭乘满剌加的商船来到中国。但均没有与明政府取得任何接触。同年，葡萄牙占领霍尔木兹。
1516 年	10	沙勿略城遭到破坏。	葡萄人到达中国广东。
1521 年	15	2 月 19 日，纳瓦尔王党的人为了光复故乡而奋起。5 月，沙勿略兄长出征，与西班牙军的依纳爵·罗耀拉交战。法国同盟军战败逃往比利牛斯山。罗耀拉负伤，回到罗耀拉城养伤，开始读《基督传》等。	1 月 3 日，宗教改革家马丁·路德金被罗马教皇开除教籍。3 月 16 日，西班牙航海家麦哲伦在首次环球航行中，从美洲横跨太平洋抵达菲律宾。4 月，麦哲伦在菲律

1　本年谱以原始文献中的记述为基础，并参照了 Georg Schurhammer,S.J.《圣弗朗西斯科·沙勿略全生涯》中的年谱。

			宾被杀后，他的同伴们继续航行。1521 年 11 月 8 日，他们在马鲁古群岛的蒂多雷小岛一个香料市场抛锚停泊。在那里他们以廉价的物品换取了大批香料，豆蔻、丁香、肉桂等。
1522 年	16	罗耀拉开始执笔《神操》。9 月，圣地朝圣。	麦哲伦的同伴完成世界环行，回到西班牙。
1524 年	18	2 月 19 日，纳瓦尔王党败北。与西班牙签署条约。在西班牙国王的特赦下，沙勿略的兄长们回到家乡。	中国在北京铸造弗朗机炮。
1525 年	19	9 月初，赴法国巴黎留学，进入圣巴巴拉学院，开始拉丁语的学习。	德国农民战争爆发，成为宗教改革运动的组成部分，是长期反封建斗争在宗教改革运动时期中达到的顶点。
1526 年	20	10 月 1 日，升入同学院跟随佩纳学习哲学。罗耀拉来到巴黎。	莫卧儿帝国建立。
1529 年	23	7 月，沙勿略母亲病逝。9 月，罗耀拉进入圣巴巴拉学院。	奥斯曼军包围维也纳。
1530 年	24	3 月 15 日，获得学士学位及教授哲学的资格。10 月 1 日，开始在博韦学院担任亚里士多德论课程的教师。	日耳曼皇帝查理五世在奥斯堡召开国会，盼望解决罗马天主教与东正教之争，统一国力以御土耳其的入侵。
1531 年	25	为成为高位圣职者，向纳瓦尔王室会议和最高裁判所申请贵族身份证明书。	2 月 11 日亨利八世自任英国教会最高权威。
1532 年	26	兄长去世。开始与西蒙·罗德里格斯亲密接触。	苏丹大军的推进使皇帝与新教徒达成了对于新教发展至关重要的《纽伦堡宗教和约》。
1533 年	27	1 月 20 日，长姐病逝。沙勿略开始认同罗耀拉，6 月初重拾信仰。	10 月，英格兰国王亨利八世禁止英国教会向教皇交纳岁贡。11 月，厄瓜多尔和秘鲁成为西班牙殖民地。
1534 年	28	8 月，罗耀拉与沙勿略等七人在巴黎蒙马特教堂立下了清贫、贞洁、圣地巡礼之誓愿。沙勿略等人在罗耀拉的指导下进行神操的修行。	路德的圣书德语版出版发行。

1535 年	29	3 月 14 日，罗耀拉获得哲学硕士学位。沙勿略托在家乡休养的罗耀拉给其兄长捎去书信。	西班牙在墨西哥正式建立总督辖区。
1536 年	30	8 月 4 日，被授予贵族证明书。11 月 15 日，与其他耶稣会会士奔赴威尼斯。	加尔文在巴塞尔出版《基督教要义》。丰臣秀吉出生。
1537 年	31	1 月 8 日，到达威尼斯与罗耀拉会面。看护病人。 3 月 16 日，从威尼斯出发；3 月 25 日到达罗马。 4 月 3 日，谒见教皇保禄三世。 6 月 24 日，与六位同伴在圣保禄大教堂被叙阶。 9 月 30 日，在维琴察作了首次弥撒。得了热病。 由于东方形势的恶化，圣地巡礼无法成行，故分散在意大利传教。罗耀拉提议将修会的名字定为"耶稣会"。 10 月下旬，沙勿略前往意大利的博洛尼亚。	葡萄牙人占领中国澳门。
1538 年	32	4 月，被召回罗马，与罗耀拉会面，在圣堂传教时被认为是异端而遭到迫害。5 月 3 日，罗耀拉等人的传教活动得到了教皇的许可。 11 月 18 日，罗马市长的公文为其洗清污名。 罗耀拉向教皇表明耶稣会士可以去世界任何地方传教。 12 月罗马处于大饥饿中，负责救济工作。	范礼安出生。奥斯曼帝国掌握了地中海的制海权。
1539 年	33	3 月-6 月，讨论耶稣会的宪法。6 月下旬，提交会宪草案给圣厅。 6 月下旬，沙勿略成为罗耀拉的秘书。葡萄牙国王若昂三世招募耶稣会会士前往印度传教，9 月 3 日，保禄三世口头承认耶稣会的成立。	葡萄牙在印度果阿设立主教区。
1540 年	34	3 月 14 日，决定前往印度。3 月 15 日，与在罗马的葡萄牙大使一同从罗马出发。6 月末，到达里斯本，在葡萄牙宫廷工作。9 月 27 日，教皇保禄三世正式批准耶稣会成立。	

1541 年	35	4 月 7 日，沙勿略同新任总督从里斯本出发前往印度。 4 月 8 日，耶稣会选罗耀拉为总会长。 8 月末，到达莫桑比克，看护病人。	
1542 年	36	2 月下旬，从莫桑比克出发。 3 月到达麦林德，4 月到达索科特拉岛，5 月 6 日到达印度果阿。 9 月下旬，前往科摩林角。 10 月，前往渔夫海岸传教。同年著《公教要理》。（1542.10-1543.2 在泰米尔纳德邦杜蒂戈林停留的 4 个月）	中国明朝发生壬寅宫变。
1543 年	37	11 月中旬，返回果阿。12 月末发大愿。	葡萄牙人漂至日本种子岛，随之，铁炮传入日本。 1543 年，西班牙侵占了菲律宾，并用西班牙王储菲利浦的名字命名群岛为"菲律宾"。 哥白尼著《天体运行论》。
1544 年	38	给罗马耶稣会士写信。1 月 15 日，到达柯钦。2 月中旬，返回渔夫海岸。为保护卷入内陆诸王政治斗争中的信徒及会见总督前往柯钦，12 月 16 日到达后，得知总督已回到果阿，于是沙勿略随后返回果阿。	西班牙国王查理一世与法国国王弗朗索瓦一世共谋消灭新教。 葡萄牙船员赴日贸易途中，偶然发现台湾岛。这是台湾岛与西方世界的首次接触。
1545 年	39	1 月 20 日，再次来到柯钦。向葡萄牙国王写信报告实情。2 月下旬，从柯钦经塞隆岛前往纳加帕塔姆，于 3 月中旬到达。3 月 22 日，向圣多美出发。复活节时折回纳加帕塔姆。5 月至 8 月在圣多美。8 月下旬，向马六甲出发，9 月 25 日到达。住在病院传教，将祷文抄译为马来语。由于没有来自望加锡的信息，而决定改变行程前往马鲁古群岛。 11 月，沙勿略从往来与中国与马六甲的葡商那里听到了关于中国的信息。	罗马教廷在意大利北部特兰托举行会议，历时十八年之久，时断时续。目的是反对宗教改革运动，维护天主教的地位。
1546 年	40	1 月 1 日，从马六甲出发，2 月 14 日，到达安汶岛。（2-3 月在安汶岛的村子里走访）6 月，从安汶岛出发，7 月，	10 月 25 日，耶稣会设立最初的葡萄牙管区，首任管区长为西蒙·罗德里格斯。

		到达特尔纳特岛。作《使徒信经说明书》而停留约三个月左右。9 月 12-17 日大批神父到达。9-12 月，在马鲁古群岛。	宗教改革发起人马丁·路德逝世。
1547 年	41	1 月，返回特尔纳特岛。5 月 15 日，从特尔纳特岛出发途经安汶岛。7 月末，返回马六甲。12 月 7 日，沙勿略在马六甲邂逅日本人池端弥次郎。开始考虑前往日本传教。12 月下旬，从马六甲出发前往柯钦。	明朝终止勘合贸易。 耶稣会建立信简制度。 中国实行海禁政策。
1548 年	42	1 月 13 日，到达柯钦，给欧洲耶稣会写了五封信。1 月下旬，前往科摩林角。2-3 月，从渔夫海岸经柯钦、果阿、3 月到达勃生，随后返回柯钦。4 月 2 日，返回果阿。5 月 20 日，3 名日本人在圣保禄学院受洗。6 月 6 日，总督逝世。10 初，奔赴渔夫海岸。11 月 10 日左右，返回果阿。12 月初，为创建学校前往柯钦。	1548 年，明军收复被葡萄牙人侵占的双屿。
1549 年	43	1 月，因高麦斯的问题写信给罗马。2 月初，到达马拉巴尔，2 月末，返回柯钦。3 月 6 日，回到果阿，为日本传教作准备。3 月中旬，为见总督前往勃生。4 月 15 日，从果阿出发前往日本。4 月 21 日复活节，寄港柯钦。5 月 31 日，到达马六甲，在准备航行日本时，写信给欧洲与果阿。6 月 24 日，与托雷斯、费尔南德斯前往日本。8 月 15 日，在鹿儿岛上岸。9 月 29 日，会见领主岛津久贵，获得传教许可，开始翻译使徒信经。10 月，印度管区从葡萄牙管区中独立出来，沙勿略任首任管区长。11 月前，在弥次郎帮助下翻译出基本教义。11 月 5 日，写大书简。	3 月 23 日，葡萄牙在萨尔瓦多设总督，管辖巴西殖民地。 此时的日本处于室町末期，北条、武田、上杉、今川、德川、浅井、织田、大内、毛利氏等为战国大名，竞相称霸。
1550 年	44	《简短公教要理》《使徒信经说明书》由弥次郎翻译成日语。等待上京的机会。7 月初，沙勿略抵达平户，随即返回。8 月末，再次来到平户，受到领主松浦隆信的欢迎，获得传教许可。10 月末，从平户经博多到达山口，11-12 月在山口滞留，并于街头传教。受人引	葡萄牙船首次进入日本平户港。 葡萄牙确定航海日本的甲比丹·莫尔制度。

		见，见到领主大内义隆。12月17日，从山口出发，徒步到岩国，搭便船来到了堺港，受到堺港豪商日比屋了珪的欢迎。	
1551 年	45	1月15日，到达因战乱而成为废墟的京都。拜见天皇及访问京都的学校等计划全部化为泡影，受难的群众也无心听异国人传教。停留11天后离去。3月中旬，返回平户。4月末，前往山口，身穿华服带着昂贵的礼物拜见了领主，受到了保护。2个月内有500人受洗。9月，收到大友氏来信招待而前往丰后。受到葡船船长伽马的欢迎。9月19日，会见大友义镇。10月，收到费尔南德斯修士信件，提到日本人关于天主教教义提出的21个质询。因未收到马六甲来的任何书信，挂念果阿的沙勿略11月15日从丰后扬帆前往印度，大友义镇让使者与之同行。在中国上川岛遇到老友佩雷拉，听说了中国的事情，燃起了新的传教希望。12月24日，到达新加坡海峡。12月到达马六甲后知道自己被任命为印度管区长，立即从马六甲出发。	耶稣会创办罗马大学。7月，一艘葡萄牙商船进入丰后。10月3日，山口领主的手下陶晴贤谋反，义隆10月7日自杀。11月30日，教宗保禄三世发布 Pracelara charissimi 通谕，将印度果阿升为总主教区，它包括柯钦和马六甲教区。
1552 年	46	1月24日，到达柯钦，完成写给欧洲会士的日本传教报告书及罗耀拉的回信四封。1月27日，到达马六甲。2月15日，带着日本人回到果阿。决定将考麦斯派往别处。2月29日，任命巴雷特为勃生的院长。4月6日，任命巴尔斯为果阿的学院院长及印度管区副管区长。4月14日准备前往中国。4月17日，从果阿出发驶往柯钦。4月25日，从柯钦出发。5月31日，到达马六甲。6月13日，作为葡萄牙国王使节前往中国的佩雷拉归航。7月15日，从马六甲出发，四日后到达新加坡海峡。7月23日，从新加坡海峡出发，8月末，抵达中国广东上川岛。9月4日，礼拜日在山坡的小教堂内做弥撒。寻找进入中国的途径。10月末，托返回马六甲的商船带回四	葡萄牙历史学家巴洛斯著《亚洲十年史》。利玛窦出生。8月28日，大友义镇向托雷斯颁发传教许可令。12月25日，山口举行了第一次圣诞弥撒。同年，耶稣会士阿尔梅达到达日本。

	封信。11 月 13 日，返回马六甲的船带回了沙勿略的最后四封信。11 月 19 日，答应沙勿略带他进入中国的中国船没有出现。11 月 21 日，发病，次日助手将他移入船上，反而加重了病情。23 日，再次返回陆地。11 月 26 日，已经丧失了意志。12 月 1 日恢复了意识，继续祈祷。12 月 3 日，病逝。	
1619 年	10 月 25 日，被封为福者。	
1622 年	3 月 12 日，与罗耀拉共同被封为圣人。	

附录 5　沙勿略书信简表[1]

	时　间	内　容	对　象	地　点
1	1535.3.25	1. 对兄长恩惠的致谢。 2. 信件丢失。 3. 诉说窘状。 4. 知道兄长的不满。 5. 对恶言者的报复。 6. 对梅斯特莉伊尼格的恩情。 7. 介绍梅斯特莉伊尼格。 8. 拜托兄长资金支援。 9. 侄子的逃亡，巴黎的异端。	兄长胡安	巴黎
2	1539.4.15	关于顺从的誓愿、初期耶稣会会士的宣言。		罗马
3	1540.3.4	耶稣会决定的事项。		罗马
4	1540.3.15	关于会宪的宣言、投票选出总会长、自己的誓愿。		罗马
5	1540.3.31	1. 收到来信。 2. 红衣主教对他的好意。 3.大使的好意。 4. 为了福斯蒂娜的儿子。 5. 在波洛尼亚的圣务。	罗耀拉和特罗·科达齐奥	波洛尼亚〔意大利〕
6	1540.7.23	1. 前往葡萄牙的旅程。 2. 随从人员得救。 3. 与西蒙神父会面。	罗耀拉以及尼古拉·波巴蒂利亚	里斯本

1　译自《沙勿略全书简》中的内容提要，其分类者为译注者河野纯德。

		4. 神操指导的必要。		
		5. 与国王的会谈。		
		6. 成为近侍者的忏悔牧师。		
		7. 表示对前往印度的决心。		
		8. 寻找前往印度的圣职者。		
		9. 成为宫廷布道者。		
7	1540.7.26	1. 想将耶稣会的认可文件与"灵操"给葡王看。 2. 对优秀的人才进行"灵操"指导。 3. 在葡萄牙开设学院。 4. 前往印度的航行并未确定。 5. 请告知耶稣会士正确的生活方式。	罗耀拉和特罗·科达齐奥	里斯本
8	1540.9.28	1. 感谢您的来信。 2. 想对他进行关于耶稣会的说明。 3. 关于拿这封信的布拉斯·戈麦斯。	科英布拉的马丁	里斯本
9	1540.10.22	1. 在里斯本，会士增加。 2. 各种圣务。 3. 为了耶稣会的认可，国王给予的关心。 4. 用于神职授任、新圣务日课的许可。 5. 可否在里斯本学习（建立学院）。	罗马的罗耀拉和皮特罗·科达齐奥	里斯本
10	1540.11.4	1. 对其勤奋神圣教职的（赞扬）。 2. 给龙塞斯瓦斯写信。	科英布拉的马丁	里斯本
11	1540.3.18	1. 对耶稣会的发展感到喜悦。 2. 耶稣会学院和修道院的建设（对印度的愿望）。 3. 国王的关心。 4. 副王的名声。 5. 相信天主的恩赐。 6. 渴望来自罗马的指导。 7. 对天主的荣光渴望的国王。 8. 在宫廷圣事的授予。 9. 期待天国的再会。	罗马的罗耀拉及若望·高杜尔	里斯本
12	1541.3.28	1. 对罗马修道院的建设国王的援助很困难。 2. 请拜托国王与熟人。 3. 请给佩德罗与国王写信。	罗马的克劳德·杰伊和迭戈·莱内斯	里斯本

		4. 曼西利亚斯的神职授任。 5. 奉献给红衣主教的弥撒。 6. 确认朋友是否入会。 7. 希望派遣神父去印度。 8. 请赐予在印度的我牧灵的特权。		
13	1542.1.1	1. 航海中的苦楚。 2. 对船中病人的照顾。 3. 期待宗教事业的成绩。 4. 看到自己的弱点，寄希望于天主。 5. 航海中的传教，总督的好意。 6. 因生病不写信了。	罗马的耶稣会士	莫桑比克
14	1542.5	最初的祷告，使徒信经，信仰的宣言，主的祈祷，天使祝词，天主的十诫，遵守十诫者与不遵守者的去向，请给遵守十诫的人恩惠，对圣母的请求，请原谅我的罪，对圣母的请求，教会的规定，忏悔的祷告，七大罪，伦理德，三个对天主的德，四个枢要德，七个有形的慈善事业，七个灵魂的慈善事业，五感，灵魂的三个能力，灵魂的三个敌人，对圣体的祷告，对圣杯的祷告，对创造主的赞美。	天主教的教理（短的公教要理）	果阿
15	1542.9.20	1. 如约发送详细的报告。 2. 航海中的圣务。 3. 在莫桑比克的六个月。 4. 从莫桑比克出发。 5. 天主教的城市果阿。 6. 米林达的城市，十字架的胜利。 7. 米林达王的来访。 8. 与伊斯兰教徒的对话。 9. 被遗弃的索科特拉岛。 10. 索科特拉岛的天主教信徒。 11. 伊斯兰教徒改宗困难至极。 12. 到达果阿，舰队遇险，果阿传教。 13. 传教与教理的说明。 14. 希望去科摩林。 15. 布教的困难，请给予传教的指导。	罗马的耶稣会士	果阿

16	1542.9.20	1. 在果阿创建学院的计划。 2. 对学院的美好憧憬。 3. 对总督的感谢。 4. 请求派遣会士与牧灵的特权。 5. 乞求派遣健康年轻的会士。 6. 希望传教者的到来。 7. 请给总督写信。	罗马的罗耀拉	果阿
17	1542.9.20	1. 总督请求灵的恩惠。 2. 圣托马节日中大赦（12 月 20 日，四旬节同）。 3. 给病院患者、看护人大赦。 4. 在圣母圣堂的大赦。 5. 慈悲会的会士大赦。 6. 给予远距离的司教代理权限。 7. 改四旬节为六月与七月。 8. 确认科英布拉的学院是否设立。	罗马的罗耀拉	果阿
18	1542.9.21	许可诵念新的圣务日课。		
19	1542.10.28	1. 在果阿写的信。 2. 渔夫海岸信徒的状态。 3. 给阵痛妇女洗礼并帮助其生产。 4. 总督对信徒的保护及关照。	罗马的罗耀拉	杜蒂戈林
20	1544.1.15	1. 相互的信件。 2. 科摩林的信徒（渔夫海岸的状况、方法）。 3. 礼拜日教信仰条目。 4. 教天主的十诫。 5. 孩子们憎恨偶像。 6. 让孩子们到病人家里，让他们祈祷。 7. 走访各个村庄。 8. 给巴黎大学的书信。 9. 果阿的圣信学院。 10. 婆罗门僧道德败坏。 11. 与婆罗门僧人的讨论。 12. 天主给予的安慰。 13. 喜悦于会规的认可。 14. 为洗礼后死亡的信者灵魂做代祷者。	罗马的耶稣会士	柯钦

21	1544.2.23	1. 坚守训令。 2. 阿蒂亚加把钱归还长官。	马拉巴尔的弗朗西斯科·曼西利亚斯	马拉巴尔的普尼卡
22	1544.3.14	1. 请成为印度人的慈父。 2. 请勤恳地为天主效劳。 3. 对万恶根源村长的警告。 4. 请给新生儿洗礼。	普尼卡的弗朗西斯科·曼西利亚斯	马拉巴尔
23	1544.3.20	1. 感谢天主的恩惠。 2. 请带着爱坚强地努力。 3. 请尽可能地满足他们。	普尼卡的弗朗西斯科·曼西利亚斯	马拉巴尔
24	1544.3.27	1. 读了你的来信很喜悦。 2. 对于偷盗女奴的葡萄牙人的处置。 3. 给马泰奥深深的爱。 4. 使徒信经翻译的更正。 5. 请看望病人。	普尼卡的弗朗西斯科·曼西利亚斯	马拉巴尔
25	1544.4.8	1. 曼西利亚斯的活跃及其成果。 2. 阿蒂亚加的追放。 3. 拜托长官等给予援助。 4. 努力布教。	普尼卡的弗朗西斯科·曼西利亚斯	普尼卡
26	1544.4.23	1. 等待柯钦的使者。 2. 请告知布教状况。	普尼卡的弗朗西斯科·曼西利亚斯	Livar
27	1544.5.1	1. 等待特拉凡哥尔的使者。 2. 柯艾略送信。	普尼卡的弗朗西斯科·曼西利亚斯	Nar
28	1544.5.14	1. 在杜蒂戈林要多停留几天。 2. 尽可能做事。保持内心的平静。 3. 请尽量忍耐。	普尼卡的弗朗西斯科·曼西利亚斯	杜蒂戈林
29	1544.6.11	1. 请告知信徒及教会建设的情况。 2. 请教授孩子教理，并给孩子洗礼。 3. 请心怀爱与人们接触。	普尼卡的弗朗西斯科·曼西利亚斯	Virapandyanpatanam
30	1544.6.16	1. 科摩林信徒的噩耗。 2. 请走访村庄完成圣务。 3. 转达给曼努诶尔·德·克鲁斯和柯艾略的话。	普尼卡的弗朗西斯科·曼西利亚斯	马拉巴尔

31	1544.6.30	1. 信徒的苦难，收集施舍的方法。 2. 请报告科摩林教堂的情况。	普尼卡的弗朗西斯科·曼西利亚斯	马拉巴尔
32	1544.8.1	1. 称赞其守护信徒。 2. 遭遇柏德格之难，信徒的苦难。 3. 即刻去普尼卡。	普尼卡的弗朗西斯科·曼西利亚斯	马拉巴尔
33	1544.8.3	1. 收到走访信徒村庄的报告。 2. 防备柏德格的攻击。 3. 防备柏德格夜袭。 4. 守护防备伯德格夜袭的信徒。	普尼卡的弗朗西斯科·曼西利亚斯	马拉巴尔
34	1544.8.19	1. 新的危险，不要离开那个地方。 2. 希望告知彼地的信息。 3. 收到噩耗。	普尼卡的弗朗西斯科·曼西利亚斯	马拉巴尔
35	1544.8.20	1. 天主惩罚了敌对者。 2. 拜托婆罗门僧。	普尼卡的弗朗西斯科·曼西利亚斯	马拉巴尔
36	1544.8.29	1. 对伯德格的攻击还安全吗? 2. 没有翻译，我独自生活。	弗朗西斯科·曼西拉斯	普尼卡
37	1544.9.5	1. 给予杜蒂戈林信徒的援助。 2. 不能原谅谋取私利的长官。 3. 请判断是否去救援。	普尼卡的弗朗西斯科·曼西利亚斯	Alendale
38	1544.9.5	1. 长官的船和家被烧了，立刻去救援。 2. 长官不期待与我见面。 3. 向长官伸出救援之手。	普尼卡的弗朗西斯科·曼西利亚斯	Alendale
39	1544.9.7	1. 葡萄牙人抓了 Betebermal 王的兄弟。 2. 柯艾略说我应该去马拉巴尔。 3. Iniquitriberim 王想和我交谈。 4. 与 Iniquitriberim 王会面的计划。 5. 请到各地探访信徒。 6. 请向你的朋友曼努埃尔·德·克鲁斯借钱，支付给教孩子们的 Catecbists。	普尼卡的弗朗西斯科·曼西利亚斯	Trichantur
40	1544.9.10	1. 把柯艾略派遣到塔莱。 2. 之后再详细写信告诉你。	普尼卡的弗朗西斯科·曼西利亚斯	马拉巴尔

41	1544.9.11	1. 王子的仆人被葡萄牙人抓了。 2. 请向长官报告此事。 3. 关于事件的裁决。 4. 想知道事件的真相。 5. 想去 Prester Jobn。	普尼卡的弗朗西斯科·曼西利亚斯	马拉巴尔
42	1544.9.12	1. 在塔莱的王子的好意。 2. 希望礼遇使者。 3. 给信徒恩惠的王子。 4. 此月中请防止大王的领地发生意外情况。 5. 请铲除所有的危害。	普尼卡的弗朗西斯科·曼西利亚斯	马拉巴尔
43	1544.9.20	1. 去与 Iniquitriberim 王见面。 2. 请将我给曼努埃尔·德·克鲁斯写的信送过去。	普尼卡的弗朗西斯科·曼西利亚斯	杜蒂戈林
44	1544.11.10	1. 去科摩林。 2. 请走访杜蒂戈林的信者。 3. 殷切地祈祷祝福。	普尼卡的弗朗西斯科·曼西利亚斯	马拉巴尔
45	1544.12.18	1. 在特拉凡哥尔（柯钦）王国多数人受洗。 2. 曼西利亚斯的叙阶被许可。 3. 请走访新信者的村庄，设立学校。 4. 请在马库村授予洗礼。 5. 请带着马泰奥等人走访村庄。	普尼卡的弗朗西斯科·曼西利亚斯	柯钦
46	1545.1.20	1. 统治印度的意义。 2. 要把重点放在布教上。 3. 米歇尔·瓦斯私教总代理的圣德。 4. 请命令米歇尔·瓦斯回到原来的岗位（需要他如此圣德的人）。 5. 果阿司教因年迈需要协助。 6. 关于处罚妨碍布教的官吏。 7. 请送些对布教有热情的官员来。 8. 陛下获得巨大的国库收入，没有自省灵魂的救济。 9. 锡兰与马拉巴尔有 10 万人改宗。 10. 请派遣大量的耶稣会士。 11. 关于耶稣会神父弗雷·维森特设立的学院。 12. 我希望终生在印度工作。	葡萄牙国王若昂三世	柯钦

47	1545.1.27	1. 请给圣信学院的本祭坛以特权。 2. 请派遣身体强壮、有精神力的会士。 3. 我收到来自欧洲的信件极其少。 4. 请派遣大量的传教士来传教。	罗马的罗耀拉	柯钦
48	1545.1.27	1. 耶稣会士的团结。 2. 在特拉凡哥尔（柯钦）的成果及洗礼的方法。 3. 马纳尔岛的殉教及总督的愤怒。 4. 胡戈王子的殉教，不可思议的记号。 5. 望加锡的成果。	罗马的耶稣会士	柯钦
49	1545.1.27	1. 您以及大量的会士能来印度就好了。 2. 圣信学院的费尔南德斯。 3. 请给予我和曼西亚里斯灵魂的帮助。 4. 热切盼望来自欧洲的消息。 5. 请送来恩惠与免罪。 6. 渴望大量的传教士和你。 7. 请不要把带有国王职务的人派到印度来。 8. 关于司教总代理米歇尔·瓦斯。	里斯本的西蒙神父	柯钦
50	1545.4.7	1. 想谈谈今后的打算。 2. 想知道天主的尊思。 3. 是否前往望加锡。 4. 请认真完成任务。 5. 关于如何处理马拉巴尔教堂建造后的余款。 6. 给利萨侬（Joao de Licano）神父汇款，用于支付教师工资。 7. 请给幼儿洗礼，守护马拉巴尔神父。 8. 请忠告高麦斯·德·帕瓦。 9. 不要让阿蒂亚加留在那儿。	渔夫海岸的弗朗西斯科·曼西拉斯	纳加帕塔姆
51	1545.5.8	1. 贾夫纳远征中止。 2. 马六甲和望加锡的旅行。 3. 请让会士学习葡萄牙语。	果阿的迭戈神父与歇尔·保禄神父	马德拉斯（Mailapur）
52	1545.11.10	1. 远望望加锡（圣多默遗骸），在马六甲等待中。	欧洲的耶稣会士	马六甲

		2. 你们那边的来信是对我的慰藉。 3. 关于到达印度的神父的安排。 4. 请派遣许多传教士。		
53	1545.11.10	1. 序文。 2. 对公教要理的导入方法。 3. 提倡信、望、爱德。 4. 信德。 5. 望德、爱德。 6. 关于其他的教导。	印度的耶稣 会传教士	马六甲
54	1545.12.16	1. 中止前往望加锡，去马德拉斯。 2. 到达果阿三个会士的任地。 3. 米歇尔·保禄请顺从学院的管理者。 4. 殷切盼望祈祷与弥撒圣祭。 5. 拜托照看西蒙·保泰略（Botelbo）。	果阿的耶稣 会士	马六甲
55	1546.5.10	1. 决意去望加锡，依若的改过自新。 2. 在马六甲等待的三个半月期间。 3. 决定去马德拉斯岛。 4. 决定去莫罗泰岛。 5. 航海中的危险。 6. 到达果阿三个会士的任地。 7. 在马鲁古群岛建耶稣会的修道院。 8. 相互敌对的异教徒与伊斯兰教徒。 9. 希望有众多的会士来。 10. 请为我祈祷。 11. 马鲁古群岛未开垦风俗的种种。 12. 马鲁古群岛的地势，地震的恐怖。 13. 住民们的语言。 14. 有乳汁的雄山羊。 15. 不吃猪肉的中国宗派。 16. 中国的宗教。使徒圣多默在此传教 　　过吗？	欧洲的耶稣 会士	马德拉斯
56	1546.5.10	1. 在安汶的圣务。 2. 曼西利亚斯和贝拉到马六甲去。 3. 请作好来马鲁古群岛的准备。 4. 米歇尔·保禄请顺从学院的管理者。 5. 请款待奥古斯丁会的神父。 6. 希望生活态度端正的会士能来。	印度的耶稣 会士	安汶岛

57	1546.5.16	1. 需要传教士。 2. 需要设置宗教裁判所。 3. 请褒奖两名船长的忠诚工作。	葡萄牙国王若昂三世	安汶岛
58	1548.8-9	1. 天地与人祖的创造。 2. 天使与人祖的犯罪。 3. 对玛利亚的告知。 4. 基督的诞生与生涯。 5. 死去与复活。 6. 升天。 7. 最后的审判。 8. 画十字的意义。 9. 神圣的天主教会。	使徒信经说明书	特尔纳特
59	1548.1.20	1. 在安汶发现七个信徒的村子。 2. 对葡萄牙舰队士兵们的圣务。 3. 在特尔纳特的成果。 4. 莫罗泰岛，对天主向往的岛。 5. 地震与火山的特巴鲁岛（Tabaru）。 6. 因为火山灰鱼死了。 7. 回到马鲁古群岛，再次逗留。 8. 与马鲁古群岛的信徒的离别。 9. 请习惯信仰生活。 10. 伊斯兰教徒的马鲁古王。 11. 马鲁古王约定让其子之一成为信徒。 12. 与三名会士在马六甲会面。 13. 在马六甲停留时的圣务。 14. 马六甲增加了两名会士。 15. 初次遇到日本人。 16. 日本人弥次郎旺盛的求知欲。 17. 日本布教的可能性。 18. 关于日本的信息，去日本的愿望。 19. 请为去日本的人们祈祷。 20. 返回印度时遇大暴雨。 21. 对可能活着以及死去会士的拜托。 22. 对耶稣会士的爱慕。 23. 待到来自罗马的信件送到为止。	罗马的耶稣会士	柯钦
60	1548.1.20	1. 请派遣优秀的人物。 2. 请派遣说教者。	罗马的罗耀拉	柯钦

		3. 请免罪。 4. 是自己去日本，还是派遣会士去?		
61	1548.1.20	1. 书信是给国王的传教报告。 2. 关于锡兰岛，印度各地方的报告。 3. 写此信时的痛苦（国王未做到的事情）。 4. 说实情很难。 5. 因为彼此竞争，传教事业被疏忽。 6. 请明确印度总督的传教责任。 7. 如果总督坚信的话，我们会取得传教成果。 8. 不能期待救济手段的实现。 9. 因为得不到（国王）诚意或援助所以去日本。 10. 请派遣大量的传教士。 11. 在马六甲与马鲁古群岛的传教。 12. 重复强调需要传教士。 13. 司教的米歇尔·瓦斯活跃与此事无关。 14. 请不要怀疑司教。 15. 感谢对冈卡尔维和他外甥的恩惠。	葡萄牙国王若昂三世	柯钦
62	1548.1.20	1. 与亚齐人的战斗，塞萨尔的功绩。 2. 迪奥戈·佩雷拉的功绩。 3. 请把让蒂尔从牢狱中解放出来。 4. 若昂·卡瓦略的贫困。 5. 恩里克·索萨家庭的贫困。 6. 安东尼奥·加姆博阿的功绩。 7. 请给安东尼奥·加姆博阿报酬。 8. 在第乌战斗中负伤的曼努埃尔·罗保。 9. 高麦斯·阿内斯的效劳。 10. 慈悲会祭坛用装饰画的支付。 11. 给孤儿院的支付款。 12. 请认可死者遗产继承中遗书有效。 13. 柯钦慈悲会病院管理希望免除市议会的工作。 14. 陛下临终的准备。	葡萄牙国王若昂三世	柯钦

63	1548.1.20	1. 请帮助物色布教者和有经验的传教士。 2. 首先是葡萄牙人的救赎。 3. 请国王对自己的责任有所觉悟。 4. 请求国王感知责任与义务。 5. 总督肩负传教的责任。 6. 信徒的责任交给总督。	葡萄牙的西蒙神父	柯钦
64	1548.2	1. 请给幼儿洗礼。 2. 希望幼儿不要没受洗就死去。 3. 请教给孩子们教理。 4. 希望礼拜日信徒能到教堂来。 5. 让相互憎恨的居民和睦。 6. 请保管好施舍物。 7. 请探访病人。 8. 请用马拉巴尔语说明信仰规则。 9. 埋葬的典礼。 10. 如果幼儿生病，请让其到教堂来。 11. 请让相互争夺的人和解。 12. 请保持长官和葡萄牙人的良好关系。 13. 和葡萄牙人说话的内容。 14. 与印度人神父的关系，洗礼的典礼。 15. 请不要说印度人信徒的坏话。 16. 希望被印度人爱戴。 17. 请谨慎处罚信徒。 18. 请追放偶像崇拜者。 19. 请珍惜幼儿。 20. 给上级的报告。 21. 未经允许不要离开任地。 22. 希望被所有人爱戴。	对渔夫海岸和特拉凡哥尔的耶稣会士训话	马拉巴尔
65	1548.4.2	1. 很遗憾没能商量去日本的事情。 2. 派遣了两名会士去马六甲。 3. 请珍惜灵魂的良心这一"商品"。 4. 请照顾贫穷的拉米雷斯。	柯钦的迪奥戈·佩雷拉	果阿
66	1548.6-8	1. 起床时赞美至圣三位。 2. 诵念使徒信经。 3. 信仰宣言：信仰的告白。 4. 为了作为信徒的生活请求恩惠。	祈祷的方法与拯救灵魂的方法	果阿

		5. 十诫。		
		6. 遵守十诫与不遵守十诫者的去处（天堂与地狱）。		
		7. 对耶稣基督的祈祷。		
		8. 对圣母的请求。		
		9. 像耶稣请求赎罪。		
		10. 向圣母的请求。		
		11. 为改善决心的祈祷。		
		12. 改善的决心。		
		13. 就寝前良心的查明。		
		14. 告白的祈祷。		
		15. 向守护天使的祈祷。		
		16. 向守护天使请求接待。		
		17. 对创造主天主的赞美。		
		18. 对圣母的祈祷。		
		19. 向圣米迦勒的祈祷。		
		20. 请让我永远体会天国的荣光。		
		21. 小罪，以及获得原谅的方法。		
		22. 大罪，以及获得原谅的方法。		
		23. 向十字架祈祷。		
		24. 管理孩子们做弥撒的动作。		
		25. 孩子们的信仰。		
		26. 弥撒圣祭、圣变化时的祈祷。		
		27. 弥撒圣祭、圣变化时候的祈祷。		
		28. 由习惯引起大罪的担心。		
		29. 请祈求因习惯犯罪的宽恕。		
		30. 为临终准备，度过每一天。		
67	1548	祈祷希望非天主教信徒改宗。		果阿
68	1548.10.22	1. 喜悦于为了基督受苦。 2. 送努内斯去你那。 3. 请考虑恶魔的计谋。 4. 送西普里亚诺和莫莱斯到索科特拉岛。 5. 等待从欧洲来的神父。	特拉凡哥尔的弗朗斯科·恩里恩科斯	柯钦
69	1548.10.22	1. 副王临终时被委托的事项。 2. 弗朗西斯科·达·库尼亚。 3. 弗朗西斯科·德·利马和瓦斯科·达·库尼亚。	葡萄牙国王若昂三世	柯钦

		4. 迪奥戈·德·阿尔梅达。		
		5. 安东尼奥·佩索阿。		
		6. 恩里克·德·苏萨·希绍罗。		
70	1549.1.12	1. 请为我们祈祷。	罗马的罗耀拉	柯钦
		2. 印度的苦劳、耶稣会的发展。		
		3. 传教士应具备的诸德。		
		4. 果阿的学院院长必要的特质。		
		5. 耶稣会是爱的会、团结的会。		
		6. 只有印度人耶稣会是无法继续发展。		
		7. 印度人改宗的妨碍。		
		8. 对日本的憧憬。		
		9. 去日本的同伴们。		
		10. 即使危险也要去日本。		
		11. 想在各地创建学院。		
		12. 请给此地会士们以灵的劝告。		
		13. 弗雷·维森特创立的学校。		
		14. 请给予弗雷·维森特请求的大赦。		
		15. 等待来自欧洲的信件。		
		16. 末尾的寒暄。		
71	1549.1.14	1. 印度人的特质。	罗马的罗耀拉	柯钦
		2. 印度的风土，印度会士的状态。		
		3. 传教士的德行比学问更重要。		
		4. 印度的现状。		
		5. 西普里亚诺去索科特拉岛。		
		6. 兰西洛托神父出发去奎隆。		
		7. 抱有很大的希望前往日本。		
		8. 日本人的才能。		
		9. 保禄（弥次郎）说的日本人的教义。		
		10. 日本航行的危险，内心的慰藉。		
		11. 弗雷·维森特的请求。		
		12. 日本书字的写法。		
		13. 末尾的寒暄。		
72	1549.1.14	1. 科摩林的上长、Criminali 神父。	罗马的罗耀拉	柯钦
		2. 西普里亚诺去索科特拉岛。		
		3. 已向国王请求让西蒙神父来。		
		4. 日本书字的写法。		

73	1549.1.20	1. 对派遣耶稣会士的感谢。 2. 请送来大量的传教士。 3. 关于日本的信息。 4. 日本宗教事情。 5. 伊斯兰教支配的索科特拉岛。 6. 驱逐索科特拉岛的伊斯兰教徒。 7. 请计划派遣传教士。 8. 请派遣在弗雷·维森特神父的学校工作的会士来这边。 9. 为克兰加努尔的教堂请求大赦。	葡萄牙的西蒙神父	柯钦
74	1549.1.20	1. 对派遣耶稣会士的感谢。 2. 把戈梅斯送往霍尔木兹或第乌。 3. 关于日本的信息。 4. 送西普里亚诺去索科特拉岛。 5. 关于您来印度的事情。	葡萄牙的西蒙神父	柯钦
75	1549.1.20	1. 希望国王派遣说教者。 2. 希望给西蒙神父裁判权并派遣来。 3. 西蒙神父未到来时，请给司教裁判权。 4. 希望改善渔夫海岸的征税方法。	给司教总代理的备忘录	柯钦
76	1549.1.20	1. 请照顾去葡萄牙找工作的加洛。 2. 在中国各地反对葡萄牙人。	葡萄牙的西蒙神父	柯钦
77	1549.1.29	1. 孔德神父的不断努力。 2. 锡兰王是天主的敌人。 3. 国王的训令未被遵守。 4. 给阿布那司教安慰。 5. 请准备天主的审判。	葡萄牙国王若昂三世	柯钦
78	1549.2.1	1. 拿这封信的人。 2. 日本航线的危险，对天主的信赖。 3. 让回来的两人带来关于那边情况的详细报告。	葡萄牙的西蒙神父	柯钦
79	1549.2.2	1. 戈梅斯神父，那些同事的活跃状态。 2. 请送来大量的传教士。 3. 葡萄牙人的孤儿，印度人子弟的教育。 4. 到日本的航行。 5. 会士想去中国。	葡萄牙的西蒙神父	柯钦

		6. 希望实现柯钦司教代理的愿望。		
		7. 请关照弥撒用的葡萄酒。		
		8. 西普里亚诺去索科特拉岛。		
		9. 让戈梅斯神父专心圣务。		
		10. 勃生的状态，与方济各会的关系。		
		11. 果阿的圣信学院被转让。		
		12. 弗雷·维森特的学校。		
		13. 弗雷·维森特期望的全免责。		
		14. 请任命博拉略为王室圣堂司祭。		
		15. 卡赛欧想回国，请给予照顾。		
		16. 奎隆学校的创设。		
		17. 热切期望西蒙神父的到来。		
		18. 在马六甲与马鲁古群岛传教的苦难。		
		19. 去日本。		
		20. 亚丹·弗朗西斯科的死去。		
		21. 关于马鲁古群岛与副王商量。		
		22. 耶稣会的声望。		
80	1549.4	1. 对自己灵魂的关照。	给出发去霍尔木兹的巴朱斯神父的教训	果阿
		2. 做些低下的工作。		
		3. 探访病人。		
		4. 探访牢狱之人。		
		5. 与慈悲会亲近。		
		6. 贤明地与朋友交往。		
		7. 有自知之明。		
		8. 不要再做特别查明。		
		9. 说教的方法。		
		10. 注意斥责时的态度。		
		11. 认真准备告解。		
		12. 请让告解者放松。		
		13. 好好照顾因害羞不能告解的人。		
		14. 怀疑圣体救赎人的告解。		
		15. 慎重判断官吏的告解。		
		16. 请与司教代理及其他神父亲近。		
		17. 与长官亲近。		
		18. 拒绝倾听对长官的抱怨。		
		19. 珍惜与未改宗者的对话。		
		20. 在讲解教理前先聚集人们。		

		21. 向果阿的学院报告成果。 22. 呵斥贪图暴利的人。 23. 为炼狱的灵魂、罪人祈祷。 24. 与所有人愉快地交往。 25. 在礼拜日与节日传教。 26. 普及牧灵指导时使用的书。 27. 对入会志愿者的考验。 28. 帮助吐露诱惑的人。 29. 自己体会的事情让其对他人转述。 30. 对地狱无恐惧的人现世神的处罚。 31. 灵魂的指导方法。 32. 了解霍尔木兹的恶习。 33. 请学习当地从生活实态中产生的教义。 34. 在霍尔木兹呆三年。 35. 比起死书，现在使用的书籍更值得珍惜。 36. 不要接受任何施舍。 37. 不要接受任何赠物。		
81	1549.4.7- 4.15	1. 任命保禄神父为印度传教地的上长。 2. 不要干涉学院责任者戈梅斯。 3. 不要和戈梅斯产生不和与对立。 4. 关心照顾在传教地工作的会士。 5. 体谅在外工作的会士的劳苦。 6. 报告会士所有的事情。 7. 请派遣说教者到各地。 8. 不要召回在传教地工作的会士。	对米歇尔·保禄神父的教训	果阿
82	1549.6.20	1. 去那边的神父要报告这边的情况。 2. 抱着极大的希望前往日本。 3. 去那边卡斯特罗的任务。 4. 详细报告传教状态。 5. 给总会长和管区长的报告。 6. 戈梅斯神父筹备必需品。 7. 请让义务违反者、不顺从者退会。 8. 让阿方索写报告书。	马鲁古胡安·德·贝拉与他的同事	马六甲
83	1549.6.20	1. 遵从天主的旨意前往日本。 2. 同行的三个日本人。	葡萄牙国王若昂三世	马六甲

		3. 马六甲长官的好意。		
		4. 请给长官以陛下的爱护。		
		5. 希望做临终的准备。		
84	1549.6.20-6.22	1. 从柯钦到马六甲的航行。	果 阿 的 保禄、高麦斯、加戈	马六甲
		2. 长官的好意、航行的准备。		
		3. 阿方索·德·卡斯特罗神父的初次弥撒。		
		4. 请告知会士们的消息。		
		5. 为我和马六甲的长官祈祷。		
		6. 给伊莎贝尔皇后的通知转送马六甲的事宜。		
		7. 对戈梅斯的教训。		
		8. 让所有人爱戴。		
		9. 珍惜与司教的关系。		
		10. 送说教者到柯钦、勃生。		
		11. 对国王、葡萄牙人的责任。		
		12. 有必要在奎隆建房子。		
		13. 加戈，不要怠慢向我报告。		
		14. 关照科摩林的信者。		
		15. 关于日本传教适合的信息。		
		16. 佩雷斯神父的伟大活跃。		
		17. 罗克·德·奥利弗拉的学校的成果。		
		18. 阿方索去马鲁古群岛。		
		19. 派遣神父和修道者去马六甲。		
		20. 兰西洛托、高麦斯、保禄的责任。		
85	1549.6.22	1. 这一个月写的传教报告。	欧洲的耶稣会士	马六甲
		2. 同行的日本人灵的进步。		
		3. 日本人灵魂的修行。		
		4. 日本人的灵性。		
		5. 听说日本的大领主想要接受信仰。		
		6. 葡萄牙商人的日本体验。		
		7. 日本人追求的信仰。		
		8. 深思熟虑后决定去日本。		
		9. 只为求天主的荣光前往日本。		
		10. 信赖恩惠。		
		11. 天主在看着我们的意向、意志、目的。		

		12. 航行日本的危险。 13. 克服自己很重要。 14. 随时面临死的危险活着的人。 15. 日本的僧侣不吃肉、鱼等。 16. 航行的计划。 17. 关于佛教及弥次郎的介绍。 18. 僧侣的说教，末尾的寒暄。		
86	1549.6.23	1. 物色能够成为圣信学院院长优秀的人。 2. 请派遣说教者和传教士。 3. 在马六甲的佩雷斯神父的工作。 4. 请告诉我关于耶稣会的详细情况。 5. 发送来自日本的详细情报。	葡萄牙的西蒙神父	马六甲
87	1549.6.23	1. 杜瓦迪·巴雷托的功绩。 2. 请给予他恩惠。	葡萄牙国王若昂三世	马六甲
88	1549.6.23	1. 约定娶妻之事。 2. 同意恩人的女儿结婚。 3. 希望果阿的神父们能帮助这个结婚一事。 4. 因 Carvalho 要去果阿，拜托。 5. 希望处分已死亡的 Diego 的权利。 6. 请一定要关照此婚礼一事。	果阿的米歇尔·保禄神父、安东尼奥·高麦斯神父	马六甲
89	1549.6.23	1. 默想的时间和顺序。 2. 默想的顺序。 3. 各个默想结束后誓愿的更新。 4. 午后的默想。 5. 良心的查明。 6. 向善的方法。 7. 自我否定。 8. 顺从。	修炼者若昂·布拉沃的教训	马六甲
90	1549.11.5	1. 从马六甲出发的好天气和顺风。 2. 在中国越冬的担心。船内的偶像崇拜。 3. 经过马六甲海峡、航行于大海。 4. 船长决定在中国过冬。 5. 曼努埃尔被救，船长女儿溺死。	果阿的耶稣会士	鹿儿岛

6. 在恶魔的手下操作的船中祈祷与恳请。

7. 对诱惑的防备、信赖神，有应对敌人的勇气。

8. 比起对恶魔的恐怖，更恐惧对天主的不信赖。

9. 感受内心的丑恶，深深信赖神。

10. 比起恶魔的妨害，更恐怖的是失去对天主的信赖。

11. 天主的天意，到达鹿儿岛。

12. 日本人是至今发现的最好国民。

13. 比起财产更看重名誉。

14. 彬彬有礼的人们。

15. 符合情理的想法。

16. 僧侣的罪。

17. 僧侣与尼姑、少年犯的罪。

18. 人们根本想象不到僧侣的恶习。

19. 与忍室的密交。

20. 日本是传教非常理想的国家。

21. 来日本，真正的谦逊是很有必要的。

22. 一切相信天主，做了忍受最大苦难的准备。

23. 迫害变成深深谦逊的手段。

24. 用尽手段得到内心的谦逊。

25. 内心的谦逊无法前进的人将退步。

26. 内心无法体会灵魂的生活是死亡的连续。

27. 在所在之处抵抗内心的诱惑。

28. 为了灵魂的进步请有效利用时间。

29. 请接受有牧灵经验的人们的指导。

30. 借助光的天使的容貌诱惑的恶魔。

31. 抵抗诱惑的方法。

32. 不要让上长为难。

33. 尽自己的全力完成任务，击退诱惑。

34. 做谦逊的工作战胜内心的诱惑。

35. 不能自我否定的人抱有奢望的（诱惑）。

36. 细微的事情带有伟大的精神。

		37. 感到自己邪恶冲动，有进步的人。		
		38. 在日本的款待，保禄被领主引见。		
		39. 领主与其母对圣母画像感兴趣。		
		40. 保禄的活跃，初次的信者。		
		41. 为了学习日语，需要幼儿的单纯和心的纯洁。		
		42. 没有亲戚、朋友、认识的人，被天主的敌人包围着。		
		43. 因为断绝了对被造物的眷恋，被天主引导到日本。		
		44. 在他国，生活必需品过于丰富，身心受害。		
		45. 日本人贫困的饮食生活。		
		46. 僧侣严格的禁欲生活——被尊敬的原因。		
		47. 黑衣的僧侣们不与妇女交往。		
		48. 想在日本传播神圣教义的使命。		
		49. 对基督、圣母玛利亚、天使、圣人们的信赖。		
		50. 确信由天主的慈爱会取得胜利。		
		51. 带着神圣敬畏的念头活着。		
		52. 拜托传达给基督与圣母。		
		53. 关于都市与大学的信息。		
		54. 关于各个大学的信息。		
		55. 想让天主教诸大学振奋拯救灵魂的心。		
		56. 想向教皇陛下报告。		
		57. 希望西蒙到日本传教。		
		58. 传教的许可，准备教理说明书的出版。		
		59. 内心深深的谦逊。		
		60. 在耶稣会会士们的爱中。		
91	1549.11.5	1. 航行日本的命令。 2. 渡航中巴朱斯成为上长。	果阿的加斯帕·巴朱斯、巴尔塔萨·加戈、多明戈斯·卡瓦略	鹿儿岛

92	1549.11.5	1. 报告印度的现状，日本人与中国人的教育。 2. 由于加斯帕神父的渡航选定后任。 3. 让会士们认真地完成牧灵工作。 4. 请接待两位僧侣。	果阿的保禄神父	鹿儿岛
93	1549.11.5	1. 请关心自己。 2. 请告知在各国工作的耶稣会士的工作详情。 3. 不久将叫你来日本，拜托安排加斯帕的渡航。 4. 值得信赖的修道士到日本。 5. 如果去日本传教，对葡萄牙国王有益。 6. 到日本来的神父们的船。 7. 保护高价商品，神父能安全到达。 8. 不要到中国寄港，直接到日本。 9. 装上少量的胡椒。 10. 在不寄港于中国的条件下给予渡航的许可。 11. 请报告关于印度的传教。 12. 请款待两位僧侣。 13. 希望所有的会士都爱戴你。	果阿的戈梅斯神父	鹿儿岛
94	1549.11.5	1. 已经到达日本，感谢好意。 2. 传教的果实。 3. 日本救灵活动的沃土。 4. 希望上京。 5. 在天主面前阁下的功绩。 6. 希望设立商馆。 7. 在都城建立圣母教会，灵魂利益的推荐。 8. 船长亚文的死去，厚待去马六甲的日本人。 9. 拿这封信的迪亚兹。	马六甲佩德·达·席尔瓦	鹿儿岛
95	1551.12.24	1. 从日本回来，留在山口的人们。 2. 急需前往印度的船。	马六甲的弗朗西斯科·佩雷斯神父	新加坡海峡
96	1552.1.29	1. 到达日本，传教。 2. 日本国的状态，重视武器。	欧洲的耶稣会士	柯钦

3. 战斗不停。

4. 僧侣很多。

5. 寺院、僧侣的数量。从中国传来的宗教。

6. 九个宗派，个人自由的选择然后改信。

7. 地狱与极乐。

8. 呼唤创始人的名字就能得救。

9. 五个戒律。

10. 僧侣代替俗人守戒律。

11. 僧侣的说教。

12. 僧侣的虚假。

13. 在鹿儿岛，完成教理说明书翻译。

14. 经由平户到山口，山口传教。

15. 上京，京都荒废。

16. 从山口领主那得到传教许可。

17. 与僧侣的讨论。

18. 比僧侣的教义更符合情理的神的教义。

19. 关于天地创造的议论。

20. 关于天主的创造，僧侣的反论。

21. 日本人渴求知识，有无限的问题。

22. 山口信者们的深厚的情感。

23. 关于天主的全善，山口人们的疑惑。

24. 疑惑的解释。

25. 所有人心中都刻上了神的规矩。

26. 去了地狱的人不能得救。

27. 不遵守五戒的僧侣。

28. 寺院内的堕落。

29. 佛教的祈祷。

30. 阿弥陀与释迦。

31. 山口牧灵的战斗。

32. 山口的高贵的人不能成为信徒的原因。

33. 说我们的坏话。

34. 由于天主的慈悲信徒增加。

35. 在日本神的教义曾经未传来过。

36. 去丰后。

		37. 山口的内乱，大内义隆之死。		
		38. 丰后领主想结交葡萄牙王。		
		39. 与丰后领主约定保护山口的会士。		
		40. 在日本在国王的恩惠下生活。回印度。		
		41. 回柯钦，对日本的期待。		
		42. 日本的教育。		
		43. 僧侣们的冥想。		
		44. 山口的学者的受洗。		
		45. 日本的传教计划。		
		46. 山口的传教。		
		47. 祈祷意义的说明。		
		48. 对下地狱人的悲伤。		
		49. 下地狱人不能得救。		
		50. 关于中国的信息。		
		51. 想去中国。		
		52. 希望未信者的改宗。		
		53. 我已生白发，筋疲力尽。		
		54. 在苦劳中感到内心的喜悦。		
		55. 有识之士、高位圣职者追求救灵的喜悦，到日本。		
		56. 末尾的寒暄。		
97	1552.1.29	1. 收到您的信感激涕零。	罗马的罗耀拉	柯钦
		2. 在日本得到内心的凄惨与了解的恩惠。		
		3. 期望再次相见。		
		4. 希望派遣果阿学院院长。		
		5. 向日本的大学派遣耶稣会神父的原因。		
		6. 因为揭露和尚的欺瞒而被迫害。		
		7. 来自和尚的迫害。		
		8. 传教士遭遇很大的迫害。		
		9. 如果说和尚的恶习等会受到迫害。		
		10. 需要有学识、有优秀辩证能力的神父。		
		11. 在日本生活严峻。		
		12. 有陷入罪、毁灭的危险。		
		13. 在日本适合腐烂的人、印度人等。		

		14. 来印度的会士的人选。		
		15. 请派遣经过训练的会士。		
		16. 现在派遣到山口的会士，为将来准备。		
		17. 山口的现况。		
		18. 传播神圣教义极其适合的国家是日本。		
		19. 中国及其国民的状况。		
		20. 中国人与日本人的会话不同。文字能相互理解。		
		21. 汉字的信仰条目说明书。		
		22. 希望您和全体会士的祈祷。		
		23. 希望听到战斗的教会和凯旋的教会所有的情况。		
98	1552.1.30	1. 被派遣到坂东大学的人要有经验、是经过反复考验过的人。	葡萄牙的西蒙神父	柯钦
		2. 我觉得派遣弗兰德人或印度人到日本来比较好。		
		3. 坂东的大学。		
		4. 不能进行牧灵工作的苦难。		
		5. 在没有牧灵工作时，恶魔的诱惑。		
		6. 派遣到日本的会士。		
		7. 派遣到印度的会士。		
		8. 请派遣勤奋学习的人。		
		9. 期待负责人（渔夫海岸恩里克）。		
99	1552.1.31	1. 本书的主旨。	葡萄牙国王若昂三世	柯钦
		2. 给予马六甲市民赐予书信的特权。		
		3. 马六甲防御战的特勋者三人。		
		4. 给阿尔多恩惠。		
		5. 来自曼努埃尔·德·苏萨的报告。		
		6. 科摩林的成果是库蒂尼奥的功绩。		
		7. 瓦兹·库蒂尼奥和若昂·德·卡斯特罗的功绩。		
		8. 豪尔赫·德·卡斯特罗等的功绩。		
		9. 费尔南·门德斯、瓦斯科·达·库尼亚、巴雷托的功绩。		
		10. 对吉列尔梅·佩雷拉和迪奥戈·佩雷拉感谢的书信。		

		11. 请关照普洛·孔卡尔维斯和其外甥的照顾。		
		12. 对约翰·阿尔瓦雷斯的奖赏。		
		13. 让普洛·韦柳做国王侍从。		
		14. 对安东尼奥·科雷亚和若昂·佩雷拉的感谢书信。		
		15. 对迪奥戈·博尔赫斯的感谢书信。		
		16. 请照顾战死的格雷瓦里奥·达·库尼亚家属。		
		17. 希望留意普洛·德·梅斯库达。		
		18. 给予保护上长 Concalo 终身职务。		
		19. 请给领航员终身职务。		
		20. 给新信者保护者欧维士·费尔南德斯退休金。		
		21. 给阿尔多·弗戈萨船长职务。		
		22. 给山的监视人马特图斯·孔卡尔维斯终身职务。		
		23. 让安东尼奥·佩雷拉做公证人。		
		24. 正确的理解高麦斯·阿内斯。		
		25. 末尾的寒暄。		
100	1552.2.4	1. 两名退会者在果阿的处置。 2. 求安慰，发现悲伤。 3. 关于会士的指令，对司教的寒暄。	果阿的保禄神父	柯钦
101	1552.2.29	1. 任命努内斯为勃生的上长。 2. 请在贡萨尔维斯报告的基础上给我写报告。 3. 请考虑其他修道院的贫困。 4. 请节俭。 5. 学院的收费人应该是富裕的信徒。 6. 请注意不要招来反感。 7. 跟司教代理、慈悲会的修道院保持良好关系。 8. 请国王写信称赞司教代理或慈悲会。	给成为勃生上长的梅尔基奥·努内斯·巴雷托的任命书和教训	果阿
102	1552.3.22	1. 请汇报你的过错。 2. 顺从司教代理，希望成为所有人的模范。 3. 忌讳所有空虚的想法。	霍尔木兹的冈萨罗·罗德里格斯神父	果阿

		4. 巴朱斯神父给你的建议。请慎重对待婚姻问题。 5. 请原谅司教代理过去的错误。 6. 说教的内容。 7. 请避免说教中的中伤。 8. 出发去中国，请给我详细的信件。 9. 日本的情况。 10. 这封信是源于对你德行的信赖。		
103	1552.3.27	1. 请让 Carvalbo 返回葡萄牙。 2. 出发去中国前会详细地写信向你们报告。	葡萄牙的西蒙神父、还有科英布拉学院的院长	果阿
104	1552.4.3	1. 希望在勃生耶稣会能被信任。 2. 派遣会士到勃生。 3. 关于说教的方法。 4. 请将沾染世俗恶习的会士退会。 5. 比起物质的建筑物更要重视精神的神殿。 6. 关于派遣去你那的保禄·高萨拉特。 7. 请顺从国王的意向使用收入。 8. 请将纺织品送过来。 9. 请忠实完成圣务。 10. 请跟所有的人亲近。	勃生的梅尔基奥·努内斯·巴雷托	果阿
105	1552.4.6	1. 任命巴朱斯神父为果阿的学院长、印度副管区长。 2. 所有的会士要顺从巴朱斯神父。 3. 不遵守此命令书的人将其退会。 4. 让不顺从者退会。 5. 请小心管理并使用学院收入及财产。 6. 巴朱斯神父三年内不能从果阿到其他地方去。 7. 顺从总会长任命的院长。 8. 诸特权的委任。	给成为印度副管区长巴朱斯神父的任命书与教导	果阿
106	1552.4.6	1. 巴朱斯神父去世的情况下的后任者选定理由。 2. 后任者第一人选为曼努埃尔·德·莫莱斯、第二为努内斯。 3. 这个规定作为证书保留。	假定巴朱斯神父去世的情况下，关于继承其职位的证书	果阿

107	1552.4.7	1. 出发去中国。 2. 派遣两名修道士到日本。 3. 让会士退会了。 4. 会士们的活跃。巴朱斯神父我圣信学院的院长。 5. 费尔南德斯会带着这封信去报告。 6. 来印度会士的特质。 7. 圣信学院的院长和其他神父的特质。 8. 等待圣信学院的院长、其他神父的到来。 9. 去日本传教的辛苦。 10. 请派遣接受过磨练的人。 11. 请关照果阿的学院长。 12. 恳请给罗耀拉神父写信。 13. 印度入会者不能叙阶为司祭。 14. 想与你在中国相见。 15. 希望派遣神父、巴朱斯神父详细的报告。 16. 希望能收到你长长的信。 17. 想收到科英布拉学院院长的信。 18. 请送费尔南德斯神父到罗马。	里斯本的西蒙神父、圣安东尼学院的院长	果阿
108	1552.4.8	1. 日本人想去那边，请关照。 2. 西班牙人的日本探险。 3. 希望西班牙不要派遣日本探险舰队。 4. 日本人为了夺取武器和衣服等杀了船员。 5. 希望特别关照贝尔纳多和马修斯。 6. 希望了解日本人优秀的才能。 7. 对前往欧洲的日本人的期待。	葡萄牙的西蒙神父	果阿
109	1552.4.8	1. 日本的传教、丰后领主的事情。 2. 两名修道士去日本。 3. 决心去中国。 4. 确信能开辟中国传教之路。 5. 去中国的目的与危险。 6. 希望能派遣神父到这边来。 7. 关于印度的会士院长将会长汇报。 8. 请珍惜您的良心。	葡萄牙若昂三世	果阿

110	1552.4.9	1. 山口的会士。 2. 出发去中国。 3. 请任命作为果阿学院院长的巴朱斯神父。 4. 明年送修道者到那边去。 5. 去日本的神父应该具备的德性。 6. 关于自然现象日本人的质问。 7. 弗莱明人和德国人适合日本。 8. 请任命果阿的圣信学院院长。 9. 希望能从罗马带来救灵的恩惠。 10. 送往印度的免罪请盖上教皇的印章。 11. 请派遣被总会长磨练、承认的人员。 12. 请告知耶稣会的现状。	罗马的罗耀拉神父	果阿
111	1552.4.12	1. 选任的时间、地点、出席者。 2. 会计担当者的职务。 3. 曼努埃尔·阿尔瓦雷斯的任命和其权限。 4. 诸记录的作成。	会计担当者曼努埃尔·阿尔瓦雷斯·巴拉达斯的选任	果阿
112	1552.4.6-4.14	1. 戈梅斯独自离开第乌情况下的处置。 2. 戈梅斯不离开第乌的处置。 3. 安德烈·德·卡瓦柳不回本国的情况下，让他退会。	给巴朱斯神父的命令	果阿
113	1552.4.6-4.14	1. 对司教代理的态度极其恶劣，请反省。 2. 请改正暴躁的脾气。 3. 以谦逊的态度得不到的东西争吵也是得不到的。 4. 去请求司教代理的原谅。 5. 对人们的权威是以谦逊为基础的。 6. 不接受辩解。 7. 不要与他人争论。 8. 对你的爱。	买哇柔（Mailapur）的阿方索·西普里亚诺神父	果阿
114	1552.4.6-4.14	1. 请妥善保管关于财产的文件。 2. 让会计担当者做这个处置。 3. 首先是学院，然后是传教士的需要。 4. 特别留心支付学校负债的事情。 5. 在没还完负债前不要建任何东西。	给巴朱斯神父的教导——第一关于财产的管理	果阿

		6. 让人们理解学院的财政困难。 7. 要清楚收入与债务、注意财产管理。 8. 寻找能够信赖的顾问。 9. 催讨阿尔多·阿方索的债务。 10. 志愿者进行灵操后让其公开过去的生活。 11. 转达 Augostibno 神父和马泰奥神父。 12. 把寄往葡萄牙的信件收集后送出。		
115	1552.4.6- 4.14	1. 请注意自身及统率属下的方法。 2. 减少入会者，修炼的方法。 3. 请让有学识和圣德的会士叙阶为司祭。 4. 不要害怕世间人们的判断。	给巴朱斯神父的教导 ——第二会士的统率	果阿
116	1552.4.6- 4.14	1. 要求深深的谦逊。 2. 思考天主的恩惠。 3. 请对听众抱有深深的情感。 4. 请思考耶稣会士的祈祷与功德。 5. 不要归功于自己，但要凭借天主的恩惠说教。 6. 祈祷能感受到由自身产生的障碍的恩惠。 7. 天主前、人前都要谦逊。 8. 要祈祷能感受到内心自己的罪。 9. 减少众多变得傲慢的说教者。 10. 不要轻蔑修道者。	给巴朱斯神父的教导 ——第三关于谦逊	果阿
117	1552.4.6- 4.14	1.对自我灵魂的关心。 2. 对属下的谨慎和谦逊。 3. 严厉惩罚傲慢、不顺从者。 4. 因不慎和忘却而不顺从者宽大处理。 5. 允许入会的人。修道者的修行。 6. 誓愿及其约束力。 7. 只有巴朱斯有入会许可权。 8. 给罗耀拉神父写每年报告书。 9. 向欧洲的耶稣会士报告。 10. 为了印度祈祷免罪。 11. 祈祷让国王写安排免罪的信。 12. 不让其入会、入会者要少而精。	给巴朱斯神父的教导 ——第四关于职务执行的方法	果阿

		13. 司祭叙阶只限学识品德兼优的人。 14. 学院内的事优先。 15. 让其他人分担工作、管理全体。 16. 请重视说教。 17. 重视与会士的通信。 18. 给沙勿略的信和路线。 19. 保持与司教、司教代理的友谊。 20. 公开圣年、通知关于救灵的恩惠。 21. 来自葡萄牙神父们的分配。 22. 代替安东尼奥·德·艾雷迪送说教者去柯钦。 23. 来自葡萄牙说教者的分配。 24. 请保持与其他修道会的和平。 25. 保持与果阿司教代理的亲切关系。 26. 不要从事世俗的工作。 27. 注意人们间的对话。 28. 要多关照印度人的孩子。 29. 向国王祈求传教的必要物资。		
118	1552.4.6- 4.14	1. 与妇女的交往。 2. 最小限度的访问妇女。 3. 比起妇女应该跟其丈夫谈话。 4. 劝解不和的夫妇和解。 5. 劝导不和的夫妇改过自新。 6. 丈夫有过错时的处置。 7. 仔细听双方的辩解。 8. 不能和解的时候移交司教。 9. 所有的事情都要慎重处理。 10. 不要叱责。 11. 与其他修道会或司祭的关系。 12. 请忍耐迫害。 13. 在司教面前解决与其他修道会的争论。 14. 不要因与其他修道会的争执而引起的不好的示范。	给巴朱斯神父的教导 ——第五关于避免失败	果阿
119	1552.4.24	1. 请送来代替在科摩林的保禄神父的人。 2. 请帮助在柯钦的尼克罗神父。	果阿的巴朱斯神父	柯钦

		3. 请帮助霍尔木兹和勃生学院。 4. 关于学院的债务与债权。 5. 帮助在柯钦的安东尼奥·德·艾雷迪神父。 6. 偿还阿尔多·阿方索的负债。 7. 如果可以的话，希望明年神父和修道者派遣到日本。 8. 交涉来日本的神父们的乘船。 9. 请不适应的、没有德性的会士退会。 10. 马塔萨·努内斯等谦逊的工作。 11. 请送一个圣餐杯到科摩林，另一个送到日本。 12. 请送长篇的信件到马六甲。 13. 请严厉地劝告西普里亚诺神父。 14. 把斯德望·路易斯送到那边去。 15. 送一册《康斯坦丁诺（Constantino）》到这边。 16. 希望司教召唤马拉巴尔人费老神父。 17. 资金送到柯钦的学院。 18. 资金给柯钦的学院和神父们使用。 19. 请好好引导幼小的特谢拉。 20. 请将圣年的通知送到柯钦。		
120	1552.4.24 （左右）	1.努力让所有的人爱你。 2. 关于贫困者物资的需求请拜托慈悲会。 3. 与邻人交往的方法。 4.谦逊是基础。 5. 谦逊者增多。 6. 良心的查明。 7. 不要利用说教讲愚蠢的话。 8. 请写下来天主赐予的内心经验。 9. 请与给你缺点忠告的朋友保持关系。 10. 听告解时让其有彻底的痛悔。 11. 扫清各种妨碍。 12. 让其损害赔偿的方法。 13. 请注意说话。 14. 得到原谅之前请完成所有的条件。	给柯钦的安东尼奥·德·艾雷迪神父的教导	柯钦

121	1552.6	1. 由保禄三世任命的教皇使节的我。 2. 给中国国王的司教信件和印度副王的命令书。 3. 想要劝说他。 4. 有些紧急，希望能立即处置。	给马六甲的司教代理若昂·索尔斯的请愿书	马六甲
122	1552.6.25	1. 因为我的罪不能航行到中国。 2. 悲伤于佩雷拉的失败。 3. 向国王请求对你的消费金额进行偿还。	马六甲的迪奥戈·佩雷拉	马六甲
123	1552.7.13	关于朋友阿方索·让蒂尔的重大问题。	果阿的巴朱斯神父	马六甲
124	1552.7.16	1. 佩德罗的恩情，与兄弟亚戴德的不同。 2. 请还给佩德罗 300 克鲁扎多。 3. 立刻还钱给佩德罗·席尔瓦。	果阿的巴朱斯神父	马六甲
125	1552.7.21	1. 希望努力公开亚戴德逐出教门的制裁。 2. 请证明我是教皇使节。 3. 希望公开逐出教门的理由。 4. 抱着希望出发去广东岛。 5. 请珍惜我留下的训令。 6. 请派遣人到日本。 7. 请给日本送去捐款。 8. 帮助贝拉神父，推进马六甲地方的传教。 9. 请送来印度或葡萄牙的详细的报告。 10. 请为我和日本的会士祈祷。	果阿的巴朱斯神父	新加坡海峡
126	1552.7.21	1. 尽量不谈自己牧灵的体验。 2. 请明年 5 月回马鲁古群岛。 3. 对马鲁古群岛的帮助请拜托巴朱斯。	马六甲胡安·德·贝拉	新加坡海峡
127	1552.7.22	1. 因为日本人翻译要在这里停留，所以给予施与。 2. 请给日本送去最好的金币。	果阿的巴朱斯神父	新加坡海峡
128	1552.7.22	1. 给巴朱斯神父的委托书。 2. 再三拜领圣体。 3. 把这个带给贝拉神父和艾雷迪神父。	马六甲的日本人乔安尼	新加坡海峡

129	1552.7.22	1. 对迪奥戈·佩雷拉的感谢之信。在船上照顾病人。 2. 请寄出给国王和印度副王的信。 3. 请注意身体健康、警惕他人的语言。 4. 与天主的圣旨一致的事情要重视。 5. 如果不能去中国，就回马六甲。 6. 关于与中国贸易请写信给国王或副王。 7. 因为马六甲司教代理的委托而给国王的信。 8. 探访在广东监狱被抓的葡萄牙人。	马 六 甲 的迪、奥戈·佩雷拉	新加坡海峡
130	1552.10.22	1. 命令其从马六甲出发，上任柯钦的院长。 2. 柯钦院长的权限。	马六甲的弗朗西斯科·佩雷斯神父	中国上川岛
131	1552.10.22	1. 到达上川港，交涉如何到达中国本土。 2. 已经和一个中国人约好 200 克鲁扎多带我去中国。 3. 进入中国的危险。 4. 不相信天主的慈悲的危险。 5. 由主的语言来巩固信念。 6. 比起灵魂的危险，身体的危险更小。 7. 费雷拉和安东尼奥生病。与翻译普洛·洛佩斯同行。 8. 在上川岛灵的工作。 9. 马六甲的教会和学院交给维埃加斯神父。 10. 请与迪奥戈·佩雷拉联络。	马六甲的弗朗西斯科·佩雷斯神父	中国上川岛
132	1552.10.22	1. 到达上川港，等待广东渡航。 2. 对佩雷拉和代理人的感谢。 3. 等待带我去中国的中国商人。 4. 考虑不能到达中国的情况。 5. 去暹罗的计划。 6. 把维拉拜托给你。	马六甲的迪奥戈·佩雷拉	中国上川岛
133	1552.10.25	1. 反省内心，变得谦逊。 2. 派遣到日本的神父。 3. 对马鲁古群岛的关照。 4. 不要让退会者再入会。	果阿的巴朱斯神父	中国上川岛

		5. 严选入会者。 6. 等待带我去中国的中国商人。 7. 中国开教的趋势。 8. 末尾的寒暄。		
134	1552.11.12	任命书。	马六甲的弗朗西斯科·佩雷斯神父	中国上川岛
135	1552.11.12	1. 等待带我去广东的中国商人。 2. 报佩雷拉的恩。 3. 如果佩雷拉来了，请给予安排。 4. 让费雷拉退会。 5. 从广东的来信的转送。 6. 把圣母教会和学院交给维埃加斯神父。 7. 不要留在马六甲。 8. 费雷拉的处置。 9. 今年如果不能去中国，就去暹罗。	马六甲的弗朗西斯科·佩雷斯神父	中国上川岛
136	1552.11.12	1. 感谢无数的恩义。 2. 天主对你的善报。 3. 印度全会士奉上祈祷与弥撒。 4. 如果你作为使节来中国，请做准备。 5. 如果不能去中国，就去暹罗。 6. 在中国被俘的葡萄牙人。 7. 希望在中国能再见到。 8. 等待你的来信。	马六甲的迪奥戈·佩雷拉	中国上川岛
137	1552.11.13	1. 把耶稣会认可的诏书和教皇使节任命书出示给司教。 2. 关于命令司教公开阿尔瓦雷斯的破门制裁的事情。 3. 公开的理由，第一，为了本人不再次妨碍。 4. 第二，为了不妨害通过马六甲前往传教地的会士。 5. 司教命令公开。 6. 如果不能去中国，就去暹罗。 7. 恶魔设置障碍阻止我前往中国。 8. 对巴朱斯神父的提醒。 9. 入会者的严选，费雷拉的处置。	马六甲的弗朗西斯科·佩雷斯神父和果阿的巴朱斯神父	中国上川岛

参考文献

外文史料

1. Georg Schurhammer,S.J., *Francis Xavier: His Life, His Times*, trans.by M.Joseph Costelloe.S.J., Rome:Via dei Penitenzieri, 1980.

2. Francis Xavier, *The Letters and Instructions of Francis Xavier*, M.Joseph Costelloe,S.J.St.Louis,Missouri, 1992.

3. Saint Ignatius of Loyola, *The Constitutions of The Society of Jesus*, trans.by George E.Ganss, S.J.St.Louis, 1970.

4. （西）沙勿略:《圣弗朗西斯科·沙勿略全书简》，河野纯德译注，东京：平凡社，1985 年。

5. （德）Georg Schurhammer,S.J.《圣弗朗西斯科·沙勿略全生涯》，河野纯德译注，东京：平凡社，1988 年。

6. （意）范礼安:《东印度巡察记》，松田毅一译注，东京：平凡社，2005 年。

7. （意）范礼安:《日本巡察记》，松田毅一译注，东京：平凡社，1985 年。

8. （意）范礼安:《日本耶稣会士礼法指针》，矢泽利彦·筒井砂译注，东京：基督教文化研究会，1970 年。

9. （意）范礼安:《耶稣会在东印度的起源与进步的历史》，柳谷武夫等译注，载基督教文化研究会编《基督教研究》，第 27、28 辑，东京：吉川弘文馆，1987、1988 年。

10. （意）范礼安：《巡察师范礼安与日本》，原田和夫译，东京：一芸社，2008 年。

11. （葡）弗洛伊斯：《日本史》，柳谷武夫译注，东京：平凡社，五册，1987 年。

12. （葡）弗洛伊斯：《日本史》，松田毅一等译注，东京：中央公论社，12 册，1992 年。

13. 土井忠生、森田武、长南实编译：《日葡辞典》，东京：岩波书店，1993 年。

14. （日）龟井孝、切希克里、小岛幸枝：《日本耶稣会版基督教要理书》，东京：岩波书店，1983 年。

15. （葡）罗德里格斯：《日本教会史》，上、下，土井忠生等译注，《大航海时代》9、10，第一期，1979 年第三版。

16. （葡）托姆·皮雷斯：《东方诸国记》，生田滋等译注，《大航海时代丛书》5，第一期，东京：岩波书店，1978 年第 3 版。

17. 门多萨：《中国大王国志》，长南实等译注，《大航海时代丛书》4，第一期，东京：岩波书店，1978 年。

18. 东京大学史料编撰所：《日本关系海外史料·耶稣会日本书翰集》，译文编之一，上、下，东京：东京大学出版社，1993、1994 年。

19. 东京大学史料编撰所：《日本关系海外史料·耶稣会日本书翰集》，译文编之二，上、下，东京：东京大学出版社，1998、2000 年。

20. 《耶稣会与日本》1、2，高濑弘一郎译注，《大航海时代丛书》，第二期，5、6，东京：岩波书店，1981、1988 年。

21. 《耶稣会士日本通信》，上、下，村上直次郎译注，《新异国丛书》2、3，第一辑，东京：雄松堂书店，1984 年。

22. 《耶稣会士日本年报》，上、下，村上直次郎译注，《新异国丛书》4、5，第一辑，东京：雄松堂书店，1984 年。

23. 耶稣会编、《圣依纳爵·罗耀拉书简集》，东京：平凡社，1992 年。

外文著作

1. Bouhours Dominique, *The Life of St.Francis Xavier of Indies and of Japan*, London: Printed for Jacob Tonson, 1688.

2. Bouhours, Dominique, *The life of Francis Xavier.Abridged from Father Bohours*, London: J. Cooke, 1764.

3. Brodrick, James, *Saint Francis Xavier（1506-1552）*, trans.by James Brodrick, Wicklow Press, 1952.

4. Cooper.Thomas, *The Life of Francis Xavier:Apostle of the Indies*, Hogan & M'Elroy, 1798.

5. Theodore Maynard, *The Odyssey of Francis Xavier*, Longmans, Green and Co, 1936.

6. Cecilia Mary Caddell, *A History of the mission in Japan and Paraguay*, London:Burns and Lambert, 1998.

7. Dominiove Bovhovro, *The life and missionary labours of that holy man,Francis Xavier*, London, 1862.

8. George E.Ganss,S.J., *The Constitutions of The Society of Jesus*, The Institute of Jesuit Sources, 1970.

9. John W.O' Malley, *The First Jesuits*, Harvard:University Press, 1995.

10 Henry James Coleridge, *The life and letters of ST.Francis Xavier*, London: Burns and Oates, 1872.

11. M T Kelly, Miss, *A Life Of Saint Francis Xavier: Based On Authentic Sources,* St. Louis, Mo., London, B. Herder Book Co., 1918.

12. John C. Reville,*Saint Francis Xavier, Apostle of India and Japan*, New York, America Press, 1919.

13. 浅見雅一：『フランシスコ・ザビエル：東方布教に身をささげた宣教師』，東京：山川出版社，2011 年。

14. 尾原悟：『人と思想　ザビエル』，東京：清水書院，1998 年。

15. 岡美穂子：『商人と宣教師——南蛮貿易の世界』，東京：東京大学出版会，2010 年。

16. 岡本良知：『十六世紀日欧交通史の研究』，東京：原書房，1974 年。

17. 加藤知弘：『ザビエルの見た大分』，福岡：葦書房，1985 年。

18. 亀井孝、H・ちースリク、小島幸枝：『日本イエズス会版　キリシタン要理』，東京：岩波書店，1983 年。

19. 菅井日人：『ザビエルの旅』，グラフィック社，1991 年。

20. 岸野久：『西欧人の日本発見－ザビエル来日前日本情報の研究』，東京：吉川弘文館，1989 年。

21. 岸野久：『ザビエルと日本－キリシタン開教期の研究』，東京：吉川弘文館，1998 年。

22. 岸野久：『ザビエルの同伴者アンジロー－戦国時代の国際人』，東京：吉川弘文館，2001 年。

23. 清水紘一：『日欧交渉の起源：鉄砲伝来とザビエルの日本開教』，東京：岩田書院，2008 年。

24. 五野井隆史：『日本キリシタン教史』，東京：吉川弘文館，1990 年。

25. 高瀬弘一郎：『キリシタン時代の研究』，東京：岩波書店，1977 年。

26. 高瀬弘一郎：『キリシタンの世紀－ザビエル渡日から「鎖国」まで』，東京：岩波書店，1993 年。

27. 高瀬弘一郎：『キリシタン時代対外関係の研究』，東京：吉川弘文館，1994 年。

28. 高瀬弘一郎：『キリシタン時代の文化と諸相』，東京：八木書店，2001 年。

29. 津山千恵：『フランシスコ・ザビエル－神をめぐる文化の衝突』，東京：三一書房，1993 年。

30. 松田毅一：『近世日本関係南蛮史料の研究』，東京：風間書房，1942 年。

31. 松田毅一：『南蛮史料の発見－信長時代をよみがえる』，東京：中央公論社，1964 年。

32. 白石喜宣：『宣教師ザビエルの夢：ユダヤ・キリスト教の伝統と日本』，東京：光言社，1999 年。

33. 山本年樹：『遥かなるザビエル』，山口：山口ザビエル記念聖堂，1999年。

34. 結城了悟：『ザビエル』，長崎：聖母の騎士社，1996年。

35. 吉田小五郎：『ザビエル』，東京：吉川弘文館，1995年。

36. モリ・テル：『聖ザビエル物語』，文芸社，2009年。

37. ラモン・ビラロ、宇野和美訳『侍とキリスト：ザビエル日本航海記』，東京：平凡社，2011年。

38. ビーター・ミルワード、松本たま：『ザビエルの見た日本』，東京：講談社，1998年。

中、日译著

1. （法）安田朴、谢和耐：《明清间入华耶稣会士和中西文化交流》，耿昇译，成都：巴蜀书社，1993年。

2. （法）埃德蒙・帕里斯：《耶稣会士秘史》，张茹萍等译，北京：中国社会科学出版社，1987年。

3. （德）彼得・克劳斯・哈特曼：《耶稣会简史》，谷裕译，北京：宗教文化出版社，2000年。

4. （英）C.R.博克舍：《十六世纪中国南部纪行》，何高济译，北京：中华书局，1990年。

5. （法）费赖之：《在华耶稣会士列传及书目》，上、下，冯承钧译注，北京：中华书局，1995年。

6. （美）G.F.穆尔：《基督教简史》，郭舜平等译，北京：商务印书馆，2010年。

7. （意）利玛窦、金尼阁：《利玛窦中国札记》，何高济等译，北京：中华书局，1983年。

8. （意）利玛窦：《利玛窦全集》，四册，罗渔译，台北：台湾光启出版社，1986年。

9. （法）J・谢和耐《中国文化与基督教的冲撞》，于硕等译，沈阳：辽宁人民出版社，1989年。

10. （西）雷蒙·潘尼卡：《对话经——诸宗教的相遇》，王志成等译，成都：四川人民出版社，2008 年。

11. （瑞）龙思泰：《早期澳门史》，吴义雄等译注，北京：东方出版社，1997 年。

12. （葡）平托等：《葡萄牙人在华见闻录》，王锁英译，海口：海南出版社，1998 年。

13. （法）裴化行：《利玛窦神父传》，上、下，管震湖译，北京：商务印书馆，1998 年。

14. （法）荣振华、方立中、热拉尔·穆赛、布里吉特·阿帕乌：《16—20 世纪入华天主教传教士列传》，耿昇译，桂林：广西师范大学出版社，2010 年。

15. （法）沙勿略·莱昂-迪富尔：《圣方济各·沙勿略传——东亚使徒神秘的心路历程》，张译纳译，上海：天主教上海教区光启社，2005 年。

16. （日）山折哲雄：《日本人的宗教意识》，郑家瑜译，台北：立绪文化，2001 年。

17. （英）史景迁：《利玛窦的记忆之宫——当西方遇到东方》，陈恒等译，上海：上海亚洲出版社，2005 年。

18. （美）斯塔夫里阿诺斯：《全球通史》，吴象婴等译，北京：北京大学出版社，2012 年。

19. （英）唐·库比特：《宗教研究新方法》，王志成等译，北京：宗教文化出版社，2008 年。

20. （英）约翰·希克：《理性与信仰——宗教多元论诸问题》，陈志平等译，成都：四川人民出版社，2003 年。

21. （英）约翰·希克：《从宗教哲学到宗教对话》，王志成等译，北京：宗教文化出版社，2010 年。

22. （日）不干斋·巴鼻庵：《南蛮寺兴废记·妙贞问答》，海老泽有道译注，东京：平凡社，1964 年。

23. （英）Francis.Thompson：《依纳爵与耶稣会》，中野记伟译，东京：讲谈社学术文库，1990 年。

24. （西）Lvis de Guzman：《东方传道史》，新井トシ译注，丹波：天理时报社，1944 年。

25. （美）William V. Bangert：《耶稣会的历史》，冈安喜代等译，东京：原书房，2004 年。

中文著作

1. 陈村富：《宗教与文化——早期基督教与教父哲学研究》，北京：东方出版社，2000 年。

2. 陈辉：《论早期东亚与欧洲的语言接触》，北京：中国社会科学出版社，2007 年。

3. 陈乐民：《十六世纪葡萄牙通华系年》，沈阳：辽宁教育出版社，2000 年。

4. 陈尚胜：《"怀夷"与"抑商"：明代海洋力量兴衰研究》，济南：山东人民出版社，1997 年。

5. 方立天：《佛教哲学》，北京：中国人民大学出版社，2006 年。

6. 万明：《中国融入世界的步履——明与清前期海外政策比较研究》，北京：社会科学文献出版社，2000 年。

7. 万明：《中葡早期关系史》，北京：社会科学文献出版社，2001 年。

8. 林金水：《利玛窦与中国》，北京：中国社会科学出版社，1996 年。

9. 李天纲：《跨文化的诠释——经学与神学的相遇》，北京：新星出版社，2007 年。

10. 李金民、廖大珂：《中国古代海外贸易史》，桂林：广西人民出版社，1995 年。

11. 顾卫民：《中国与罗马教廷关系史略》，北京：东方出版社，2000 年。

12. 顾卫民：《果阿——葡萄牙文明东渐中的都市》，上海辞书出版社，2009 年。

13. 顾卫民：《"以天主和利益的名义"早期葡萄牙海洋扩张的历史》，北京：社会科学文献出版社，2013 年。

14. 何光沪：《多元化的天主观》，贵阳：贵州人民出版社，1991 年。

15. 何光沪、许志伟：《对话：儒释道与基督教》，北京：社会科学文献出版社，1998 年。

16. 黄一农：《两头蛇——明末清初的第一代天主教徒》，上海：上海古籍出版社，2006 年。

17.（清）蒋升辑：《圣方济各·沙勿略传》，上海：上海慈母堂活板，1896 年铅印本。

18. 戚印平：《日本早期耶稣会史研究》，北京：商务印书馆，2003 年。

19. 戚印平：《亚洲耶稣会研究》，北京：中华书局，2007 年。

20. 戚印平：《澳门圣保禄学院研究》，北京：社会科学文献出版社，2013 年。

21. 赵敦华：《基督教哲学 1500 年》，北京：人民出版社，1994 年。

22. 张国刚：《从中西初始到礼仪之争——明清传教士与中西文化交流》，北京：人民出版社，2003 年。

23. 张晓林：《天主实义与中国学统——文化互动与诠释》，上海：学林出版社，2004 年。

24. 张天泽：《中葡早期通商史》，香港：中华书局香港分局，1988 年。

25. 朱谦之：《中国景教》，北京：人民出版社，1993 年。

26. 朱谦之：《日本哲学史》，北京：人民出版社，2002 年。

27. 朱培初：《明清陶瓷和世界文化的交流》，北京：轻工业出版社，1984 年。

28. 周景濂：《中葡外交史》，北京：北京：商务印书馆，1936 年。

29. 周宁：《中西最初的遭遇与冲突》，北京：学苑出版社，2000 年。

30. 孙尚杨：《基督教与明末儒学》，北京：东方出版社，1994 年。

31. 孙尚杨、钟鸣旦：《一八四〇年前的中国基督教》，北京：学苑出版社，2004 年。

32. 沈定平：《明清之际中西文化交流史——明代：调适与会通》，北京：商务印书馆，2007 年。

33. 余三乐：《早期西方传教士与北京》，北京：北京出版社，2001 年。

论文

1. 戚印平：《沙勿略与耶稣会在华传教史》，世界宗教与研究，2001 年第 1 期。

2.（日）海老泽有道：《日本最初的拉丁·葡萄牙语学书》，《拉丁·美国研究所学报》，立教大学，1975 年。

3. 「『東洋の使徒』ザビエル－大航海時代におけるヨーロッパとアジアの出会い』上智大学　ザビエル渡来450周年記念行事委員会編　信山社2000年。

4. 「ザビエルの拓いた道－日本発見、司祭育成、そして魂の救い」鹿児島純心女子大学『フランシスコ・ザビエル生誕五〇〇年記念シンポジウム』南方新社　2008年。

5. 川村信三編「超領域交流史－ザビエル続くパイオニアたち」上智大学出版社　2009年。

6. デ・ルカ・レンゾ「ザビエルの対話型宣教」『ザビエル生誕五〇〇年記念随想集』(『ソフィ』4) 2005年。

7. デ・ルカ・レンゾ「ザビエルの遺産と『宣教地日本』の成長－キリシタン時代の依存と自立－」『特集　ザビエル生誕五百周年－イエズス会ミッション－2』(『カトリック研究』76),2006年。

8. 浅見雅一「ザビエルの見た日本人の霊魂観」(『ザビエル生誕五〇〇年記念随想集ソフィ』4) 2005年。

9. 岩島忠彦「唯一の福音と二つの宣教観－ザビエルが目指したもの、公会議が目指したもの－」　『特集　宣教を考える』(『カトリック研究』70) 2001年。

10. 市川慎一「デウス Deus は『神』ではない－来日前のザビエルと訳語『大日』採用をめぐって」(『早稲田大学語学教育研究所紀要』59) 2004年。

11. 金川英雄「聖フランシスコ・ザビエル創造性の環境と時代背景」(『聖母大学紀要』Vol1) 2004年。

12. 五野井隆史「日本イエズス会の通信について－その発送システムと印刷－」　イエズス会日本関係資料研究会報告(『東京大学資料編纂所研究紀要』　第11号) 2001年。

13. 岸野久「ザビエル書簡中の「フライレ」をめぐって－ザビエル研究の問題点」(『キリスト教史学』) 2003年。

14. 岸野久「ザビエル時代の日本人信徒使徒職－インドとの比較において」(『キリスト教史学』53) 1999年。

15. 清水紘一　「ザビエルの日本開教をめぐって　付論　イエズス会の基本理念一中井允師の労業から」（『研究キリシタン学』02）1999 年。

16. 川中仁「『コムニオとミッシオ（Communio et missio）』－神と霊操者との間の間主観的コミュニケーションの場としての霊操－」（特集『ザビエル生誕五百周年－イエズス会ｔｐミッション－1』（『カトリック研究』75）2006 年。

17. 後藤恭子「ザビエルの生きた道に学ぶ－フランシスコ・ザビエルの生涯とその宣教活動についての考察」（『研究所紀要』14）2011 年。

18. 麻殖生健治「フランシスコ・ザビエルの交渉術」（『Japan Negotiation Journal』Vol18）2006 年。

19. 松本茂「ザビエルを連れて来た男－アンジロウ」（『歴史研究』06）2008 年。

20. Kouame Nathlie　「キリシタン文化と日欧交流：キリシタンの日本発見」（『アジア遊学』127）2009 年。

21. 宮崎正勝「東アジア交易圏の動揺期におけるザビエルの日本布教とその世俗的背景－『日本史』と『世界史』の接点をもとめて」（『釧路論集』第 29 号）1997 年。

22. ホアン・ルイズ・デ・メディナ「キリシタン布教における琵琶法師の役割について」イエズス会日本関係資料研究会報告（『東京大学資料編纂所研究紀要』第 11 号）2001 年。

《基督教文化研究丛书》

主编：何光沪、高师宁

（1-8 编书目）

初　编　（2015 年 3 月出版）

ISBN：978-986-404-209-8　　　　　　　定价（台币）$28,000 元

册　次	作　者	书　名	学科别（／表示跨学科）
第 1 册	刘　平	灵殇：基督教与中国现代性危机	社会学／神学
第 2 册	刘　平	道在瓦器：裸露的公共广场上的呼告——书评自选集	综合
第 3 册	吕绍勋	查尔斯·泰勒与世俗化理论	历史／宗教学
第 4 册	陈　果	黑格尔"辩证法"的真正起点和秘密——青年时期黑格尔哲学思想的发展（1785 年至 1800 年）	哲学
第 5 册	冷　欣	启示与历史——潘能伯格系统神学的哲理根基	哲学／神学
第 6 册	徐　凯	信仰下的生活与认知——伊洛地区农村基督教信徒的文化社会心理研究（上）	社会学
第 7 册	徐　凯	信仰下的生活与认知——伊洛地区农村基督教信徒的文化社会心理研究（下）	
第 8 册	孙晨荟	谷中百合——傈僳族与大花苗基督教音乐文化研究（上）	基督教音乐
第 9 册	孙晨荟	谷中百合——傈僳族与大花苗基督教音乐文化研究（下）	

册次	作者	书名	学科别
第 10 册	王 媛	附魔、驱魔与皈信——乡村天主教与民间信仰关系研究	社会学
	蔡圣晗	神谕的再造，一个城市天主教群体中的个体信仰和实践	社会学
	孙晓舒 王修晓	基督徒的内群分化：分类主客体的互动	社会学
第 11 册	秦和平	20 世纪 50－90 年代川滇黔民族地区基督教调适与发展研究（上）	历史
第 12 册	秦和平	20 世纪 50－90 年代川滇黔民族地区基督教调适与发展研究（下）	
第 13 册	侯朝阳	论陀思妥耶夫斯基小说的罪与救赎思想	基督教文学
第 14 册	余 亮	《传道书》的时间观研究	圣经研究
第 15 册	汪正飞	圣约传统与美国宪政的宗教起源	历史／法学

二 编 （2016 年 3 月出版）

ISBN：978-986-404-521-1　　　　　　定价（台币）$20,000 元

册 次	作 者	书 名	学科别（／表示跨学科）
第 1 册	方 耀	灵魂与自然——汤玛斯·阿奎那自然法思想新探	神学／法学
第 2 册	刘光顺	趋向至善——汤玛斯·阿奎那的伦理思想初探	神学／伦理学
第 3 册	潘明德	索洛维约夫宗教哲学思想研究	宗教哲学
第 4 册	孙 毅	转向：走在成圣的路上——加尔文《基督教要义》解读	神学
第 5 册	柏斯丁	追随论证：有神信念的知识辩护	宗教哲学
第 6 册	李向平	宗教交往与公共秩序——中国当代耶佛交往关系的社会学研究	社会学
第 7 册	張文舉	基督教文化论略	综合
第 8 册	趙文娟	侯活士品格伦理与赵紫宸人格伦理的批判性比较	神学伦理学
第 9 册	孙晨薈	雪域圣咏——滇藏川交界地区天主教仪式与音乐研究（增订版）（上）	基督教音乐
第 10 册	孙晨薈	雪域圣咏——滇藏川交界地区天主教仪式与音乐研究（增订版）（下）	
第 11 册	張 欣	天地之间一出戏——20 世纪英国天主教小说	基督教文学

三　编 （2017 年 9 月出版）

ISBN：978-986-485-132-4　　　　　　　　　　定价（台币）$11,000 元

册　次	作　者	书　名	学科别（／表示跨学科）
第 1 册	赵　琦	回归本真的交往方式——托马斯·阿奎那论友谊	神学／哲学
第 2 册	周兰兰	论维护人性尊严——教宗若望保禄二世的神学人类学研究	神学人类学
第 3 册	熊径知	黑格尔神学思想研究	神学／哲学
第 4 册	邢　梅	《圣经》官话和合本句法研究	圣经研究
第 5 册	肖　超	早期基督教史学探析（西元 1~4 世纪初期）	史学史
第 6 册	段知壮	宗教自由的界定性研究	宗教学／法学

四　编 （2018 年 9 月出版）

ISBN：978-986-485-490-5　　　　　　　　　　定价（台币）$18,000 元

册　次	作　者	书　名	学科别（／表示跨学科）
第 1 册	陈卫真 高　山	基督、圣灵、人——加尔文神学中的思辨与修辞	神学
第 2 册	林庆华	当代西方天主教相称主义伦理学研究	神学／伦理学
第 3 册	田燕妮	同为异国传教人：近代在华新教传教士与天主教传教士关系研究（1807~1941）	历史
第 4 册	张德明	基督教与华北社会研究（1927~1937）（上）	社会学
第 5 册	张德明	基督教与华北社会研究（1927~1937）（下）	
第 6 册	孙晨荟	天音北韵——华北地区天主教音乐研究（上）	基督教音乐
第 7 册	孙晨荟	天音北韵——华北地区天主教音乐研究（下）	
第 8 册	董丽慧	西洋图像的中式转译：十六十七世纪中国基督教图像研究	基督教艺术
第 9 册	张　欣	耶稣作为明镜——20 世纪欧美耶稣小说	基督教文学

五 编 （2019 年 9 月出版）

ISBN：978-986-485-809-5　　　　　　　　定价（台币）$20,000 元

册　次	作　者	书　名	学科别（／表示跨学科）
第 1 册	王玉鹏	纽曼的启示理解（上）	神学
第 2 册	王玉鹏	纽曼的启示理解（下）	
第 3 册	原海成	历史、理性与信仰——克尔凯郭尔的绝对悖论思想研究	哲学
第 4 册	郭世聪	儒耶价值教育比较研究——以香港为语境	宗教比较
第 5 册	刘念业	近代在华新教传教士早期的圣经汉译活动研究（1807～1862）	历史
第 6 册	鲁静如 王宜强 编著	溺女、育婴与晚清教案研究资料汇编（上）	资料汇编
第 7 册	鲁静如 王宜强 编著	溺女、育婴与晚清教案研究资料汇编（下）	
第 8 册	翟风俭	中国基督宗教音乐史（1949 年前）（上）	基督教音乐
第 9 册	翟风俭	中国基督宗教音乐史（1949 年前）（下）	

六 编 （2020 年 3 月出版）

ISBN：978-986-518-085-0　　　　　　　　定价（台币）$20,000 元

册　次	作　者	书　名	学科别（／表示跨学科）
第 1 册	陈倩	《大乘起信论》与佛耶对话	哲学
第 2 册	陈丰盛	近代温州基督教史（上）	历史
第 3 册	陈丰盛	近代温州基督教史（下）	
第 4 册	赵罗英	创造共同的善：中国城市宗教团体的社会资本研究——以 B 市 J 教会为例	人类学
第 5 册	梁振华	灵验与拯救：乡村基督徒的信仰与生活（上）	人类学
第 6 册	梁振华	灵验与拯救：乡村基督徒的信仰与生活（下）	
第 7 册	唐代虎	四川基督教社会服务研究（1877～1949）	人类学
第 8 册	薛媛元	上帝与缪斯的共舞——中国新诗中的基督性（1917～1949）	基督教文学

七　编 　（2021 年 3 月出版）

ISBN：978-986-518-381-3　　　　　　　　定价（台币）$22,000 元

册　次	作　者	书　名	学科别（／表示跨学科）
第 1 册	刘锦玲	爱德华兹的基督教德性观研究	基督教伦理学
第 2 册	黄冠乔	保尔. 克洛岱尔天主教戏剧中的佛教影响研究	宗教比较
第 3 册	宾静	清代禁教时期华籍天主教徒的传教活动（1721～1846）（上）	基督教历史
第 4 册	宾静	清代禁教时期华籍天主教徒的传教活动（1721～1846）（下）	
第 5 册	赵建玲	基督教"山东复兴"运动研究（1927～1937）（上）	基督教历史
第 6 册	赵建玲	基督教"山东复兴"运动研究（1927～1937）（下）	
第 7 册	周浪	由俗入圣：教会权力实践视角下乡村基督徒的宗教虔诚及成长	基督教社会学
第 8 册	查常平	人文学的文化逻辑——形上、艺术、宗教、美学之比较（修订本）（上）	基督教艺术
第 9 册	查常平	人文学的文化逻辑——形上、艺术、宗教、美学之比较（修订本）（下）	

八　编 　（2022 年 3 月出版）

ISBN：978-986-404-209-8　　　　　　　　定价（台币）$45,000 元

册　次	作　者	书　名	学科别（／表示跨学科）
第 1 册	查常平	历史与逻辑：逻辑历史学引论（修订本）（上）	历史学
第 2 册	查常平	历史与逻辑：逻辑历史学引论（修订本）（下）	
第 3 册	王澤偉	17～18 世紀初在華耶穌會士的漢字收編：以馬若瑟《六書實義》為例（上）	语言学
第 4 册	王澤偉	17～18 世紀初在華耶穌會士的漢字收編：以馬若瑟《六書實義》為例（下）	
第 5 册	刘海玲	沙勿略：天主教东传与东西方文化交流	历史

第 6 册	郑媛元	冠西东来——咸同之际丁韪良在华活动研究	历史
第 7 册	刘影	基督教慈善与资源动员——以一个城市教会为中心的考察	社会学
第 8 册	陈静	改变与认同：瑞华浸信会与山东地方社会	社会学
第 9 册	孙晨荟	众灵的雅歌——基督宗教音乐研究文集	基督教音乐
第 10 册	曲艺	默默存想，与神同游——基督教艺术研究论文集（上）	基督教艺术
第 11 册	曲艺	默默存想，与神同游——基督教艺术研究论文集（下）	
第 12 册	利瑪竇著、梅謙立漢注 孫旭義、奧覓德、格萊博基譯	《天主實義》漢意英三語對觀（上）	经典译注
第 13 册	利瑪竇著、梅謙立漢注 孫旭義、奧覓德、格萊博基譯	《天主實義》漢意英三語對觀（中）	
第 14 册	利瑪竇著、梅謙立漢注 孫旭義、奧覓德、格萊博基譯	《天主實義》漢意英三語對觀（下）	
第 15 册	刘平	明清民初基督教高等教育空间叙事研究——中国教会大学遗存考（第一卷）（上）	资料汇编
第 16 册	刘平	明清民初基督教高等教育空间叙事研究——中国教会大学遗存考（第一卷）（下）	